中國學術思想 研究輯刊

十 一 編

林 慶 彰 主編

第 24 冊

裴頠崇有論研究

詹 雅 能 著

阮 籍 研 究

徐 麗 霞 著

花木蘭文化出版社

國家圖書館出版品預行編目資料

裴頠崇有論研究 詹雅能 著／阮籍研究 徐麗霞 著—初版
— 新北市：花木蘭文化出版社，2011〔民 100〕
序 2+ 目 2+110 面＋序 2+ 目 2+140 面；19×26 公分
（中國學術思想研究輯刊 十二編：第 24 冊）
ISBN：978-986-254-470-9（精裝）
1.（晉）裴頠崇 2.（三國）阮籍 3. 學術思想 4. 玄學
030.8   100000802

ISBN-978-986-254-470-9

中國學術思想研究輯刊
十一編　第二四冊   ISBN：978-986-254-470-9

裴頠崇有論研究
阮籍研究

作　　者　詹雅能／徐麗霞
主　　編　林慶彰
總 編 輯　杜潔祥
出　　版　花木蘭文化出版社
發 行 所　花木蘭文化出版社
發 行 人　高小娟
聯絡地址　新北市永和區中正路五九五號七樓之三
　　　　　電話：02-2923-1455 ／傳眞：02-2923-1452
網　　址　http://www.huamulan.tw 信箱 sut81518@ms59.hinet.net
印　　刷　普羅文化出版廣告事業
封面設計　劉開工作室
初　　版　2011 年 3 月
定　　價　十一編 40 冊（精裝）新台幣 62,000 元

裴頠崇有論研究

詹雅能　著

作者簡介

詹雅能，現任東南科技大學通識教育中心專任講師，早期從事中國思想研究，近年來主要關注臺灣文學與文化課題。著有〈裴頠崇有論研究〉、〈儒者典型的塑造——禮記儒行篇的時代意義〉、〈新竹教育史話——明志書院的人、事、物〉、〈櫻井勉與日治前期的新竹詩社〉、〈從福建到臺灣——「擊缽吟」的興起、發展與傳播〉、〈主體重構與現代性——1930 年臺灣儒墨論辯的文化意義〉等文；另編撰有《明志書院沿革志》、《靜遠堂詩文鈔》、《聽見樹林頭的詩歌聲》（合編）等書，並撰寫《續修新竹市志藝文志文學篇》（合撰），以及校勘清代臺灣方志多種。

提　　要

　　茲篇之作，旨在探討裴頠〈崇有論〉的思想內涵與意義，希望藉由本題的研究，凸顯出魏晉思想中「有」、「無」概念的爭辯，以及當時「名教與自然」之衝突與調和的糾擾現象。文中取徑於〈崇有論〉之疏解，以釐清裴頠「崇有」的義理層次，並辨別其著論立場；進而以此相較於其他魏晉思想家對於「有」、「無」概念的規定與思考理路，卒欲使能確切掌握時人對於「名教與自然」課題之偏向，以及立論觀點的差異，而予以客觀之評價與定位。

　　全篇共分六章十六節，約十萬字。

　　第一章「緒論」。從歷史詮釋的視角，縱觀玄學清談中「有」、「無」論題的形成與發展，進以彰顯裴頠〈崇有論〉在思想史上的地位。

　　第二章「裴頠的生平與學術」。評述裴頠個人生平與著作，經由其人平素的具體表現，以闡明裴氏的思想立場與言論傾向。

　　第三章「〈崇有論〉疏解」。本章直接由原典入手，透過疏解的方式，用以顯明其義理層次，並疏通其思想理路。全文分為六大段，包括四個部分。起首標明基本義理；次為正文，論說名教與自然的主題；再次為附文，敘述裴氏著論的緣由；末為結論，以「無不能生有」而「濟有者皆有」回應全文。

　　第四章「魏晉道家思想中『有』『無』的義涵」。從思想的比較上著眼，透過對道家思想中「有」、「無」概念的規定，說明其主觀境界之理路，進而凸顯其與〈崇有論〉客觀性思考的不同。其中以何、王的「無」與郭象的「有」為敘述重點。

　　第五章「〈崇有論〉中『有』『無』的規定與釐清」。承順前文的疏解與比較，針對〈崇有論〉中「有」、「無」的概念，重新作一規定。並就裴氏本身對於「無」，以及唯物論者對於「有」的誤解加以釐清。

　　第六章「結論」。綜括全文要旨，肯定裴頠〈崇有論〉在思想史上的地位與價值。

目次

序

　　魏晉哲學思想頗富思辨，這大抵是在清談的方式下，由儒、道兩家思想的本質衝突所逼顯出來。因此，在整個儒道思想的會通，以及自然與名教衝突、調和的時代課題上，「有」、「無」的論辯，扮演了一個重要的角色。而其中尤以裴頠的〈崇有論〉更具有一種積極性的客觀意義。主要是因為他能一反貴無之流風而主張「崇有」；再者他也能擺脫傳統的主觀思考模式，而純從「客觀存在」的立場肯定人文社會。這在當時影響甚大，惜因不合於傳統思想的主流，以致靈光一現，倏即消逝。這種吉光片羽的表現，在中國哲學史上不乏其例。因此，對於這類思想家的研究，必能有助於補足一般中國哲學史中，以主流思想之敘述為主的缺漏。

　　余平日治學，嘗思及此。復蒙　宗師於課堂上及著作中之提點，遂決定以裴頠〈崇有論〉為此次研究之論題。在寫作過程中，由於歷來學者鮮少探討此一問題，頗乏參考之資；兼以個人學力不足，對於魏晉各家思想的瞭解未達通徹，故其間數次輟筆。而後幾經思索，念及客觀瞭解之重要，遂從原典的疏解著手，透過對〈崇有論〉全文的掌握，再由點擴及面的疏通，進而瞭解當時對於「有」、「無」概念的探討，期能分辨裴頠在義理層次上與道家思想的差別所在。

　　回顧論文之撰述，得力於　宗師《才性與玄理》一書者實多，唯自知不才，學有未逮，恐於文意的體會理解上，多有不當之處。尚祈師友前輩，不吝垂教，糾正謬誤，俾便異日再作修訂。

　　　　中華民國七十八年五月詹雅能謹識於國立臺灣師範大學國文研究所

第一章　緒　論

第一節　魏晉玄學清談的特殊背景

　　縱觀魏晉思想，係以道家思想為主流。在思想史的發展上，它承繼了兩漢儒學僵化所帶來的名教危機，以致呈現出一種儒、道思想本質的衝突，以及再調和的局面。因此，這個時期的思想發展便都集中在「自然與名教」的論題上面。當然，這種形態的思想，若與先秦儒、道兩家的發展相比較，顯然是缺乏「原創性」的；不過，在兩漢儒術長久獨尊之後，能重新再從道家的立場，把此一本質問題提出，卻也使得中國的哲學思想走向了另一個新的高峰。〔註1〕

　　魏晉思想包羅甚廣，本文所要探討者為裴頠〈崇有論〉，而〈崇有論〉乃是玄學清談的論作，因此本節先就「玄學清談」的形成背景略作說明。一般探討魏晉玄學形成的因素，多半從政治背景、社會背景、學術背景以及時代趨勢等四方面來論述〔註2〕。這樣的分析，當然是非常全面，因為思想本身和這些因素原本就是互動的。不過，從思想本身的發展來看，魏晉時期能夠繼先秦之後，開創哲學思想的另一個盛世，是有其特殊背景。這個特殊背景就是「清談」風氣的形成，以及「老莊」思想的復興並加入清談行列。其中前

〔註 1〕 這個「新的高峰」就是，從先秦兩漢時期以宇宙的形成作為主要的探討主題，發展到魏晉時期對於形上本體的尋求。這個意見乃參考湯一介的說法，見其《郭象與魏晉玄學》，谷風出版社，頁27。

〔註 2〕 可參考周紹賢《魏晉清談述論》及陶建國《老莊思想對兩漢魏晉學術思想之影響》二書中所述。

者是形式,後者是內容;兩者合構了魏晉玄學清談這個主流。以下即從這兩條線索,略述裴頠所處的學術環境。

一、清談的形成與發展

　　魏晉哲學思想之所以能夠開展出這樣一個「花爛映發」的時代,「清談」方式的形成是一個主要的因素。既然稱之為「清談」,則表示是在兩個或兩個人以上之間的一種談論。就談論的主題,他們可以在相對的立場交互辯論,也可以一人為論主,而其他人作為答和。在這種一來一往的過程中,對於論題的探討得以更加深入明曉,而哲學的思辨活動也更加活躍。因此,魏晉哲學思想就是在這種「清談」形式的發展當中,使得傳統的思考方式走向了抽象思維的模式;也才使得中國哲學思想的探討轉向以「問題」〔註3〕為中心的談論,而豐富了它的內容。

　　談到「清談」風氣的形成,實與東漢時期的「清議」有關;但這只是一種轉化的關係,因為在本質上它們還是有所差別〔註4〕。按「清議」原是東漢時徵辟、察舉制度中,選拔人才的一種輿論標準〔註5〕。因此,大抵上是以儒學的名教禮制為依歸〔註6〕。然而,這種形式在桓、靈二帝時,被太學生及部份士大夫拿來作為政治抗爭的工具,他們「上議執政、下譏卿士」〔註7〕,最後造成了兩次「黨錮之禍」。從此之後,知識份子不敢再論時政。也就在這個契機上,「清議」逐漸擺脫了政治用途,而趨向於人倫鑒識的才性「清談」。像東漢末的郭林宗〔註8〕、許劭〔註9〕等,皆是當時的代表人物。

　　在「清議」轉變成「清談」之後,人倫品鑒逐漸成為一種專門學問。

〔註3〕 這些「問題」像:聖人的問題,有無的問題,一多的問題,體用的問題……
　　　 等,種種的問題與範疇都在這時候被逼顯出來。

〔註4〕 這種差別,主要是「清議」是議論時政;「清談」是談才性,談玄理。韋政通
　　　 《中國思想史》一書對此有所分析,大林出版社,頁60。

〔註5〕 顧炎武《日知錄》,卷十三「清議」條論兩漢清議說:「鄉舉里選必先考其生
　　　 平,一玷清議,終身不齒。君子有懷刑之懼,小人存恥格之風。教成於下而
　　　 上不嚴,論定於鄉而民不犯」。

〔註6〕 參見王仲犖《魏晉南北朝史》,谷風出版社,頁737。

〔註7〕 見袁宏《後漢記》桓帝延熹九年,商務四部叢刊本,卷二十三,頁179。

〔註8〕 有關郭林宗本事可參考《後漢書》,卷九十八〈郭泰傳〉。又可參考周紹賢《魏
　　　 晉清談述論》,商務印書館,頁36,對其人倫鑒識有詳細介紹。此非本文論題,
　　　 故不贅述。

〔註9〕 見《後漢書》,卷六十八〈許劭傳〉:「好共覈論鄉黨人物,每月輒更其品題。」
　　　 鼎文書局,頁2234。

而其中最重要的發展，乃是從具體的人品評論進入到比較抽象的才性品鑒〔註10〕。但不管如何，其品鑒之內容基本上仍是以名教禮制爲依準，可見名教禮制仍維繫著當時的整體社會〔註11〕。話雖如此，但事實上儒學在當時早已僵化衰微，諸子學說也因此代興，其中尤以名、法二家特別受到重視〔註12〕。這種現象到曹魏時更是明顯。〔註13〕

　　然而，這當中影響清談最大的要算是名家。因爲先秦名家所講的形名之學，注重的就是一種名辯的方法。這方法在人倫品鑒的清談當中，正是探求名實關係的最佳利器。因此，透過清談家的運用與提鍊，而成爲所謂的「魏晉名理」〔註14〕。這種運用在魏初時隨處可見，而最著名的，如《人物志》便是一例。〔註15〕

　　當然，這樣的發展必然有其背景因素。按兩漢崇尚名教，以名節爲高，流衍到東漢末年，自然時而發生名實不符的現象〔註16〕。於是在一片循名核

〔註10〕參見余英時《中國知識階層史論》，聯經出版社，頁240～243。

〔註11〕《世說新語・規箴第十》載：陳元方遭父喪，哭泣哀慟，軀體骨立，其母愍之，竊以錦被蒙上。郭林宗弔而見之，謂曰：「卿海內之儁才，四方是則，如何當喪，錦被蒙上？孔子曰：『衣夫錦也，食夫稻也，於汝安乎？』吾不取也！」奮衣而去。自後賓客絕百所日。（第三條）由此可見一斑。

〔註12〕參見唐長孺《魏晉南北朝史論叢》中〈魏晉玄學之形成及其發展〉一文，頁313～316。

〔註13〕《三國志・魏書》，卷十六〈杜畿附子恕傳〉說：「今之學者師商、韓而上法術，競以儒家爲迂闊，不周世用。」又《晉書・傅玄傳》：「近者魏武好法術，而天下貴刑名。」又《文心雕龍・論說篇》稱：「魏之初霸，術兼名法。」這都在在反映了當時的環境。

〔註14〕有關「名理」一詞的規定，在本論文第二章第三節有詳細的論述，另亦可參考牟宗三先生『才性與玄理』，學生書局，頁260。

〔註15〕有關《人物志》運用名辯方法，我們可舉〈才能篇〉一段爲例：「或曰：人材有能大不能小，猶函牛之鼎不可以烹雞。愚以爲此非名也。夫能之爲言，已定之稱，豈有能大而不能小乎？凡所謂能大而不能小，其語出於性有寬急，故宜有大小。寬弘之人，宜爲郡國，使下得施其功而總成其事。急小之人，宜理百里，使事辨於己。然則郡之與縣，異體之大小者也。以實理寬急辯論之，則當言大小異宜，不當言能大不能小也。若夫雞之與牛，亦異體之小大也。效鼎亦宜有大小，若以烹犢，則不能烹雞乎？故能治大郡，則亦能治小郡矣。推此論之，人材各有所宜，非獨大小之謂也。」此以名實之別，辯論人材之大小各有所宜。

〔註16〕參趙翼《廿二史劄記》，卷五「東漢尚名節」條載：「馴至東漢，其者益盛。蓋當時薦舉徵辟，必採名譽。故凡可以得名者，必全力赴之。好爲苟難，遂成風俗。」

實的聲浪中，清談家透過形名之學，負起了這種比較抽象的才性品鑒任務。此現象到了曹操時所提出的「重才不重德」的求賢令〔註17〕，更清楚地反映出這種風氣。可見，才性問題在當時實已凸顯出來，而成爲漢末魏初清談早期發展的主流。像劉劭《人物志》、鍾會《四本論》，以及傅嘏的談才性〔註18〕，都是當時的佼佼者。

就在這種才性清談發展的同時，個體自覺隨著名教禮制的僵化，逐漸成爲士大夫的共同意識〔註19〕。也因此，社會動盪的因素，更加有利於道家思想的流傳，而同時，道家思想逐漸地加入清談當中。於是，到了正始時期，何晏、王弼奏起玄音，盛談「有」、「無」，「玄學」清談這才取代了「才性」清談，成爲魏晉清談的新主流。魏晉哲學思想也由人倫品鑒進入到更抽象的形上思辨階段。以下再就道家思想的發展這條線索，來說明玄學清談產生的背景。

二、道家思想的復興

魏晉玄學清談的主要內容是道家思想的論題。推原道家自然思想的興起，無不是針對儒家提倡之名教禮制的反省與抗爭，這在先秦與魏晉都是共通的。可見儒、道思想的衝突，自然與名教的抗爭，是社會發展過程中的一個本質問題。因此，當衝突發生時，人心自然會有其調適的行爲。而魏晉玄學清談即是在這種心理基礎下，由道家思想來擔負了這項任務。這也是道家思想在先秦之後，繼黃老之治，再一次地站到臺前。

漢初，天下方定，社會亟需休養生息，於是黃老之學受到重視，開創了文景之治的安定局勢。這是道家（主要指《老子》）學說在先秦興起之後，首次被應用到政治層面。當然，這只是在戰國時期的動盪，暴秦的嚴刑峻法之後，爲政者順應社會人心需求的政治作爲；因此，對於道家思想本身並沒有

〔註17〕 曹操〈求賢令〉：「今天下尚未定，此特求賢之急時。若必廉士而後可用，則齊桓何以霸世？今天下得無有被褐懷玉，而釣於渭濱者乎？又得無盜嫂受金而未遇無知者乎？二三子其佐明揚仄陋，唯才是舉，吾得而用之。」見《三國志‧魏書‧武帝紀》。

〔註18〕 《世說新語‧文學第四》第五條注引《魏志》有其談才性之記載。

〔註19〕 參見余英時《中國知識階層史論》中〈漢晉之際士之新自覺與新思潮〉一文，頁231。其解釋「個體自覺」之定義爲：「即自覺爲具有獨立精神之個體，而不與其他個體相同，並處處表現其一己獨特之所在，以期爲人所認識之義也」。

進一步的闡揚。在這種為政治所用的前提下，隨風轉舵，一旦漢武帝提倡儒術時，黃老的蹤影也隨即消失了。

雖說是道家思想在武帝獨尊儒術之後沈寂了，但事實上在兩漢思想中，卻仍是一條若隱若現的伏流。像《漢書·藝文志·諸子略》即載錄西漢解述《老子》者，有鄭氏、傅氏、徐氏、劉向等人〔註20〕。另外揚雄更是糅合了儒、道思想著作《太玄》、《法言》二書。而王充《論衡》則更進一步採用了道家自然主義的思想，來代替儒教的天人感應學說〔註21〕。其後張衡、仲長統等人亦是如此。皆可謂是漢末自然與名教衝突之先聲。

同時，在儒學本身的發展上，由於漢儒致力於章句訓詁，以致於五經支離繁瑣〔註22〕；再加上時人崇尚師說，墨守家法，遂使得儒學義理的發展受到了限制，而徒為政治教化的工具。既然學術的發展停滯不前，那政治上也就墨守成規；於是名教禮制趨於僵化，而社會人心也隨之敗壞。這點，在政治穩定時，尚不會有何大礙，但一到漢末社會的動盪局面，問題即擴大了。

在此時，名教禮制維繫不住人心，道家思想自然成為社會人心的避風港〔註23〕，余英時先生〈漢晉之際士之新自覺與新思潮〉〔註24〕即說：

> 所謂儒學之效用，具體言之，即其名教綱常之說可以維持穩定之社會關係，使上下有別，長幼有序，父子君臣等皆各安其份而已。然漢末以來，君臣一倫既隨人心之分裂而漸趨淡漠，而父子一倫亦因

〔註20〕《漢書·藝文志·諸子略》載有：《老子鄰氏經傳》四篇、《老子傅氏經說》三十七篇、《老子徐氏經說》六篇、《劉向說老子》四篇，鼎文書局，頁 1729。

〔註21〕王充《論衡·物勢篇》批評「天地故生人」說：「儒者論曰：天地故生人。此言妄也！夫天地合氣，人偶自生也；猶夫婦合氣，子則自生也。夫婦合氣，非當時欲得子，情欲動而合，合而生子矣。且夫婦不故生子，以知天地不故生人也。」這種自生的說法，完全來自於道家「天道自然無為」的思想。

〔註22〕班固《漢書·藝文志·六藝略敘》記載：「古之學者耕且養，三年而通一藝，存其大體，玩經文而已。是故用日少而畜德多，三十而五經立也。後世經傳既已乖離，博學者又不思多聞闕疑之義，而務碎義逃難。便辭巧說，破壞形體。說五字之文字，至於二三萬言，後進彌以馳逐。故幼童而守一藝，白首而後能言。安其所習，毀所不見，終以自蔽。此學者之大患也。」

〔註23〕有關這點，王邦雄先生在《老子的哲學》一書中也說：「通貫整部道德經的思想旨趣，仍重在反省現實人生的困頓。依老子的觀察，此一生民存在的苦難，乃源自政治制度的誤導，與統治權力的誇張。」當然這種現實人生的困頓，其背景是在當時儒家所提倡的仁義禮制維繫不住動盪社會的人心而產生的。因此，縮小範圍我們可以認為它就是針對儒學的末流而發。

〔註24〕見《中國知識階層史論》，頁 302。

新思潮之影響而岌岌可危。此外如夫婦朋友之關係亦莫不發生變
化，儒教舊有之安定作用遂不復能發揮矣。至於當時士大夫及一般
子弟之所以背儒而向道者，則因儒術具有普遍性與約束性，遠不若
老莊自然逍遙之旨深合其自覺心靈追求自由奔放之趨向也。

可見由於當時政治社會的變遷，名教綱常早已維繫不住人心，再加上儒術的
僵滯與束縛，也使得士大夫個體意識自覺，而去追求那種自然適性的《老》、
《莊》思想。〔註25〕

　　綜合整個思想環境的內外在發展，再配合當時清談風氣正在士人之間流
行，因此這種合乎士大夫個體意識自覺的道家思想，自然開始在清談座中醞
釀起來。當然，我們並沒有明顯的證據說明漢末時已有《老》、《莊》的清談
論題，這是因為當時的談論幾乎都集中在人倫品鑒上。而我們今天所可以看
到的較明顯記載，應是有關魏初荀粲「尚玄遠」的一段文字：〔註26〕

粲諸兄並以儒術論議，而粲獨好言道。常以為子貢稱夫子之言性與
天道不可得聞，然則六籍雖存，固聖人之糠粃。粲兄俁難曰：易亦
云：聖人立象以盡意，繫辭焉以盡言，則微言胡為不可得而聞見哉？
粲答曰：蓋理之微者非物象之所舉也。今稱立象以盡意，此非通于
意外者也，繫辭焉以盡言，此非言乎繫表者也。斯則象外之意，繫
表之言，固蘊而不出矣。……嘏善名理，而粲尚玄遠，宗致雖同，
倉卒時或有格，而不相得意，裴徽通彼我之懷為二家釋。

這段話說明清談在荀粲時已出現兩種不同的立場，前者說他與諸兄的差別
是：諸兄談論以儒術為立場，而粲獨好言「道」。這個「道」是否就是指與前
文「儒術」相對稱的「道家」而言，我們並沒有直接證據可以證明〔註27〕。
不過就下文所言，我們可以確定的是：荀粲所言的道是子貢所稱「夫子之言
性與天道不可得聞」的形上之道，更是那種「象外之意，繫表之言」的抽象
之道。當然，這並不足以認定他談論的內容就一定和道家思想有關，只是我

〔註25〕這點我們可以馬融為例。《後漢書·馬融傳》載其謂友人曰：「古人有言：左
　　　　手據天下之圖，右手刎其喉，愚夫不為。所以然者，生貴於天下也。今以曲
　　　　俗咫尺之差，減無貲之軀，殆非老莊所謂也。」
〔註26〕見《三國志·魏書·荀彧傳》注引何劭〈荀粲傳〉，鼎文書局，頁319。
〔註27〕按此說日人清木正兒主之，而視為魏晉老莊玄談之開端，余英時在〈漢晉之
　　　　際士之新自覺與新思潮〉一文中曾有批駁，見《中國知識階層史論》，頁297
　　　　～299。

們可以發覺在談論上，他已脫離原有的路線，討論一些形上的抽象之理，這就不能說不是受到道家思想的影響。

另外，我們就荀粲與傅嘏的差別來看，何劭說「嘏善名理，而粲尚玄遠」，按傅嘏就其本傳記載，他所善言的是才性同異問題，因此這裡所謂的「名理」是指「才性名理」。前文已經提過人物清談加入名家的形名之學後，已由較具體的人品評論趨向於抽象的才性品鑒，而所謂「才性同異」的問題，實質上就是「名實之辨」的問題。那就人倫品鑒上來談「才性同異」，談「名實之辨」，不外仍是在儒術名教的範圍內，因此，不管傅嘏與荀粲談論的內容是什麼，我們從文中說荀粲「尚玄遠」，以及作為調人的裴徽，《三國志‧魏書‧管輅傳》注引《管輅別傳》稱他是「才理清明，能釋玄虛，每論《易》及《老》、《莊》之道，未嘗不注精於嚴瞿之徒也」，又說他主張「貴無」，曾言：「夫無者，誠萬物之所資」（《世說新語‧文學第四》第八條）的話來看，他們的談論必然不再是人物才性的品鑒，而是屬於玄學的論題。是以儘管《世說新語‧文學第四》第九條上說「傅嘏善言虛勝」，這「虛勝」只是說他抽象而不涉具體之義，但卻仍同討論才性問題時一樣，僅是限於較抽象的「名實之辨」。因此，他與荀粲諸兄同樣是在「言意之內」，但荀粲則已是推及「言意之外」的「玄遠」之論了。這種由人倫品鑒的「名實之辨」衍生而來的「言意之辨」的探討，正是玄談家藉以建立玄學體系的關鍵。〔註28〕

以上的論述只是透露出道家思想涉入清談的一點端倪而已，至於從文獻上要確切地說援引《老》、《莊》思想建立玄學體系，而成為清談的主要論題者，則非何晏、王弼莫屬了，這也是道家思想的正式復興。以下進而略論魏晉玄學清談的歷史發展。

第二節　魏晉玄學清談的歷史發展

對於魏晉玄學清談的發展，我們大抵可以分做四個階段：一是正始時期；

〔註28〕湯錫予《魏晉玄學論稿‧言意之辨》：「夫玄學者，謂玄遠之學。學貫玄遠，則略於具體事物而究心抽象原理。論天道則不拘於構成質料，而進探本體存在，論人事則輕忽有形之粗迹，而專期神理妙用。夫具體之迹象，可道者也，有言有名者也。抽象之本體，無名絕言而以意會者也，迹象本體之分，由於言意之辨，依言意之辨，普遍推之，而使之為一切論理之準量，則實為玄學所發現之新眼光新方法。」

二是竹林時期；三是元康時期；四是東晉時期。〔註29〕

正始時期，玄風的開創是以何晏爲首的談座，《世說新語・文學第四》第六條載：

何晏爲吏部尚書，有位望；時談客盈坐……。

又注引《文章敘錄》說：

晏能清言，而當時權勢，天下談士，多宗尚之。

同注也引《魏氏春秋》說：

晏少有異才，善談《易》、《老》。

可見他以「權勢」、「位望」領導著當時的清談界，且其所善談的是《易》、《老》二書。由此，更可推知當時清談的風氣是集中在這二方面。另外，我們就《世說新語》所言其著有《道德二論》〔註30〕，以及今日可見的《論語集解》來看，他已積極地在會通孔老，並調和自然與名教的衝突。與他同時的尚有夏侯玄、裴徽等人。其中夏侯玄與何晏、王弼同倡玄學，認爲「道」或「無」是天地萬物的根本，而以「自然」高於「名教」。至於裴徽在魏明帝太和年間傳嘏與荀粲的談座上已展露頭角，前文亦嘗提及。另外，屬於晚輩的則有管輅、王弼。管輅善談易術，而王弼在弱冠時即受到何晏、裴徽的賞識〔註31〕，隨後在玄學談論上即與何晏共同領導風尚，更注有《周易》、《老子》二書，所注《周易》掃除漢人象數之陰霾，多從道家的義理上發揮，可謂援老入儒之又一例。

在玄談發展的初期，大抵仍以《老子》的思想爲基礎，至於《莊子》則要到竹林時期才有較大的影響。竹林時期主要是指以竹林七賢爲中心的玄學清談，彼等素稱任放、曠達，大抵是受到《莊子》思想的影響〔註32〕。其中

〔註29〕按此分法乃根據湯一介《郭象與魏晉玄學》之說，谷風出版社，頁24～70。

〔註30〕《世說新語・文學第四》第七條：「何平淑注《老子》始成，詣王輔嗣，見王注精奇，迺神伏曰：『若斯人，可與論天人之際矣！』乃以所注爲《道德二論》。」

〔註31〕《世說新語・文學第四》第六條：「何晏爲吏部尚書，有位望；……王弼未弱冠，往見之。晏聞弼來，乃倒屣迎之；因條向者勝理語弼曰：此理僕以爲理極，可得復難不？弼便作難，一坐人便以爲屈。於是弼自爲客主數番，皆一坐所不及。」又第八條：「王輔嗣弱冠詣裴徽，徽問曰：『夫無者，誠萬物之所資，聖人莫肯致言，而老子申之無已，何邪？』弼曰：『聖人體無，無又不可以訓，故言必及有；老莊未免於有，恆訓其所不足。』」

〔註32〕《老子》和《莊子》在對現實世界的態度上是大相逕庭的，《老子》儘管主張「無爲」，但仍未忘「治大國若烹小鮮」之道，在思想上有其用世的一面。《莊

阮籍著《達莊論》，嵇康著〈養生論〉，而向秀更有《莊子隱解》〔註33〕，另外像劉伶的《酒德頌》，也都可以看到這種跡象。他們已不像何、王時期只是提出道家「自然」、「無爲」的思想主張，藉著援道入儒來做儒道會通的工作，而是更積極地崇尚自然，反對虛僞名教。其中，尤以阮籍、嵇康爲然。另外，在行徑上，他們往往放蕩不羈，任性而爲。這種反對禮法，進而主張「越名教而任自然」，在當時的環境以及風氣下，把自然與名教的衝突問題更加地凸顯出來。但其中仍有向秀是主張「以儒道爲一」〔註34〕，具有調和「自然」與「名教」的傾向。〔註35〕

　　竹林時期大約是從魏正始年間一直到西晉初年，接下去的發展便是元康時期，這時期承襲何晏、王弼的「貴無」主張，以及嵇康、阮籍「越名教而任自然」的思想，於是有王衍等人「不以物務自嬰，遂相放效，風教陵遲」〔註36〕，乃至胡毋輔之「至於裸裎，言笑忘宜」〔註37〕。因此，遂有裴頠著論反對，展開了自然與名教的正面衝突。至於郭象則順著向秀的思想，對於「自然」與「名教」這個論題，做了最後的調和，魏晉玄學思想在此也達到了頂峰。另外，元康時期較著名的清談家尚有裴楷、樂廣等人，可惜缺乏較完整的思想言論傳世。

　　自此以後，玄學清談流衍到東晉時期，已趨於末勢。有與道教合流的，像張湛《列子注》就是將玄學思想轉介入道教當中；有與佛教合流的，像僧肇、支遁和道安等和尚的「本無」、「心無」、「即色」之辯，也是接著玄學清談的發展。另外東晉時期的清談家尚有孫盛、殷浩、戴逵、王坦之、韓康伯……

　　　　子》則是主張「無用藏身」而嚮往「無何有之鄉」，在思想上卻是偏向於避世的一面。因此竹林七賢的任放、曠達主要是受到《莊子》思想的影響。

〔註33〕《莊子隱解》乃是其對《莊子》的注解，其佚文散見於《世新新語》、《列子注》、《文選注》、《經典釋文》等著作中，而郭象的《莊子注》大抵是以其爲藍本，故亦可由此尋求其思想理路。

〔註34〕謝靈運〈辨宗論〉：「向子期以儒道爲一。」

〔註35〕向秀難嵇康〈養生論〉說：「夫人含五行而生。口思五味，目思五色。感而思室，飢而求食。自然之理也。但當節之以禮耳。……且生之爲樂，以恩愛相接。天理人倫，燕婉娛心，榮華悅志。服饗滋味，以宣五情。納御聲色，以達性氣。此天理自然，人之所宜，三王所不易也。」這裡認爲「養生」這種自然之理，仍當「節之以禮」，而「天理自然」亦只是「人之所宜，三王所不易也」，可見有調和「自然」與「名教」的傾向。

〔註36〕見《晉書》，卷三十五〈裴頠傳〉，鼎文書局，頁1044。

〔註37〕見《晉書》，卷四十九〈胡毋輔之傳〉，鼎文書局，頁1379。

等人，不過時異地遷，他們已不能再承繼西晉以前的盛況，最多只是因襲王
弼、裴頠、郭象等對於名教與自然的調和說法，用以非難當時的放誕之風。
於是，清談的盛世也就在此終結了。

　　以上只是概略敘述玄學清談的分期發展，至於有關其談論的問題包羅甚
多，但不外是環繞在「自然」與「名教」之間的衝突與調解上。說「自然」
與「名教」是落實在具體的人事作為上，但魏晉玄學清談更重要的是把這個
問題抽象化，往上再尋求一個形而上的根據；因此，「自然」與「名教」的問
題，事實上就是所謂「有」與「無」的問題。重「名教」者，主張「有為」，
故「崇有」；重「自然」者，主張「無為」，故「貴無」。於是「有」、「無」的
爭辯貫串了整個魏晉玄學的發展。以下再以「有」、「無」這個論題為中心，
敘說它的思想發展，並說明裴頠〈崇有論〉在整個思想發展中的定位。

一、以「有」、「無」論題為中心的歷史發展

　　「有」、「無」的概念是《老子》首先提出來的。他透過事物當中「有之
以為利，無之以為用」（第十一章）的「有」、「無」兩個面相，肯定了「無」
的積極意義。進而以其形上的思考，推尋宇宙形成的本體，提出了「道」這
個概念。而「道」也包含了「有」和「無」，所以第一章說：

> 道可道，非常道；名可名，非常名。無，名天地之始；有，名萬物
> 之母。故常無，欲以觀其妙；常有，欲以觀其徼。此兩者同出而異
> 名，同謂之玄，玄之又玄，眾妙之門。

這裡提出了宇宙創生本源的「有」、「無」，於是「有」、「無」就有二層意義的
分別。

　　然而，《老子》的思想主要是針對「周文疲弊」所造成的虛偽造作而發，
因此他更強調「無」的作用意義：

> 大道廢，有仁義。智慧出，有大偽。六親不和，有孝慈。國家昏亂，
> 有忠臣。（第十八章）

> 絕聖棄智，民利百倍。絕仁棄義，民復孝慈。絕巧棄利，盜賊無有。
> 此三者，以為文不足，故令有所屬；見素抱樸，少私寡欲。（第十九
> 章）

這些都是強調在「無」的作用上建立起「有」的世界。因此，它甚至說：

> 反者，道之動；弱者，道之用。天下萬物生於有，有生於無。（第四

十章）

這種生成，只是在「即體成用」的關係中，「無」能生「有」。因此，它並不具有任何「實體性」。於是，整體看來「有」、「無」只是「道」的雙重性，而「道」才是宇宙生成的本體。

　　至於《莊子》則是在《老子》的基礎上更進一層。《老子》的道有客觀性、實體性、及實現性〔註38〕，它有「有」、「無」兩個構成面相，形成這個宇宙的本源——「道」，因此它是個「實有形態」，當然這只是個「姿態」；而《莊子》則是要將這個姿態化掉，純成主觀的境界〔註39〕。它在〈齊物論〉上說：

　　　　有有也者，有无也者；有未始有无也者，有未始有夫未始有无也者。

　　　　俄而有无矣，而未知有无之果孰有孰无也。

這是在一種主觀的境界層次上，把相對的「有」、「無」化掉，而達到一種絕對「無」的境界。又〈秋水篇〉云：

　　　　以功觀之，因其所有而有之，則萬物莫不有；因其所无而无之則萬

　　　　物莫不无，知東西之相反而不可以相无，則功分定矣。

文中以為「有」、「無」只是一種主觀的相對差別，化掉了這個差別性，就可以達到「功分定矣」的絕對無差別境界。這是《莊子》思想對於《老子》「有」、「無」概念的進一步消融。

　　前面曾經說過，道家思想發展到兩漢，在義理上未進一步的發揚，以致未見對於「有」、「無」概念的專門論述。因此，這對概念要到魏正始時期，何晏、王弼倡導玄風，才又重新被提出來作為玄談的論題。其中何晏的言論主要見於《列子注》及《論語集解》中〔註40〕。他在「無名論」上說：

　　　　夫道者惟無所有者也，自天地已來，皆有所有矣！然猶謂之道，以

　　　　其能復用無所有也。（《列子・仲尼篇》張湛注引）

又「道論」上說：

〔註38〕此規定見《才性與玄理》，頁177。

〔註39〕按有關「實有形態」與「主觀的境界形態」參見《才性與玄理》頁177之說明。

〔註40〕與何晏同時的裴徽、夏侯玄也都是玄學清談家，對於道家思想當亦有所發揮，只可惜裴徽只留下與王弼的一句對話說：「夫無者，誠萬物之所資也，然聖人莫肯致言，而老子申之無已者何？」而夏侯玄只有在《列子・仲尼注》中有幾句話，難以見其思想體系。

有之爲有，恃無以生；事而爲事，由無以成。夫道之而無語，名之
而無名，視之而無形，聽之而無聲，則道之全焉。(《列子・天瑞篇》
張湛注引)

這大抵是以《老子》的基礎，進一步推尋出「無」爲一切存在的形上根據。
〔註41〕

至於王弼對於「有」、「無」的基本觀點最早是在與裴徽的談論中表現出
來。他認爲「聖人體無」而「老莊未免於有」〔註42〕，因此，「無」和「有」
本當是一體的，「無有一體」，那麼就是說「體用如一」、「本末不二」了。不
過，在「老莊未免於有」的立場來看，他還是認爲要「崇本」才能「舉末」，
所以說：

天下之物，皆以有爲生，有之所始，以無爲本，將欲全有，必反於
無也。(《老子》四十章注)

而《老子微指例略》上又說：

夫物之所以生，功之所以成，入生乎無形，由乎無名。無形無名者，
萬物之宗也。

所謂「無形無名」是就道體而言。因此，這個「無」是「至無」，而他的「有」
卻只是現象層次的「有」〔註43〕，這點同何晏一樣。於是他在「無」、「有」
的本末先後關係下，承繼何晏「以無爲本」的主張，建立起「貴無」派的本
體論思想體系（有關何晏、王弼之說詳第四章第二節）。

自王弼而下，竹林時期的阮籍、稽康繼承了「貴無派」的思想。然而，
在他們「越名教而任自然」的主張下，使得由於「貴無」而可能產生「賤有」
的發展趨勢更明顯化。但就他們本身而言，主要仍是「貴無」思想的實踐者，
因此，在「有」、「無」這兩個概念的形上思考上並未作進一步發揮。至於向
秀的思想，主要是從對《莊子》的注解而來，因此在對「有」、「無」的理解
型態上自然和注《老子》的王弼有所不同。他說：

〔註41〕這論斷，我們可以由《晉書・王衍傳》中之稱引得到一個更明確的意義：「魏
正始中，何晏、王弼等祖述《老》、《莊》，立論以爲：天地萬物皆以無爲本。
無也者，開物成務，無往不存者也。陰陽恃以化生，萬物恃以成形，賢者恃
以成德，不肖恃以免身。故無之爲用，無爵而貴矣。」

〔註42〕參前註31後半。

〔註43〕王弼《老子注》第一章「故常無欲以觀其妙」下說：「萬物始於微而後成，始
於無而後生。」這裡以「萬物」爲「無」所生，可見他已將「有」直接落到
現象層次的「萬物」而言。

> 吾之生也，非吾之所生，則生自生耳。生生者豈有物哉？〔無物也〕
> （依王叔岷《列子補正》補），故不生也。吾之化也，非物之所化，
> 則化自化耳。化化者豈有物哉？無物也，故不化焉。若使生物者亦
> 生，化物者亦化，則與物俱化，亦奚異於物？明夫不生不化者，然
> 後能爲生化之本也。（《列子‧天瑞篇》張湛注引）

這裡說明了「不生不化」者是「生化之本」，這似乎隱約仍有個如王弼所謂
「無」的那種東西，作爲「生化之本」。可是他又提出「自生自化」的觀念，
這實有其矛盾之處。唯這種「自生自化」的觀念後來成爲裴頠著〈崇有論〉
及郭象「自生獨化」說的張本。只不過，這兩者在義理的蘊涵上又各有不同
的形態。

　　王弼的「貴無」思想發展到了元康時期，趨於頂盛，當時的玄學家「口
談浮虛，不遵禮法」，幾乎已到達「賤有」的地步。於是，裴頠在清談座上發
起「崇有」的議論，反對「有生於無」和「以無爲本」的「貴無」思想。他
從物類的現實存在來觀察，認爲萬物都是「偏無自足」，因此必須「憑乎外資」，
而有所依待。既然有所依待，則它「生而可循」的「理」，當是以「有」爲體，
不當是以「無」爲體。因此，他認爲「無」不能生「有」，而「有」之「始生」
是「自生」。這種「自生」是憑藉物類現實存在（有）的一種相互依待關係而
自己產生。因此，最後他說：「濟有者皆有也，虛無奚益於已有之群生哉。」
在這種情形下，裴頠所謂的「有」指的是客觀的現實存在，而「無」只是不
存在（非有）。他這種體認已經完全脫離道家的思想形態。

　　繼裴頠之後，同樣認爲「無不能生有」的是郭象，他在〈齊物論注〉上
注「天籟」說：

> 無既無矣，則不能生有；有之未生，又不能爲生。然則生生者誰哉？
> 塊然而自生耳。

這「無」是在「道」的層次上「靜觀則無」的「無」，一「靜觀則無」就停落
在「道」的「無性」，一停落於此，那「無」就成爲頑空的死體，脫離了《老
子》「有」、「無」雙玄的道妙作用。如此，即是郭象所謂的「無既無矣，則不
能生有」（此即「貴無派」的弊病）。既然說「無不能生有」，那麼「有」是如
何產生的呢？他認爲是「自生」。但是這個「自生」和裴頠的「自生」並不相
同。郭象認爲「有之未生，又不能爲生」，就是說在「有」尚未生成之前，並
無「有」的存在，那也沒有什麼可生的。這是排除了任何概念作爲「生」的

根本,而撐架起一個「無待而自足」的虛靈境界。如此,他把「有」的客觀存在,推向一個「自生、自在,圓滿自足」的主觀境界,使其成為一個無所依待的「絕對存在」。由此「無所依待」的「自生說」,他更進而推展成「自爾獨化」的理論,以及「跡冥圓融」的境界。這主要仍是順著《莊子》思想形態的發展。(有關向秀、郭象之說詳第四章第三節)

　　郭象以後,進入東晉時期,對於「有」、「無」概念有所發揮的要算是張湛的《列子》注,不過他的思想主要是偏向於道教「超生死,得解脫」的問題上,因此,他雜揉了道家「自然無為」的說法作為學理上的依據。至於在「有」、「無」的概念上則是結合了王弼的「貴無」思想和郭象的「自生說」而成。《列子・天瑞篇注》說:

> 有之為有,恃無以生。言生必由無,而無不生有。此運通之功必賴
> 於無,故生動之稱,因事而立耳。

又說:

> 謂之生者,則不無;無者,則不生。故有無之不相生。理既然矣,
> 則有何由而生?忽爾而自生。忽爾而自生,而不知其所以生;不知
> 其所以生,生則本同於無。

前段是繼承了何、王「有之為有,恃無以生」的「貴無」思想,並進一步闡明「言生必由無,而無不生有」的關係。後段則是透過「無不生有」的關係串聯出郭象的「自生說」,而言「有」是「忽爾而自生」。但他又不能滿足於「不知其所以生」的狀態,於是又利用「生則本同於無」的觀念與「貴無」思想再度聯繫起來。這種循環論證的結果,終究仍只是一個「至無者,故能為萬變之宗主也」(〈天瑞篇注〉)的境地。對於魏晉道家原有的說法並沒有進一步的推展。

　　「有」、「無」的思想,到了東晉,除了張湛的說法之外,另一個發展就是佛教的「非有非無」的般若空義,唯其中所述已全然是佛教的義理,非關本文論旨,故不述及。

　　綜合以上的敘述,「有」、「無」玄談思想的發展,在魏晉時期主要有三種形態:其一是何晏、王弼的「貴無」說,主要從《老子》「有生於無」的思想背景下推展出來,而進一步主張「以無為本」的本體觀念;其二是向秀、郭象的「自生」說〔註44〕,這則是在注《莊子》的背景下,由《莊子》那種主

〔註44〕向秀與郭象的「自生說」二者在義理的形態上有其殊異之處,可參見蘇新鋆

觀的虛靈境界，進一步撑架起來，並化掉了「無生有」的實體性姿態，而達
到一種主觀的「自生、自在，圓滿具足」的「存在」（「有」）境地。以上所言
都是屬於道家的說法。至於第三種則是裴頠的「崇有」思想，他雖然也利用
了道家的觀點，如「無」的作用意義、「自生」的說法，而來反駁「以無爲本」
的「貴無」學說。但基本上他仍把「無」當作「非有」，對於「有」則直落於
物類的現實存在上而言，然後在現實存在依待關係上說「自生」，這已全然脫
離了道家的主觀思考模式，而成就一種「客觀性」的思考領域〔註45〕。以下
即論述裴頠〈崇有論〉在魏晉玄學思想發展中的定位。

二、〈崇有論〉在魏晉玄學發展中的定位

　　探討魏晉玄學清談的思想，必然要觸及名教與自然的衝突課題，這個課
題在哲學思考上所表現的，就是「崇有」與「貴無」的爭辯。而在當時「有」、
「無」思想發展的三個形態中，何、王是「貴無」理論的開創者，裴頠則是
「崇有」思想的主力；至於向、郭的《莊子注》，雖也有人認爲它是主張「崇
有」〔註46〕，但基本上他的「有」是一種絕對的「存在」，是在主觀境界上說
的。因此，能夠正面肯定客觀存在的「有」，而反對「貴無」者，仍是以裴頠
的〈崇有論〉爲主。對於裴頠〈崇有論〉在魏晉玄學思想中的定位，我們可
以從歷史的發展以及其內在的義理兩方面來加以說明：

（一）從歷史的發展來看

　　一般說來，魏晉玄學的整個歷史課題是在名教與自然的衝突上，而這個
問題的發生根源，乃在於儒學的名教禮制，在兩漢長久的獨尊局面下已經僵
化，於是「名教」的權威在人們心中開始動搖，代之而起的則是道家「自
然」、「無爲」的思想。然而在長久的「名教」思想制度下，「自然」思想的加
入，在根本上是會與原有的思想形態產生衝突。因此，魏晉玄學在面臨這問
題時，也都作了進一步的調和工作。只是受制於整個時代的思想背景影響，
對於這個問題的解決，幾乎完全從道家的「自然」思想著手。像由何、王開
啓的「貴無」玄風，超「有」通「無」，崇本息末；再經過阮籍、稽康的「越

　　　　《郭象莊學平議》，學生書局，頁149～156。不過，就其思想背景而言，仍同
　　　　是在《莊子》的主觀境界形態上發展的。
〔註45〕按此說乃據牟先生於《才性與玄理》，頁369，對〈崇有論〉的疏解所言。
〔註46〕此說參見馮友蘭《新原道》所言，另湯用彤《魏晉玄學論稿》亦有同樣的意
　　　　見。

名教而任自然」；以至於西晉王衍之徒「口談浮虛，不遵禮法」，在形式作爲上，已經發展成了「賤有」的傾向。這完全是站在主張「自然」的立場上，所導致的結果。

　　裴頠身處在這個玄學環境中，目睹推崇「自然」所造成的流弊，於是在深切觀察現實的存在世界後，從肯定「名教」的立場來調和二者間的衝突。他捨棄了受當時虛無風氣所影響的「貴無」路線，而從現象意義的存在去調和自然與名教間的關係。這在當時可謂是獨樹異幟，也因此引起當時王衍之徒的「攻難交至」。但由於他掌握了現實意義的標準，因此對於這些非難，並不能使他屈服。我們先不論〈崇有論〉在義理層次上是否真能對抗於貴無派的理論根據——道家思想，但至少在陵遲的名教上，確實能發揮其振聾發聵之功效。也正由於他標立「崇有」以對治「貴無」，才使得郭象在《莊子注》中，由其「無不能生有」的觀念，進一步對名教與自然做最後的調和。因而到了東晉，重新肯定名教的價值者愈來愈多，像李充的《學箴》、王坦之的〈廢莊論〉、戴逵的〈放達非道論〉、孫盛的〈老聃非大賢論〉及〈老子疑問反訊〉等，都在儒道的會通工作上重新肯定了名教的價值。可見，在歷史的發展上，裴頠〈崇有論〉的產生，自有其不可磨滅的地位。

（二）從內在的義理來看

　　〈崇有論〉的思想在當時所代表的是一種非主流的思想路線。而作為主流思想的道家，不管是何、王的「以無爲本」或向、郭的「自生獨化」，追究到最後都只是「不塞其源，則物自生；不禁其性，則物自濟」的一種主觀境界形態。因此所說的，都是屬於作用層〔註47〕上的話。

　　至於，裴頠〈崇有論〉雖然是站在肯定「名教」的立場來批駁「貴無」的主張，但他也能基於對道家思想本身的體認，而加以判別。就以「無」的體認來說，他也認可道家思想中「無」的作用意義，他說：

> （老聃）是以申縱播之累，而著貴無之文。將以絕所非之盈謬，存大善之中節。收流遁於既過，反澄正於胸懷。宜其以無爲辭，而旨在全有。（〈崇有論〉）

〔註47〕按「有」、「無」當有兩個層次：實有層上的，「有」是指具體的存在物而說的，那相對的「無」就是指具體存在物的「不存在」而言。作用層上的「有」、「無」，則是「非存在的」，像何、王所說的「無」和向、郭《莊注》中的「有」都是屬於這種抽象的絕對層次。

但由這個觀點，再進一步思考到「有生於無」這個宇宙的形上本體命題時，他則認為既然「無」的作用是「旨在全有」，那根本的還是這個「有」而不是「無」，況且就現實的存在來看，「養既化之有，非無用之所能全」，「無」在現實中並沒有作爲，並不存在，它如何能全有呢？這完全是就實有層中，對具體存在物的認識立場來說，因而把「無」當作邏輯關係上的「非有」看待。

既然他從「無不能生有」來反對「以無爲本」，那麼他自然就必須爲「有」的存在找個根據，於是他就從道家（向秀）「自生」的觀點來發揮。但是，他所謂的「自生」如前文所說，並不同於向秀所說的「不生不化」，更沒有達到郭象那種「圓滿自足，無所依待」的境界。他的「自生」是「自生而必體有，則有遺而生虧矣」，這是說它必須憑藉物類的客觀存在而言「自生」。因此，這個「自生」是「偏無自足」的，是「有所依待」的。如此說「有」，指的是「物類的客觀存在」，也是從實有層的具體存在物而論的。

綜合〈崇有論〉中對於「有」、「無」的規定，我們可以知道裴頠在肯定既有「名教」的前提下，其基本義理完全是從「物類的客觀存在」這點來立論，因此他和道家所言者皆不能相應。雖不能相應，但他在內在義理上卻包涵了一個對客觀存在世界的肯認，與一種「有爲」的積極態度。這正是牟先生所言：「然彼雖不能觸及道家立言之旨趣，而其『崇有』之理路確可開一接觸存在問題而重『客觀性』之哲學。此在思想上亦甚有價值」。〔註48〕

〔註48〕同註 45。

第二章　裴頠的生平與學術

第一節　生平事蹟

　　裴頠字逸民，河東聞喜（今山西省運城市聞喜縣）人，生於西晉武帝泰始三年（西元 267 年），而於西晉惠帝永康元年（西元 300 年）被殺，死時年僅三十四歲。晉惠帝反正後，追諡曰「成」，因此世稱裴成公。生平史料主要見於《晉書》及《世說新語》。以下即由其家庭背景，個人氣質，政治與學術表現等四方面來綜論裴氏一生。

一、家庭背景

　　裴頠出身於高門世族。曾祖父裴茂為漢尚書令〔註1〕，祖父裴潛官拜魏尚書令〔註2〕。父親裴秀官至晉司空，又係晉開國元勳，遂封為鉅鹿郡公，食邑三千戶〔註3〕。裴頠為裴秀次子，長兄裴濬早亡，裴頠繼兄承襲父親爵位〔註4〕。後又因母改適賈充，賈充之女賈南風為太子妃，即後來的惠賈皇后〔註5〕，於是又貴為后親國戚。這在當時倚重外戚宗室的風氣下，裴氏仕途自然頗為順

〔註1〕《三國志・魏書・裴潛傳》裴注引《魏略》曰：「潛世為著姓，父茂，仕靈帝時，歷縣令、郡守、尚書。建安初，以奉使率導關中諸將討李傕有功，封列侯。……。」鼎文書局，頁 672。

〔註2〕其本事見《三國志》，卷二十三《魏書・裴潛傳》。

〔註3〕其本事見《晉書》，卷三十五〈裴秀傳〉。

〔註4〕《晉書・裴秀傳》：「……有二子濬、頠。濬嗣位，至散騎常侍，早卒。濬庶子憬不惠，別封高陽亭侯，以濬少弟頠嗣。」時為武帝咸寧元年（西元 275 年）。

〔註5〕其本事見《晉書》，卷三十一〈后妃傳上〉。

利。根據《晉書》本傳﹝註6﹞記載，他在晉武帝太康二年（西元281年）時，被徵爲太子中庶子，後遷散騎常侍。惠帝即位（西元290年）後，官轉國子祭酒，兼右軍將軍，後遷尚書左僕射、侍中等職，可謂一朝重臣。

　　除此政治背景之外，他的家族在學術上也有一定的表現。像叔祖父裴徽爲魏時的大清談家，曾與管輅、王弼論學﹝註7﹞，裴松之稱其「有高才遠度，善言玄妙」﹝註8﹞。父親裴秀是個地理學家，著有《禹貢地域圖》十八篇，《晉書‧裴秀傳》記載毌丘儉薦舉他的話，說他「生而歧疑，長蹈自然，玄靜守眞，性入道奧」﹝註9﹞，可見他也沾染了當時士大夫清談的風氣。叔父裴楷亦爲清談名士，《晉書》謂其「明悟有識量，弱冠知名，尤精《老》、《易》，少與王戎齊名」﹝註10﹞，而鍾會稱讚他爲「裴楷清通」，亦可見一斑﹝註11﹞。另外，幾位叔父像裴康、裴綽也都是當時的名士﹝註12﹞。至於同輩方面，從兄弟裴遐「以辯論爲業，善敘名理。辭氣清暢，泠然若琴瑟」﹝註13﹞，從弟裴邈「少有通才，……每與清言，終日達曙」﹝註14﹞，也都是談座上的健將。生活在這樣的環境當中，自然對他往後在學術上的表現：「善談名理，混混有雅致」﹝註15﹞、「言談之林藪」﹝註16﹞，起了極大的影響。簡列裴頠家世表如下：﹝註17﹞

﹝註6﹞　有關其仕途發展參見《晉書‧裴頠傳》。又按裴頠於《晉書》中無獨立之傳，
　　　　其傳附於父親〈裴秀傳〉，往後所稱〈裴頠傳〉皆指此而言。
﹝註7﹞　裴徽，《三國志‧魏書》無傳，有關其本事見於荀粲、傅嘏、王弼、管輅諸
　　　　傳。
﹝註8﹞　參見《三國志‧魏書‧裴潛傳》裴松之注，鼎文書局，頁674。
﹝註9﹞　參見《晉書‧裴秀傳》，又《三國志‧魏書‧裴潛傳》注引《文章敘錄》曰：
　　　　「……著《易》及《樂》論，又畫《地域圖》十八篇，傳行於世。《盟會圖》
　　　　及《典治官制》皆未成。……」鼎文書局，頁673。
﹝註10﹞　裴楷爲裴徽之子，參見《晉書》，卷三十五〈裴楷傳〉，鼎文書局，頁1047。
﹝註11﹞　同註10。
﹝註12﹞　裴康、裴綽皆爲裴徽之子，參見《三國志》，卷二十三《魏書‧裴潛傳》注，
　　　　又同注引〈晉諸公贊〉曰：「康有弘量，綽以明達爲稱」，鼎文書局，頁674。
﹝註13﹞　參見《世說新語‧文學第四》注引鄧粲《晉紀》，裴遐爲裴綽之子，又爲王衍
　　　　女婿，曾與郭象談辯，《世說新語‧文學第四》有其記載，樂天出版社，頁
　　　　160。
﹝註14﹞　參見《世說新語‧雅量第六》注引〈晉諸公贊〉，樂天出版社，頁271。
﹝註15﹞　此爲《世說新語‧言語第二》中，王衍對他的批評，樂天出版社，頁65。
﹝註16﹞　參見《晉書》，卷三十五〈裴頠傳〉，鼎文書局，頁1042。
﹝註17﹞　此表乃根據《晉書》及《三國志》中本傳，及其注文所引史料，列其較重要
　　　　者於此，故僅爲簡表。而其中裴邈爲裴頠之從弟，又其叔祖裴徽據《三國志》

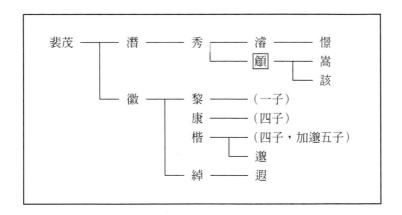

二、個人氣質

就裴頠個人來，《晉書》上記載說：

> 弘雅有遠識，博學稽古，自古知名。御史中丞周弼見而嘆曰：頠若
> 武庫，五兵縱橫，一時之傑也。〔註18〕

另外，荀綽《冀州記》上也有類似的記載：

> 頠爲人弘雅有遠識，博學稽古，履行高潔，自少知名。〔註19〕

可見其才能識見很早就顯露出來，而爲當時人所器重。後來賈充在上表請詔
裴頠襲父爵時，也稱他是「才德英茂，足以興隆國嗣」〔註20〕，雖然這是上
表時必有的恭維話，不過參酌他人所稱，可知並非溢美之辭。按當時其兄裴
濬先襲父爵，早卒，庶子憬爲嫡傳，因不惠，故以頠嗣之〔註21〕，可見其人
必有出眾之處。

裴頠雖然貴爲后親國戚，但不像一般人就此夤緣附勢，反而對這種世襲
的情形，深表不能接受。《晉書》上記載他襲父爵時，即一再辭讓，終因武帝
之堅決而作罷〔註22〕。後來，惠帝元康元年（西元291年），因協助誅殺楊駿
有功，當封侯，《晉書·裴頠傳》載：

> 頠請以封憬，帝竟封頠次子該。頠苦陳憬本承嫡，宜襲鉅鹿，先帝

注言，僅有四子：其中裴楷有五子，《晉書》載爲輿、瓚、憲、禮，遜，今疑
「遜」乃「邈」之誤，故據以爲表。此乃參校劉汝霖《漢晉學術編年》，卷六
之裴氏家世表，長安出版社，下冊，頁162。
〔註18〕參見《晉書》，卷三十五〈裴頠傳〉，鼎文書局，頁1041。
〔註19〕《三國志》，卷二十三《魏書·裴潛傳》中注文所引，鼎文書局，頁673。
〔註20〕同註18。
〔註21〕參見《晉書》，卷三十五〈裴秀傳〉，頁1041。
〔註22〕參見《晉書》，卷三十五〈裴頠傳〉，頁1041。

> 恩旨，辭不獲命。武昌之封，己之所蒙，特謂以封憬。該時尚主，
> 故帝不聽。

這裡不但說明了他照顧兄子的心意，更表現了不居功邀爵的態度。自此以後，要是有任何的封職，他都一再辭讓，同傳又載：

> 每授一職，未嘗不殷勤固讓，表疏十餘上，博引古今成敗以爲言，
> 覽之者莫不寒心。

所謂「古今成敗」，指的是他歷陳了各代后戚當道之得失，由此更可見其器識弘深。像這種情形，在當時外戚當權，眾人附勢唯恐不及時，可謂清流一股。因此，《晉書・裴頠傳》記載：

> 頠雖后之親屬，然雅望素隆，四海不謂之以親戚進也，惟恐其不居
> 位。

可知裴頠雖具后族身份但能不邀位擅權，此種氣節頗爲時人所重。所以，陸機於《惠帝起居注》中許之爲「民之望也」。〔註23〕

　　裴頠不但不以后親國戚的身份邀爵擅權，對於當時偏崇外戚的做法也表示極力反對。譬如惠帝元康九年（西元 299 年），他要接任門下事時，曾上表說：〔註24〕

> 賈模適亡〔註25〕，復以臣代，崇外戚之望，彰偏私之舉。后族何常
> 有能自保，皆知重親無脫者也。然漢二十四帝惟孝文、光武、明帝
> 不重外戚，皆保其宗，豈將獨賢，實以安理故也。昔穆叔不拜越禮
> 之饗，臣亦不敢聞殊常之詔。

這裡陳述了推重外戚於理不安之處，也表明了自己不受詔之意。裴頠既明鑑歷代因外戚擅權而敗亡的事實，而今卻又目睹朝中偏崇外戚的情形，自然憂心忡忡。後來他上表〔註26〕說：

> 咎繇（皋陶）謨虞，伊尹相商，呂望翊周，蕭張佐漢，……或明揚
> 側陋，或起自庶族，……歷觀近世，不能慕遠，多任后親，以致不
> 靜。昔疏廣戒太子以舊氏爲官屬，前世以爲知禮。況朝廷何取於外
> 戚，正復才均，尚當先其疏者，以明至公。

這裡更直截了當地說出近世之不靜，多以任后親之故，而歷史上的名相賢臣，

〔註23〕參見《三國志》，卷二十三《魏書・裴潛傳》裴注所引，鼎文書局，頁 673。
〔註24〕本事及下引文見《晉書》，卷三十五〈裴頠傳〉，鼎文書局，頁 1043。
〔註25〕賈模乃賈充之子，爲門下侍中，卒於該年（元康九年）。
〔註26〕同註24。

亦多起於庶族。這種直言不諱地表明對於偏崇外戚的不滿，以及希望支持、選拔那些出身於下層庶族的賢才爲官的見解，正充分說明了他一再辭謝爵位與官職的立場。可惜惠帝並未採納其建議，以致在當時爭權之風頗盛的情況下，裴頠也不能如其所願地「不敢聞殊常之詔」〔註27〕了。

　　綜合以上的敘述，我們對於裴頠個人可以有兩點了解：

　　（一）器識深遠

　　他能瞭解外戚專擅之弊，不爲己身之權利所迷惑，而能善進賢能之才。例如張華〔註28〕就是受其推薦，而成爲他往後政治生涯中最好的同僚。

　　（二）正直不阿

　　他以外戚的身份，反對偏崇外戚，又身處賈后專擅之時，卻能直言不諱，可見他並不是阿諛求勢，專事奉承的人。這點在其政治生涯中，更是表露無遺。

三、政治生涯

　　裴頠身處的時代，在西晉武帝及惠帝二朝，而他的政治活動主要是在惠帝、賈后時期〔註29〕。當時西晉雖已統一中國〔註30〕，但由於武帝大封宗室爲王，且各擁有「方州軍事」，結果國家形式上統一了，但實際上卻又處於諸

〔註27〕此點或者可讓我們思索他個人所爲之用意，何以他再三辭讓，而最終仍受詔任職呢？這有三種可能，第一是他故作姿態，深明《老子》以退爲進之功，而一再辭讓。就這點來看，我們從史傳上的評價，以及他上表時所陳述的那些剴切之辭來看，這因素應該是可以排除的。第二是因爲他無法辭卻惠帝的旨意，只好勉強接受，當然這是爲人臣者的正常表現，並不爲過；而且他在受職之後，也能積極爲國，處處從公，絲毫沒有貪戀之意。至於第三則是他不得不接任，如本文所說當時既是充斥爭權奪利的風氣，而他希望能薦用賢才卻又不能實行時，若於重要職位仍辭不願受，那必落入奸人之手，基於爲國謀治的動機下，只好承擔下來了。這裡我們從他的言論以及政治上的表現，不妨作此判斷。

〔註28〕張華字茂先，《晉書》稱他「學業優博」，又說他「強記默識，四海之內，若指諸掌」，頗有治國之才，時人比之爲春秋時的子產。賈后爲了抵制諸王的力量，準備任用張華掌持朝綱，當時裴頠就極力贊助，《晉書》上說：「賈謐與后共謀，以華庶族，儒雅有籌略，進無逼上之嫌，退爲眾望所依，欲倚以朝綱，訪以政事。疑而未決，以問裴頠，頠素重華，深贊其事。華遂盡忠匡輔，彌縫補闕，雖當闇主虐后之朝，而海內晏然，華之功也。」以上俱見〈張華傳〉，鼎文書局，頁1072。

〔註29〕這也許是他得外戚之便，方能有所發揮。

〔註30〕武帝在咸寧六年（西元280年）最後滅吳，結束了分裂的局面。

王軍事割據的狀態。太康十年（西元 290 年）武帝去世後，由於繼立的惠帝是個闇弱君主〔註31〕，因此大權就落到了賈后賈南風手中〔註32〕。賈后生性酷虐、嫉妒，《晉書》上說她：「嘗手殺數人，或以戟擲孕妾，子隨刃墮地」〔註33〕，可見其人心狠手辣。是以在她掌握大權之後，也隨即展開了廢楊皇太后，誅楊駿的奪權之爭。〔註34〕

　　裴頠當時也參預了這場爭鬥，《晉書·裴頠傳》載：

> 楊駿將誅也，駿黨左軍將軍劉豫陳兵在門，遇頠，問太傅所在。頠紿之曰：「向於西掖門遇公乘素車，從二人西出矣。」豫曰：「吾何之？」頠曰：「宜至廷尉。」豫從頠言，遂委而去。尋而詔頠代豫領左軍將軍，屯萬春門。及駿誅，以功當封武昌侯，……。

不過，我們可以知道他並不是為了邀功受爵而參與此事。因為楊駿乃楊太后之父，平常超居重位，為人小器，專擅恃權，當晉武帝臥病時，《晉書》載：

> 及帝疾篤，未有顧命，……而駿盡斥群公，親侍左右，因輒改易公卿，樹其心腹。〔註35〕

而在惠帝即位後又是：

> 駿知賈后情性難制，甚畏憚之。又多樹親黨，皆領禁兵，於是公室怨望，天下憤然矣。〔註36〕

像這樣一位擁權自重的外戚，在他反對偏崇外戚擅權的立場下，自然是誅之而後快。況且，事成之後，裴頠不像一般人汲汲於邀功受賞，反而對於封侯之事一再求讓，可見他所著眼的是希望朝政不為外戚所壟斷，而朝綱能長久清明。

〔註31〕《晉書》，卷四〈惠帝紀〉：「嘗在華林園聞蝦蟆聲，謂左右曰：『此鳴者為官乎？為私乎？』或對曰：『在官地為官，在私地為私。』」及天下為亂，百姓餓死，帝曰：『何不食肉糜』」，鼎文書局，頁 107～108。

〔註32〕賈南風為賈充後妻郭槐所生，原為皇太子妃，太子即位，立為皇后。

〔註33〕見《晉書》，卷三十一〈后妃傳上〉，鼎文書局，頁 964。

〔註34〕按由於賈后與楊皇太后有隙，又惡太尉楊駿執政，於是在惠帝元康元年（西元 291 年）時，「誣駿為亂，使楚王瑋與東安王繇稱詔誅駿」（《晉書·武悼楊皇后傳》），並且「矯詔廢皇太后為庶人」，最後甚至「弒皇太后于金墉城」（此乃二年事）。此事始末可參見《晉書》，卷三十一〈后妃傳〉及卷四〈惠帝紀〉。

〔註35〕見《晉書》，卷四十〈楊駿傳〉，鼎文書局，頁 1177～1179。

〔註36〕同註35。

在誅殺楊駿的當年，張華因裴頠的推薦，而爲賈后所器重〔註 37〕。其後兩人更是戮力從公，一心治理朝政，在當時算是比較開明的人物。而事實上在他倆與賈模等人的同心輔政下〔註38〕，也確曾保持了「雖當闇主虐后之朝，而海內晏然」〔註39〕的穩定局面。

他們雖然同爲賈后重臣，但對於賈后的擅權仍時表不滿。張華曾作過〈女史箴〉以諷賈后〔註40〕。至於裴頠以后族之身份，不但不詔媚求進，更在元康九年（西元 299 年）賈后謀廢皇太子（愍懷太子）時，與張華、賈模等商議廢賈后而立謝淑妃（皇太子之母）。《晉書・裴頠傳》載：

> 頠深慮賈后亂政，與司空張華、侍中賈模議廢之而立謝淑妃。華、模皆曰：「帝自無廢黜之意，若吾等專行之，上心不以爲是。且諸王方剛，朋黨異議，恐禍如發機，身死國危，無益社稷。」頠曰：「誠如公慮。但昏虐之人，無所忌憚，亂可立待，將如之何？」華曰：「卿二人猶且見信，然勤爲左右陳禍福之戒，冀無大悖。幸天下尚安，庶可優游卒歲。」此謀遂寢。

事情就因爲恐「身死國危，無益社稷」而作罷，可見他們用心之處仍是在國家政治的安定。因此，在當時賈后擅權，群臣威服的情勢下，他們似乎也只有「勤爲左右陳禍福之戒，冀無大悖」了。

後來，裴頠雖曾「且夕勸說從母廣城君，令戒喻賈后親待太子」〔註41〕，但就賈后的生性而言，這是無濟於事的。又據說當時曾有人說服裴頠說：「幸與中宮內外可得盡言。言若不行，則可辭病屏退。若二者不立，雖有十表，難乎免矣。」然而頠只是「慨然久之，竟不能行」〔註42〕。到了元康九年（西

〔註37〕 參註 28。

〔註38〕 參見王仲犖《魏晉南北朝史》，頁 215～216。

〔註39〕 見《晉書》，卷三十六〈張華傳〉，鼎文書局，頁 1072。

〔註40〕 同註39。

〔註41〕 廣城君乃賈后之母，引文見《晉書》，卷三十五〈裴頠傳〉，鼎文書局，頁 1043。

〔註42〕 有關這事的記載參見《晉書》，卷三十五〈裴頠傳〉，當時或有人以此認爲裴頠貪戀權位，以致不願「辭病屏退」。對於一個政治人物有這樣的評價，這是很自然的，就好像「裴頠嘗薦平陽韋忠於張華，華辟之，忠辭疾不起。人問其故：忠曰：『吾苶詹賤士，本無宦情，且張茂先華而不實，裴逸民慾而無厭，棄典禮而附賊后，若此豈大丈夫之所宜行邪！裴常有心託我，常恐洪濤蕩嶽，餘波見漂，況可臨尾閭而闚沃焦哉！』」（參《晉書・忠義傳》），他到底是不是「慾而無厭」？是不是「棄典禮而附賊后」？我在註27有過判斷，況且當

元 299 年）惠帝會群臣而欲廢嗣時，群臣當中，莫有敢言者，只有張華、裴頠苦爭，但卻不從〔註43〕。最後太子還是被賈后廢了，並於隔年（永康元年，西元 300 年）將他殺害。〔註44〕

後來，裴頠也是因為這種不畏權貴，痛恨專擅的性情而招來殺身之禍。《晉書‧裴頠傳》載：

> 初，趙王倫諂事賈后，頠與張華復固執不許，由是深爲倫所怨。倫又潛懷篡逆，欲先除朝望，因廢賈后之際遂誅之。

惠帝永康元年（西元 300 年），趙王倫篡奪中央大權，除了廢黜賈后之外，又殺害了張華和裴頠。當時，裴頠正值三十四歲的壯年期。從他這短短十年的政治生涯中，我們可以發覺，雖然他一再地表明辭官讓爵的心意，但對於政治的態度仍是積極的。他爲了維護國家政治的穩定，堅決反對偏崇外戚，也極力防止宗室奪權。至於其較具體的政治主張，我們從有關的言論當中，可以歸納出兩點：

（一）選賢舉善

他認爲賢德之人當是起於庶族，而不應該多任后親。在辭門下事時曾上表列舉歷代名相，多是「或明揚側陋，或起自庶族，豈非尙德之舉，以臻斯美哉」。因此，希望惠帝能夠「正復才均，尙當先其疏者，以明至公」〔註45〕。可見他一再表明要辭爵讓官，就是希望朝廷能夠任用賢德之人。另外，他在上疏言「庶政宜委宰輔詔命不應數改」時也說：

> 臣聞古之聖哲，深原治道，以爲經理群務，非一才之任；照練萬機，非一智所達。故設官分職，制其分局；分局既制，則軌體有斷；事務不積，則其任易處。選賢舉善，以守其位。委任責成，立相干之禁。〔註46〕

所謂「非一才之任」，「非一智所達」，也是希望惠帝不要專權，不要偏崇外戚，

時的情勢特殊，而裴頠亦正值壯年期，當思欲有所作爲，對於「辭病屏退」之策，難免不予考慮。然就其所爲來說，我們或可說是缺少了「大丈夫不爲也」的氣概罷了。

〔註43〕 有關其始末，參見《晉書》，卷三十六〈張華傳〉，鼎文書局，頁 1073。
〔註44〕 參見《晉書》，卷四〈惠帝紀〉永康元年三月條，鼎文書局，頁 96。另參見卷五十三〈愍懷太子遹傳〉，頁 1057～1062。
〔註45〕 同註 26。
〔註46〕 見嚴可均輯《全晉文》；又見《群書治要》，卷二十九引《晉書‧百官志》，四部叢刊本，頁 380。書中「裴頠」稱「裴頠」，當是刻書者之誤。

專委一人，而能將庶務分配下去，舉用賢能而有德的人擔任。這正是他的一貫主張。

（二）刑賞相稱，輕重無二

由於惠帝在位時，政權為各大臣所掌握，因此難免各循私情，以致刑法不定，獄訟繁滋。因此他就上表說：

> 夫天下之事多塗，非一司之所管，中才之情易擾，賴恆制而後定。先王知其所以然也，是以辨方分職，為之準局。準局既立，各掌其務，刑賞相稱，輕重無二，故下聽有常，群吏安業也。〔註47〕

這是希望法律能有個「恆制」，能有個「準局」，好讓在下者按照辦理，如此就能夠「刑賞相稱，輕重無二」了。

只可惜在當時惠帝昏庸，政權旁落的情勢下，他的建議始終未能實現。

四、學術表現

裴頠所處的時代，學術界幾乎是籠罩在玄學清談的風氣下。自魏正始年間，何晏、王弼等人倡起玄風之後，學術上大多是「口談浮虛，不遵禮法」，政治上則多半是「尸祿耽寵，仕不事事」。甚至到了西晉時，王衍之徒由於「聲譽太盛，位高勢重，不以物務自嬰」，以致時人「遂相放效，風教陵遲」〔註48〕。道家思想的精神，本就具有一種解脫一切桎梏的自然理趣，但是發展到這個階段，則已泛濫了。這種泛濫的浪漫精神，受到了王衍「位高權重」〔註49〕的政治因素影響，更使得一般的知識階層趨之若鶩，最後甚至到達所謂「悖吉凶之禮，忽容止之表，瀆棄長幼之序，混漫貴賤之級」（〈崇有論〉）的地步。

生活在這樣一個清談的時代中，再加上家庭的清談背景，裴頠自然也無法避免受到環境影響。因此，也是當時談論座上的一員。《世說新語》記載了一些有關他的清談記錄：

> 諸名士共至洛水戲，還，樂令（廣）問王夷甫曰：「今日戲樂乎？」王曰：「裴僕射善談名理，混混有雅致……。」（《世說新語‧言語第二》第二十三條）

〔註47〕見《晉書》，卷三十〈刑法志〉，鼎文書局，頁933。

〔註48〕以上本段落所引文俱見《晉書‧裴頠傳》，頁1044。

〔註49〕王衍在當時曾官至尚書令、司空、司徒諸職，身居宰輔之位。參見《晉書》，卷四十三〈王戎傳〉附衍傳，鼎文書局，頁1235。

> 中朝時，有懷道之流，有詣王夷甫諮疑者。值王昨已語多，小極，
> 小復相酬答；乃謂客曰：「身今少惡，裴逸民亦近在此，君可往問。」
> （《世說新語・文學第四》第十一條）

> 裴僕射，時人謂爲言談之林藪。（《世說新語・賞譽第八》第十八
> 條，又劉孝標注引陸機《惠帝起居注》曰：「頠理甚淵博，贍於論
> 難。」）

由此可見他不但能談，而且善於談，連當時清談界領袖王衍也頗爲推許。

　　然而，儘管裴頠也是清談座上的一員，但他並不像一般人「口談浮虛，
不遵禮法」，反而極力反對此種作風；這就好像在政治上，他雖身爲外戚，但
卻反對偏崇外戚一樣，有其一貫的立場。這點我們可以透過其早期學術上的
表現，來作較深入的瞭解。

　　《晉書・裴頠傳》上稱他「博學稽古，自少知名」，可見其自少通經明史，
善於儒術，殆與其父親的家學淵源有密切關係。而惠帝初即位時，他曾奏修
國學，《晉書・裴頠傳》上載：

> 時天下暫寧，頠奏修國學，刻石寫經。皇太子既講，釋奠祀孔子，
> 飲饗射侯，甚有儀序。又命荀藩終父勖之志。鑄鐘鑿磬，以備郊廟
> 朝享禮樂。

可知他特重儒業，對於名教禮制，絲毫不馬虎。另外〈裴頠傳〉上又說：

> 頠通博多聞，兼明醫術。荀勖之修律度也，檢得古尺，短世所用四
> 分有餘。頠上言：「宜改諸度量。若未能悉革，可先改太醫權衡。此
> 若差遠，遂失神農、歧伯之正。藥物輕重，分兩乘互，所可傷夭，
> 爲害尤深。古壽考而今短折，未必不由此也。

由於他「兼明醫術」，因此能夠瞭解到古尺度量對於醫術的重要，只是一般
人對於今制沿習已久，以致其意見遂不被採納。但從這件事中我們可以瞭
解，裴頠具有一種實事求是的科學態度。這或許和他父親是個地理學家有
關。〔註50〕

　　由於上文所述的這種學術態度，再加上政治上積極維護名教禮制的精
神，我們不難想像他會「深患時俗放蕩，不尊儒術」，而「著崇有之論以釋其
蔽」了。這主要和他政治態度的表達有關，透過這種態度而表達在學術上，

〔註50〕 儘管裴頠四歲時，父親就已經去世，不過家學淵源與家世傳統仍對其有或多
　　　　 或少的影響。

裴頠和一般人一樣，所做的只是一種調和的工夫，因此他也肯定道家思想的部份眞理。所以說他在這個「口談浮虛，不遵禮法」的時代，提出〈崇有論〉這篇文章，似乎並不純然站在反對的立場，而爲的只是要「矯虛誕之弊」〔註51〕，希望「名教」在「自然」之中也有個合理地位罷了。此在下章另有疏釋，暫不贅論。

　　至於裴頠在談座上的風采，我們可以透過他與王衍和樂廣論辯的有關記載來領略。王衍是王戎的從弟〔註52〕，《晉書・王衍傳》載：

> 衍初好論從橫之術，故尚書盧欽舉爲遼東太守。不就，於是口不論世事，唯雅詠玄虛而已。……魏正始中，何晏、王弼等祖述《老》、《莊》，立論以爲：「天地萬物皆以無爲本。無也者，開物成務，無往不存者也。陰陽恃以化生，萬物恃以成形，賢者恃以成德，不肖恃以免身。故無之爲用，無爵而貴矣」。衍甚重之。

這裡說明了王衍從「好縱橫之術」，到「雅詠玄虛」，尤其重視何晏、王弼「以無爲本」的貴無學說。然而，衍不但好談，而且善於論辯，有「口中雌黃」的稱號，由於他身居要職，也因此成爲當時清談界的領導人物。《晉書・王衍傳》記載說：

> （衍）妙善玄言，唯談老莊爲事。……義理有所不安，隨即改更，世號「口中雌黃」。朝野翕然，謂之「一世龍門」矣。累居顯職，莫不景慕放效。選舉登朝，皆以爲稱首。矜高浮誕，遂成風俗焉。

這種情況，使得當時「風教陵遲」。不但是口談虛玄，不親世事，甚至還任性放蕩，縱酒極娛，乃至裸體爲快。例如王澄（王衍弟）、胡毋輔之等，《晉書》上稱他們「皆以任放爲達，或至裸體者」〔註53〕。可見當時對於道家自然理趣的追求已經達到泛濫的地步了。

　　而裴頠處在這個環境當中，以他維護名教禮制的一貫立場，自然是要站出來說話的，所以「乃著崇有之論以釋其蔽」。然此論一出，隨即轟動，《晉書・裴頠傳》說：「王衍之徒，攻難交至，並莫能屈」，可見當時的辯論頗爲

〔註51〕見《三國志・魏書・裴潛傳》注引陸機《惠帝起居注》。

〔註52〕王衍字夷甫。王戎因平吳有功，進爵安豐縣侯，官司徒之職，曾參與竹林之游，言談處於「子房、季札之間，超然玄著」，參見《晉書》，卷四十三〈王戎傳〉，鼎文書局，頁1231。裴頠乃王戎之女婿，見《世說新語・任誕第二十三》。

〔註53〕見《晉書》，卷四十三〈樂廣傳〉，鼎文書局，頁1245。

激烈。《世說新語・文學第四》對此事也有一段記載：

> 裴成公作〈崇有論〉，時人攻難之，莫能折；唯王夷甫來，如小屈。
>
> 時人即以王理難裴，理還復申。

這裡說明了當時裴頠技壓群雄，也只有他們的領導人物王衍出馬，才算辯成平手。可見「裴頠談理，與王夷甫不相上下」〔註54〕，而王衍對他也頗爲佩服。當然，這裡只是說王衍眾人無法駁倒裴頠而已，因王衍充其量只不過是何、王貴無說的信徒，並非眞能瞭解所謂「以無爲本」的眞義，而裴頠所反對的「無」也未能相契於何、王所說者，如此兩相見絀的情況下，自然是誰也沒有勝場。有關理論的疏解，在下兩章中再做詳細比對。

另外一位與裴頠有過談辯的是樂廣〔註55〕，他與王衍同樣名重於世，《晉書・樂廣傳》載：

> 廣與王衍俱宅心事外，名重于時，故天下言風流者，謂王、樂爲稱
> 首焉。

只可惜對於這樣一位「爲首風流」的人物，有關他與裴頠談辯的內容，現在卻不得而知。不過，在《晉書・裴頠傳》中有這段記載說：

> 樂廣嘗與頠清言，欲以理服之，而頠辭論豐博，廣笑而不言。

另外在《世說新語・文學第四》第十二條注引〈晉諸公贊〉對這事則記載爲「廣自以體虛無，笑而不復言」。所謂「笑而不言」，這當有兩層含義：第一，說明樂廣不同於裴頠「辭論豐博」的表現。因樂廣雖善談論，但並不多言，往往點到即止。當時王衍即自言：「與人語甚簡至，及見廣，便覺己之煩。」〔註56〕而《晉書》本傳中也稱他是「其所不知，默如也」，可見「笑而不言」，是指其人「不多言也」。第二，樂廣欲以理服頠，但義理已然說盡，而裴頠仍然「辭論豐博」，旁徵博引，所言只是堅持自己的立場，而未能相契於樂廣的論點，因此廣只好「自以體虛無，笑而不復言」了。可見這場辯論誰也沒贏，不過卻是表現出裴頠的「辭論豐博」，善於雄辯罷了。時人稱他爲「言談之林藪」，於此或可明曉。

綜合以上敘述，我們對裴頠在學術上的表現，可以歸結出以下兩點：

〔註54〕見《世說新語・文學第四》第十一條注引〈晉諸公贊〉，樂天出版社，頁
154。

〔註55〕樂廣字彥輔，《晉書・樂廣傳》稱他：「性沖約，有遠識，與物無競。尤善談
論，每以約言析理，以厭人之心，其所不知，默如也。」

〔註56〕見《晉書》，卷四十三〈樂廣傳〉，鼎文書局，頁 1243。

（一）裴頠處在談風頗盛的環境中，自然不免受到時代風氣的影響，也成為清談座上的一員。他不但能談，而且更善於論辯，時人謂為「言談之林藪」。

（二）裴頠善清談，但卻最反對當時清談人士那種「口談浮虛，不遵禮法」的論調，因此以其在政治上積極維護名教禮制的態度，打起反對「貴無」理論的旗幟，來糾正當時那種玄虛浮濫的風氣。或許他並沒有嚴肅的救世理想，但卻也是希望在「自然」之上，能夠肯定「名教」，進而建立「名教」應有的地位。甚而希望大家能夠合理地承認那「客觀存在」的現實世界。

第二節　著作考辨

一、裴頠的著作

有關裴頠的著作，我們根據文獻上的記載，除了一些表、疏、議的政論性文章外，最主要的有三種：

（一）〈崇有論〉

此為現今僅存的一篇思想著作，保存在《晉書‧裴頠傳》中。根據魏汝霖《漢晉學術編年》所考，此論大抵作於惠帝元康九年（西元 299 年）。

（二）〈貴無論〉

此論已佚。唯見載於《三國志‧魏書‧裴潛傳》注引陸機《惠帝起居注》：

> 頠理具淵博，贍于論難，著崇有、貴無論，以矯虛誕之弊，文辭精富，為世名論。

只是〈貴無論〉原文早已亡佚，後人即根據「崇有」、「貴無」為兩個相互矛盾的論題，而懷疑其本不存在。有關此說，下文中另有辨析。

（三）〈辯才論〉

根據《晉書‧裴頠傳》，裴頠又著有〈辯才論〉，但文「未成而遇禍」。時人或有見過該文殘稿，或者是裴頠與人談論時曾經提及，因此史書才有這段記載。對於這篇文章，《晉書》稱它是「古今精義，皆辨釋焉」，可惜文未寫定不能問世。否則，我們對他的思想全貌，當更能有所認識。

另外，《隋書‧經籍志》中載有《裴頠文集》九卷，此為後人所編輯，而

同樣的集子在《舊唐書・經籍志》和《新唐書・藝文志》中，均記爲《裴頠集》十卷，唯至《宋史・藝文志》時則已不見載錄。可見此《文集》大約亡佚於唐末五代。因此，我們現在也無從分辨其九卷與十卷的差別了。唯嚴可均所輯《全晉文》，稱裴頠「有集九卷」，另收輯其散見於諸書（包括《晉書》、《群書治要》、《通典》、《初學記》、《太平御覽》、《藝文類聚》）所引者，有表、疏、上言、諫、議、答問及〈崇有論〉、〈女史箴〉等，凡十三篇。〔註57〕

二、〈貴無論〉考辨

在裴頠的著作當中，一直受到爭議的是〈貴無論〉一文。然而由於該文早已亡佚，現在也很難斷定他是否著有這篇文。不過，一般反對裴頠著有〈貴無論〉者，都認爲就文題上來看，「崇有」與「貴無」爲兩相對立的觀念。要不就是承認裴頠立場不定，游移兩邊，〈崇有論〉之作，只是做爲清談之理據；要不然就是兩者不能並存，〈貴無論〉的記載，只是後人之衍辭。這點何啓民先生在《魏晉思想與談風》一書中表示了他的意見說：

> 按此唯作著「崇有二論」，而無「貴无」之名。且既崇有，復貴无，理亦不可通，故「貴无」論的有无，實是一問題。唐修晉書，著錄崇有論，亦無貴无之論，可爲一證。〔註58〕

文獻問題我們可以再加考證，除此之外何先生主要的理據是「崇有」與「貴無」爲兩相矛盾的命題，故兩者不可能同時存在。又龔鵬程在〈崇有論駁議〉〔註59〕一文中也說：

> 夫有無之辯，魏晉之所昌言。然自何王以下，論者不貴於無，則必居於有。有無對反，自魏已然，今則尊無貴有，於己何居？此其謬戾，不可通也。

這裡很明顯的也是以兩個論題互相矛盾爲理據，更以當時「論者不貴於無，則必居於有」作爲背景〔註60〕，來說明二者的同時存在，有不可通之處。這種說法在言語邏輯上或許是無可反對。然而問題是誰也沒看過〈貴無論〉，因

〔註57〕 參見《全晉文》，卷三十三，中文出版社，頁 1243。
〔註58〕 見何啓民《魏晉思想與談風》，學生書局，頁 164。
〔註59〕 見《鵝湖月刊》三十九期，頁 38。
〔註60〕 有無之辯，固然是魏晉時的談論主題，但對於大多數清談家而言，他們所做的只是一種調和的工作，因此，貴無者不必然賤有，崇有者也不必然賤無，兩者在思想上沒有絕對的矛盾性可言。

此單從文題上來判定，似乎有失公允。

關於這點，我們可以從歷史文獻的記載，和個人思想的比對兩條線索來重新探討：〔註61〕

（一）從文獻的記載來看

按裴頠著有〈崇有〉、〈貴無〉二論，主要是記載於《三國志·魏書·裴潛傳》裴松之注引陸機《惠帝起居注》〔註62〕（引文見前）。除此之外，孫盛在〈老聃非大賢論〉〔註63〕一文中也說：

> 昔裴逸民作〈崇有〉、〈貴無〉二論，時談者或以為不達虛勝之道者，或以為矯時流遁者。

這二段記載都確認裴頠著有〈崇有〉、〈貴無〉二論，而且都說是用來矯正當時的虛誕風氣。其中陸機是西晉人，與裴頠同朝，孫盛則是東晉人。因此，他們的話是比較可以信任的。

另外，《世說新語·文學第四》第十二條，劉孝標注引〈晉諸公贊〉說：

> 頠疾世俗尚虛無之理，故著〈崇有〉二論以折之，才博喻廣，學者不能究。

按〈晉諸公贊〉乃是東晉人傅暢〔註64〕所撰，這裡雖未點明有〈貴無論〉，但可確定的是裴頠不僅有〈崇有論〉，而且還有另一篇論文用以批判虛無之理。在這裡有人以為「二」字是衍文，但又何嘗不可能是脫漏了「貴無」二字。至於《晉書》之所以不載此論，可能是〈貴無論〉早已亡佚，以致唐玄齡修《晉書》時，未見該文，故疑而不提。因此，總括當時人所載，裴頠應該是

〔註61〕 按以下二點考辨是受到《中國古代著名哲學家評傳·續編》一書中，許抗生所寫〈裴頠評傳〉一文的啟示。

〔註62〕 此段文字一般皆當作陸機《惠帝起居注》原文看待，不過就前後文氣看來，前有「臣松之案陸機《惠帝起居注》稱『頠有遠量，當朝名士也』，又曰『民之望也』。頠理具淵博……。」（據鼎文版，新點校本《三國志》同此引文當至「民之望也」為止，而下面則是南朝宋裴松之的案語。然而我們再查《世說新語·文學第四》第十二條南朝梁劉孝標注引《惠帝起居注》曰：「頠著二論，以規虛誕之弊；文詞精富，為世名論」。又同書〈賞篇第八〉注亦引《惠帝起居注》曰：「頠理甚淵博，贍於論難」。可見裴松之自己的案語，應該也是抄自《惠帝起居注》的。當然也有可能是劉孝標注《世說新語》時所根據的就是裴松之《三國志》的注文。不管如何，這段話的記載，早可到西晉陸機，晚亦不超過南朝宋的裴松之。本文當中即從一般人之看法。

〔註63〕 見《廣弘明集》，卷五，四部叢刊本，頁58。

〔註64〕 有關其生平，參見《晉書》，卷四十七〈傅玄傳〉附暢傳。

著有〈貴無論〉一文。

（二）從思想的比對來看

要瞭解裴頠的思想，我們只能從〈崇有論〉本身來探討。按就〈崇有論〉本身來看，他對於道家的思想也是有所理解，因此對於貴無的說法，也不採取完全否定的態度，而是肯定了它的部份真理，〈崇有論〉上說：

> 老子既著五千之文，表摭穢雜之弊，甄舉靜一之義，有以令人釋然
> 自夷，合於《易》之損、謙、艮、節之旨。

此說明了《老子》思想中守靜抱一的觀念，為的只是反對「穢雜之弊」，而這正符合於儒家《周易》一書中損、謙、艮、節這幾個卦的義旨，也就是說他肯定了《老子》對於人生負面體驗的部份真理。接著他又說：

> 人之既生，以保生為全，全之所階，以順感為務。若味近以虧業，
> 則沈溺之釁興；懷末以忘本，則天理之真滅。故動之所交，存亡之
> 會也。……是以申縱播之累，而著貴無之文。將以絕非之盈謬，存
> 大善之中節，收流遁於既過，反澄正於胸懷。宜其以無為辭，而旨
> 在全有，……。

這裡更從養生的觀點，肯定了保生遂性的自然之情，而此自然之情的根本，為的也是保全個體生命的存在。因此，裴頠認為《老子》是為了闡明縱欲放肆的危害而「著貴無之文」，那他「以無為辭」的目的，也只是「旨在全有」。如此這個「無」只是「全有」的一個作用，這點是一般研究《老子》者的基本體認。可見裴頠對於「貴無」的說法，也是有其自身的體會。因此，我們認為他可能有一篇〈貴無論〉的文章，來闡發這方面的思想。

另外，〈崇有論〉的寫作，本就是針對當時王衍之徒所形成的虛無之風而發。在前面我們已經提過，王衍等人只能說是何、王貴無學說的信仰者，未必真能了解「貴無」的真義，以致於他們所崇尚的都是一些消極無為的觀念，遂而造成了當時的泛濫浪漫風氣。裴頠為了反對流風，自然可以寫一篇〈貴無論〉來說明他對「貴無」的看法，並釐清王衍等人對於「貴無」思想的誤解。當然，在這篇文章裡他是可以主張「貴無」〔註65〕，但他的「貴無」

〔註65〕一般懷疑〈貴無論〉者，主要是從兩個文題的矛盾來看，這在正文中我們已經提過，何啓民氏也是這樣的主張。而龔鵬程在《鵝湖月刊》上與林顯庭的答辯（案此辯論參見《鵝湖月刊》第四卷第五期和第九期二氏之文）中，確言裴頠〈貴無論〉主張貴無，然後依據「崇有」與「貴無」為一顯然矛盾的

並不必要同於何、王「以無爲本」的説法，如此一來，既「崇有」，又「貴無」，於理又有何不可通之處？因此，我們認爲裴頠應該是可以著有〈貴無論〉一文。

第三節　思想派別

一、清談的派別問題

對於魏晉清談派別的分法，歷來學者的標準不同，有的就歷史發展的分期來分，像湯錫予在《魏晉玄學論稿》一書〔註 66〕中分爲四派：首派爲王輔嗣之學，其二爲向秀、郭象之學，其三爲心無義，其四爲僧肇之不眞空義。這種分法，主要是就玄學清談的歷史發展而論，時間涵蓋雖長，但卻把整個清談的發展集中在玄學這部份。另外，像錢穆先生有所謂三宗的分法，頗同於這個觀點。〔註 67〕

但是，魏晉清談的內容，並不止於《老》、《莊》玄學這部份，它還包括了人倫品鑒的才性清談。因此，就這涵蓋較完整的清談內容而論，很多研究者，採用「名理派」和「玄論派」（或稱玄學派）的二分法〔註 68〕。這個分法的主要根據是來自於劉大杰的《魏晉思想論》〔註 69〕。他將魏晉的清談分成兩派，並規定說：

> 名理派雖也有老莊的思想，但以形名家爲主，談論的內容，較爲切近實際。在處事行政方面，保持法家的精神，也不反對儒家。……如傅嘏、劉劭、鍾會、裴頠、孫盛之流……玄論派以道家的思想爲主，

歷史事實，來反駁林顯庭所說的：「裴頠著論論貴無，未必贊同貴無」。對於這點，我們當然反對林顯庭所謂的「著論論貴無，未必贊同貴無」的説法，因爲就命題的邏輯而言，兩者本就是互相矛盾。然而，問題是若裴頠著有〈貴無論〉，那此文的內容可能是什麼？這點我們從〈崇有論〉中可以瞭解到，他所體認的「無」是當作「作用」的無，而不是何、王那種當做「本體」的無。因此，他儘可以「貴無」而又不妨礙其「崇有」。

〔註 66〕參見湯錫予《魏晉玄學論稿》中〈魏晉玄學流別略論〉一文，收於里仁書局編《魏晉思想》一書。

〔註 67〕參見錢穆〈魏晉玄學與南渡清談〉一文，收於《中國學術思想史論叢》，東大圖書公司，頁 69。他分爲王弼、何晏，阮籍、嵇康，向秀、郭象等三宗。

〔註 68〕像吳怡《中國哲學發展史》一書，三民書局；陶建國《老莊思想對兩漢魏晉學術思想之影響》，文化大學中文所博士論文。

〔註 69〕參見劉大杰《魏晉思想論》，頁 184，收於里仁書局編《魏晉思想》一書。

談論的內容，都是一些玄妙的問題，如「無爲」、「養生」、「夢」、「情無哀樂」、「言盡意」等等，……他們反禮法，薄儒家……。

然而，這種分法的始點，則又是根據何劭〈荀粲傳〉的一段話所做的判別，〈荀粲傳〉說：

> 太和初，到京邑，與傅嘏談。嘏善名理，而粲尚玄遠。宗致雖同，倉卒時或有格而不相得意。裴徽通彼我之懷，爲二家騎驛，頃之，粲與嘏善。〔註70〕

從這段話以及劉氏的規定，我們可以知道他主要是依據雙方在談論中不同的立場而分。名理派的立論偏向於名教，玄論派則依據道家自然主義的立場。這在以清談爲方式的論辯當中，是約略可以有這樣的區分，而且這也正可以看出魏晉時期自然與名教爭執的問題所在。

然而，問題是以「名理派」來界定這些偏向於名教的思想，似乎仍將「名理」這個詞，停留在與品評人物結合的「名實之辨」階段上。這就如同湯錫予、唐長孺二氏，以「名理」爲漢魏時名家所談論有關甄察人物之理，所犯的錯誤一樣〔註71〕。事實上，「名理」一詞，從根源於「形名」之義，到魏晉清談時談才性的「名實考辨」，甚至到談玄學的「辨名析理」，「名理」已經被廣泛的使用，而不只是指談才性，或論名教者。這點唐君毅先生曾指出：

> 名理爲魏晉時流行之名辭。《三國志》、《晉書》、《世說新語》等書，時稱某人善名理。近人亦嘗統稱魏晉談理之文爲名理之文。而魏晉人之清談及玄學，亦可稱之爲談名理之學，或謂魏晉人之談名理與玄論爲二派，其說並無的據。……名理一名之廣義，似可泛指一切辨名推理之論。故有以名理之名，當西方所謂哲學者。〔註72〕

另外，唐先生再就「名理」一詞的歷史發展，以及其與物理之別，給予「名理」一個較爲嚴格的界說：

> 即名理之論，初皆是一種關於理之同異之理，或論吾人之一意中有無另一意之理。即名理之論，初乃以辨理意之相同異，相有無之關

〔註70〕參見《三國志‧魏書，荀彧傳》注引。

〔註71〕湯氏說法，參見其《魏晉玄學論稿》中〈讀人物志〉一文；唐氏說法，參見其《魏晉南北朝史論叢》一書中〈魏晉玄學之形成及其發展〉，頁320。而其錯誤之分析，可參何啓民《魏晉思想與談風》，頁60。

〔註72〕見《中國哲學原論‧導論篇》，學生書局，頁47。

係爲事，……。〔註73〕

如此說來，「名理」一詞從形名學的循名核實之義，演變下來，而爲人所取者，即是屬於那種「辨名推理」的談論方式。

這種方式爲清談家所利用，隨著論題的不同，而有不同的特色。因此，王曉毅認爲這是一種「名學方法」。他在《論魏晉名理學》〔註74〕一文中說及這種「名學方法」：

> 非單純的形式邏輯，而帶有方法論的色彩，緊密依附於政治與哲學思想，所以名學方法既是思想家建立自己理論體系所普遍使用的工具，同時隨著社會思潮的變遷，在正始前後呈現出不同的時代特點。漢末魏初，名學方法主要運用於人物批評，其特點是強調名實關係；正始之後，隨著玄學的興起，名學方法主要運用於哲學體系的建立，以析理爲主要特點。

這種「名學方法」雖說不上是一種嚴格的邏輯思考方式，但很明顯的，我們可以發現當時的清談，的確是環繞在各個「名」的範疇上，像談「才性同異」，談「言意之辨」，談「有無」，談「體用」，談「一多」等，而這些正是像唐先生所說的利用「辨名推理」的方式，來談論「理意之相同異，相有無之關係」。從這些範疇的探討，進而可以建立起自己的哲學體系。因此，廣義的「名理」，可說就是「哲學」的換稱。如此一來，魏晉「名理」一詞，則不僅僅是限於談才性、名教者。

就「名理」一詞，牟宗三先生對唐先生的說法有更進一步的解釋。牟先生認爲：

> 如果依照魏晉人使用「名理」一詞之意義，則名理、理義、思理、義言，甚至只簡單曰理，此皆可通用。如此，則名理一詞，更可提昇，而爲廣泛的使用。因之，先秦形名、名實、與魏晉名理吾人俱可賅之以名理。此即爲「廣義之名理」。此廣義之名理相當於通稱之哲學，即廣義之哲學。此爲中國傳統中所使用之「名理」。此廣義之名理，其本質意義可規定如下，即：「名理者，環繞名之本身、名所牽涉、以及名與其所牽涉者之關係而論其意義之謂」。即：關於名之本身，名之所涉（限定之實與超越之實），以及名與其所名者之關係

〔註73〕同註72，頁56。
〔註74〕該文收於《文史哲雙月刊》（山東大學），1986年第六期，頁60。

之理也。如此界定，則名理即是廣義之哲學。邏輯、知識論、形上學、人學、俱含在內。……

如依照西方傳統使用「名理」一詞之意義，則「名理」意指爲邏輯。如此，先秦名家之形名學較近之。如只以此爲名理則爲狹義之名理。單說先秦名家，亦爲狹義之名理。連屬魏晉一起說，則爲廣義之名理。前者依西方傳統說，後者依中國傳統說。〔註75〕

照牟先生的意思，「名理」一詞從名家形名之學演變下來，即是在探討「名」本身，以及其相關的問題，廣義的來講，可以說是一種哲學。而除了先秦名家的形名學相近於邏輯者外，魏晉的名理不管是才性的，或是玄學的，也都是環繞在「名」的問題上，這些又可相應於人學、形上學的專門哲學。因此，就「名理」當做一種廣義的哲學來看，它並不專屬於談才性者。

另外，何啓民先生在《魏晉思想與談風》一書中，辯析了諸家的說法，然後檢別魏晉「名理」一詞，以及所謂「名」一字的運用，認爲「名理」的定義，只是：在魏晉南北朝的某一時期中所出現的有名之理〔註76〕。他的意思不但是要推翻「名理」一詞只限定於談才性者的說法，更要說明的是「名理」一詞在魏晉時，並沒有像唐先生所講的「辯名推理」那樣深刻的意思，而只是像「名士」、「名流」一樣的一個普通名詞而已。然而，他的論述，雖說是證明了「名理」一詞，在魏晉時代廣泛應用的情形，但只將它定義成「有名之理」，似乎又完全擺脫了它從名家形名之學演變而來的根源。固然，魏晉清談的每一個論題，經過大家廣泛的討論之後，它可以成爲「有名之理」，也可以說是個「有名之理」；甚至說「名」這個字，在當時也已經普遍應用成我們現在所謂「名聲」的「名」。但是，一說「名理」，它所重視的卻是它與名家形名學的那一點關聯；一說某人「善名理」、「有名理」、「研至名理」、「校練名理」，即是著重在他是探討有關「名」的諸類問題，著重在他能夠「辨名推理」，善於論辯。如此，這個「名理」就不是單單一個「有名之理」的定義所能涵蓋了。

既然，「名理」一詞不能用來做爲分別派別的名稱，那劉大杰兩派的分法，也只是就清談家立場的不同而分。不過，這樣的區分，卻也難有嚴格的標準。

〔註75〕見牟宗三先生《才性與玄理》，第七章〈魏晉名理正名〉，學生書局，頁 255～256。

〔註76〕參見何啓民《魏晉思想與談風》，頁 59～66。

按魏晉時代在整個清談風氣的籠罩下，完全正面站在名教立場者，畢竟少數；更且有不少是意圖在調和二家的，其雖主張自然，但是也未正面地反對名教，那麼要區別其立場就很困難了。像何晏、王弼即是。然而，我們既以「名理」當作魏晉清談哲學的一種通稱，而就其論題又可大別為二類：一是才性的；一是玄學的〔註77〕。則順著這樣的區分，我們自然可依循清談內容所屬的性質，而分別為才性和玄學兩派，如此也可兼顧到清談前後期發展的主流趨勢。這點牟先生在論及魏晉名理的類別時，曾作這樣的區分〔註78〕。不過，這也只是對於魏晉名理內容的分別而已，並未強以為派別的名稱。

對於這點，榮思光先生在其所著《中國哲學史》中，也根據這種內容旨趣不同，明顯地區分為兩大派：即「才性派」與「名理派」〔註79〕。而他對於「名理」一詞的說明是：「大致旨趣在於形上學觀念之描摹及發揮」，以及「最喜取材於易經及老莊」〔註80〕。就這說明，我們知道他所明言的是魏晉清談中屬於玄學論題的內容，至於他沿用「名理」一詞作為派別名稱，所犯的錯誤和劉大杰氏是相同的。既然，「名理」不能單指談才性者而言，當然它也不能只限於談玄學者。因此，若分為「才性派」與「玄理（論）派」則可，但要分為「才性派」與「名理派」則有欠妥當。舉個最簡單的例子：前面我們提到何劭的〈荀粲傳〉說傅嘏善名理，但就《世說析語・文學第四》注〔註81〕所引，傅嘏所善談的，則又是才性同異的問題。可見別為「才性」與「名理」二派，實有不周。

從以上的分析，我們知道要對清談家加以派別區分，是件不容易的事。但若一定要加以分別，則我們唯一可以作為區分的標準，大概只有從論題的內容性質，以及談論的立場偏向著眼了。

二、裴頠的思想派別

透過以上對於清談派別的說明，我們是希望能從裴頠〈崇有論〉中所呈現出來的思想來加以判別。這裡就從論題的內容性質和談論的立場偏向兩方面來探討。

<hr>

〔註77〕有關論題的區分，可參見前註書中引劉永濟氏所搜檢的資料，學生書局，頁146。
〔註78〕參見牟宗三先生《才性與玄理》，學生書局，頁262。
〔註79〕參見其《中國哲學史》第二卷，香港友聯出版社，頁150。
〔註80〕參前註，頁156～157。
〔註81〕參見《世說新語・文學第四》第五條注，樂天出版社，頁149。

（一）就論題的性質來看

裴頠〈崇有論〉所談的問題是「有」、「無」的問題，他有見於時人在探討現實世界的存在根據時，都是「以無爲本」、「以無爲宗」，以致整個社會呈現出一種虛無浪漫的風氣；因此，他在考察現實世界存在的意義後，提出了「有」這個存在根本，反對「以無爲本」的看法。因此，他的論題是環繞在「有」、「無」論辯上的一個玄學論題。而這個論題的首先抉發，是何晏、王弼根據《老子》的思想提出的。《老子》云：

> 天下萬物生於有，有生於無。（四十章）

王弼則提出：

> 天下之物，皆以有爲生，有之所始，以無爲本，將欲全有，必反於無也。（四十章注）

裴頠由這個基礎上，再從客觀的存在去考量，認爲「有」當然是最根本的，因此，進而反對「以無爲本」的說法，〈崇有論〉上說：

> （老聃）是以申縱播之累，而著貴無之文。將以絕所非之盈謬，存大善之中節。……宜其以無爲辭，而旨在全有。故其辭曰：以爲文不足。若斯則是所寄之塗，一方之言也。若謂至理，信以無爲宗，則偏而害當矣。

可見他是在對《老子》義理有另一番體會下，加上有意維護名教的立場，而來談論這個「有」、「無」的論題，這個完全是屬於玄學的形上論題。

另外，我們就裴頠在學術上的表現來看，《世說新語》也記載了不少他與人談辯的事，更說是「善言名理」，又爲「言談之林藪」，可見在當時的環境中，他是善於清談的。這在前文我們已有說明。如此，〈崇有論〉不過是他的一篇清談著作而已，在文中他就有這樣的說明：

> 頠用矍然，申其所懷，而攻者盈集，或以爲一時口言。有客幸過，咸見命著文，摘列虛無不允之徵，若未能每事釋正，則無家之義弗可奪也。

可見其論點，早在玄談時已一再地表示了意見，而最後的著成文章，也只是作爲玄談的立論根據。〔註82〕

〔註82〕根據這點何啓民認爲裴頠並沒有一般人想像的那樣具有救世的心情，及濃厚的道德意味。這固然不錯，但似乎也不宜完全否定掉其談論的立場與其政治的態度。何氏之言，參見其《魏晉思想與談風》，頁165。

　　再就他也著有〈貴無論〉一文（如本章第二節所論）的情況來看，裴頠是一位「清談家」，其論題是屬於「玄學名理」；若是依論題的性質來判別，則屬於「玄學派」。這點湯錫予在〈魏晉思想的發展〉一文中也說：

　　　　再如裴頠，後人說他「深患時俗放蕩」，作〈崇有論〉「以釋其弊」。
　　　　然其理論更是玄學，大意在說不可去「有」以得「無」，棄用來談
　　　　體。史書載稱裴頠本是善談「名理」之人，即可表示他是正統的玄
　　　　學家。〔註83〕

（二）就談論的立場而言

　　按前述劉大杰將魏晉清談分爲二派，即將裴頠歸屬於「名理派」。「名理」一詞之不當在前文中已有所辨析。我們僅就他所以將裴頠歸於此派的理由來看，主要是因爲裴頠的立場是在維護名教禮制，反對虛無放誕。這在〈崇有論〉中，我們是可以有這樣的判別，他說：

　　　　惟夫用天之道，分地之利。躬其力任，榮而後饗。居以仁順，守以
　　　　恭儉。率以忠信，行以敬讓。志無盈求，事無過用。乃可濟乎？故大
　　　　建厥極，綏理群生。訓物垂範，於是乎在。斯則聖人爲政之由也。

又說：

　　　　是以立言藉其虛無，謂之玄妙。處官不親所司，謂之雅遠。奉身散
　　　　其廉操，謂之曠達。故砥礪之風，彌以陵遲。放者因斯，或悖吉凶
　　　　之禮，而忽容止之表。瀆棄長幼之序，混漫貴賤之級。其甚者，至
　　　　於裸裎。言笑忘宜，以不惜爲弘。士行又虧矣。

前段文字肯定了名教禮制的合理性，後段則表明了反對虛無主義的立場。像這樣維護名教禮制的態度，或許有人會以爲他的「崇有」是根本於儒家。但事實上，名教雖形成於儒學，在經過兩漢的運用之後，已不再具有深刻的義理背景，而只是成爲一種教化的工具。一般人習以爲常，也都能瞭解並接受。況且，我們細較〈崇有論〉本文，可以發現他也多從道家的觀點來反對當時的虛無之風。只是對於《老子》一書的體會與王弼諸人有所不同；而這種不同，在於他對名教禮制的肯定。因此，所謂的「名教禮制」充其量也只能說是「儒術」而已。

　　另外，就當時清談家的思想來看，儘管有「貴無」與「崇有」的分別，但處在儒學衰微，政治動盪的環境下，每個人都多多少少要在名教與自然的

－－－－－－－－－－

〔註83〕參見《魏晉玄學論稿》附錄所收之文，《魏晉思想》，里仁書局，頁133。

衝突下，求得一個平衡點。像王弼、郭象就是最明顯的例子，甚至連嵇康、阮籍亦無不然。所差別的，只是以「自然」來調和「名教對個人的衝突」，還是以「名教」來調和「自然對社會的衝突」？至於裴頠，則是以「名教」來調解「自然」對社會衝擊的最顯明例子。我們從他在文中接受了養生的觀點，又肯定了《老子》的義理，但卻從而提出了自己的體認與批評，可以了解到他的確定是站在維護名教禮制的立場上說話。同時，他在政治上的態度及表現也正足以印證這一點。因此，若就發言的立場來說，裴頠是偏向於「名教」的。

第三章 〈崇有論〉疏解

第一節 基本概念

　　裴頠〈崇有論〉的議論主要是針對「貴無派」的「以無為本」而發，因此，在理論上就必須相對提出其對於萬事萬物存在根據的看法，也就是要說明他相對於「貴無」而言「崇有」的基本立場。而本節即是在說明裴頠對於萬有存在的基本觀念，其中包括對於萬有存在的認識基礎，有生之物存在的根本，以及其共通的情性等三個部分。

一、萬有存在的認識基礎

　　〈崇有論〉首先開宗明義地說到：

　　　　夫總混群本，宗極之道也。方以族異，庶類之品也。形象著分，有
　　　　生之體也。化感錯綜，理迹之原也。

這段話從「總」、「別」、「外」、「內」四方面，說明了我們對於萬有存在的認識基礎，而這個基礎的始點則是在於我們感官所直接認識到的對象——客觀的實在界。〔註1〕

　　就「總」的來說，他認為「總混群本」是「宗極之道」。這裡表明了他在對於萬有存在根據的推求上，是從總合混同萬有本身入手的，亦即是以實存的客觀世界為認識基礎。就文句上來說，「總」有「合」義，「混」有「同」義，而「合」萬有本身之「同」者，再由這個基礎來說明事物的根源所在，

〔註1〕「實在界」在英文是指 Reality，它所包含的範圍除了實際的（真正的）存在物外，也指那些可能存在之物。

如此就是「建宗立極」的根本途徑〔註2〕。這樣的觀點是正面地肯定了客觀世界存在的真實性，同時也是針對「貴無派」而標宗立義。

按「貴無派」的思想，主張「以無為本」。對於萬有存在的根據，是透過對具體事物的存在作上思考，而得到「無」這個概念在事物當中具有普遍性的作用意義。因此，認為客觀世界的具體存在是靠「無」的作用實現的，所以認為「有生於無」而「以無為本」〔註3〕。是以「無」是「體」，「體」為「本」；「有」是「用」，「用」為「末」，這也就是王弼「崇本息末」的主張舖展成「貴無」思想的理路。當然，這是在道家的思想形態下立說的，具有一種沖虛玄德的理境。但裴頠於此獨持異議，他認為具體存在的客觀世界，固然有「無」的作用意義在裡面，但是就道家（指《老子》）而言，「宜其以無為辭，而旨在全有」（〈崇有論〉），「有」才是「根本」。況且，就具體的呈現來看，「無」是「非有」，是「不存在」〔註4〕；「有」則是能夠真實而具體地存在我們眼前。因此，「有」不能從「無」而生。他的立足點，完全是站在具體的客觀世界上來認識「有」和「無」，所以他才提出「總混群本，宗極之道」，認為客觀世界的真實存在才是探求事物本源的根本之道，而反對從實際存在以外的「無」來探求事物本源的「貴無」思想。

對於這句話，唐長孺則解釋為：〔註5〕

宗極之道乃是群本亦即是萬有的綜合。

這樣的說法一直為後來的研究者所接受〔註6〕，以致這句話遂成為〈崇有論〉全篇中基本立場的總綱領。這裡主要是將「道」上提，作為形上本體的概念，

〔註2〕 按以上對於第一句的說明，乃是根據牟宗三先生於《才性與玄理》（頁362）上的解釋：「言總混萬物而探其本，是建宗立極之道」，再加以個人的闡釋。

〔註3〕 《老子·四十章》王弼注：「天下之物，皆以有為生，有之所始，以無為本，將欲全有，必反於無也。」這是對於《老子》：「天下萬物生於有，有生於無」的注解。

〔註4〕 〈崇有論〉上說：「生以有為己分，則虛無是有之所謂遺者也。」這裡說明「無」只是「有」之「遺」，那「有」就是「非有」，亦即「不存在」。又下面更就具體的作為來說：「故養既化之有，非無用之所能全也；理既有之眾，非無為之所能循也。」可見「無」、「無用」、「無為」只是「虛無」而已。

〔註5〕 見《魏晉南北朝史論叢》中〈魏晉玄學之形成及發展〉一文，北京三聯書局，頁333。

〔註6〕 這當中，在台灣有林顯庭《魏晉清談及其名題之研究》（博士論文）、劉瑞琳《魏晉玄論思想之研究》（碩士論文）；在大陸則有中科院哲研所和北大哲學系編《中國歷代哲學文選》及湯一介《郭象與魏晉玄學》。

而認為「宗極之道」即是「萬有的綜合」，這也就是說「最根本的道，是統括萬有的」〔註7〕。就上半句來看，他將「群本」解作「萬有」，亦即是指形形色色實際的萬事萬物而言。如此，他所謂的「群」是指那實際的存在物〔註8〕；而所謂「本」，就其詞性而言，這是屬於附加性的形容用語，是用來說明這形形色色的萬事萬物所實際存在的原原本本的樣子，這指的就是萬有本身的物質性呈現。這麼說來「群本」就是呈現在我們眼前這個萬有（世界）的本身（就其物質性而言），而說「總混群本」則是指說它包含了這一一存在的萬有為一個整體，為一個總合。因此，整句話的意思就是說：這樣一個萬有的「整體」或「總和」即是「宗極之道」。而「宗極」則是「最高」或「根本」的意思。據此，湯一介也做了更進一步的解釋說：

　　整個無分別的群有本身就是最基本的「道」（本體）。〔註9〕

這同我們前文對於唐氏之規定所作的分析，意思上是一致的。

　　以上唐、湯二氏的說法，大抵上雖不違〈崇有論〉中對於客觀世界的經驗認知立場。不過把「總混」當作一個形容性的詞語，說成「整個的」、「無分別的」；又把「群本」理解作「萬有」或「群有本身」，這在文意的體會上不甚確切。按就我們前面所述，裴頠這句話主要是針對「貴無」派的「以無為本」而發的，因此，「崇有」是認為「有」才是根本。那這「以有為本」是如何得來的呢？必然他是根據實存的客觀世界去體驗、探求而來，而不是從客觀世界以外的「無」去了解。所以，「總混」應當是個動詞性詞語，作為一種探溯事物本源的方法；「群本」當理解為「萬有的根本」，而「總混萬有的根本」就是要透過總混萬有的方式來探求其本。如此，方能文從字順。

　　況且，說「道」是「總括萬有的」，或說是「整個無分別的群有本身」，這完全是從它的「物質性」來說明這個「道」是代表客觀世界的「物質性總體」；也正因為如此，大陸學者很可以順理成章地將裴頠說成是個唯物主義者

〔註7〕見中科院哲研院和北大哲學系編《中國歷代哲學文選》〈崇有論注〉，木鐸出版社，第二冊，頁377。

〔註8〕《易・繫辭傳》：「物以群分」，這「群」是指說同類物的聚合體，因此說「群」指的是真正的存在物，所以我們稱之為「實際的」。所謂「實際的」（Actual）是指與純粹的現象及純粹的可能性相對的，它不是幻想或思想的產品，也不是純粹「思想的存有物」，而是在吾人幻想和思想以外存於自身之物。此說解參見布魯格編著《西洋哲學辭典》「實際性・實在界」條，先知出版社，頁33。

〔註9〕見《郭象與魏晉玄學》，谷風出版社，頁58。

〔註 10〕。但事實上，裴頠雖然肯定客觀世界存在的眞實性（這當中即包含它的物質性），卻未將客觀世界存在的「物質性總體」當作一個形上的本體。反而是憑藉著這個「物質性總體」的客觀存在來說明萬有的根本。這個根本就是「有」，就是「理之所體，所謂有也」（〈崇有論〉）的「有」。這個「有」是「存有」義，是剋就各類有生之物的「存在」而言的「有」〔註 11〕。因此，可以作爲「萬有的根本」的，是這物質性的「存在」，而不是「物質性本身」。

　　至於，將「宗極之道」的「道」字提昇到「本體」義的層次來了解，而說它是「最根本（最高）的道」，這似乎把「道」的意義說得過重了。按「道」作爲一個形上本體來看，它是「一」，是「全」〔註 12〕；但對萬有本身個別的實際存在言，它是「多」，是「分」。即使它是總括起來當作一個「無分別的總體」來看，但除非能排除其中種種分殊的雜多，而抽象化成爲一個普遍的超越原理，否則我們仍不宜將它稱做「道」，而作爲一個形上本體來看待。因此，「道」只能在「總混萬物而探其本」這個前提下，理解作「途徑」或「原理」義。而所謂「宗極之道」即是指「總混萬物而探其本」，這種「建宗立極」〔註 13〕的途徑或原理。

　　以上是從「總」以立本這方面來說明對萬物存在的認識基礎，這個基礎就是我們的客觀世界。當然，如同開頭所說的這只是一個感官經驗的認知立場，但問題是純粹以「感官經驗」爲基礎，而且也僅止於現實的感官「經驗」，這樣的認知是否究竟呢？當能不能。雖然就「經驗」來看，它的重要性是絕不容忽視。因爲我們的一切原始概念，都是由此產生；就此而言，一切的思想均與經驗有關。尤其是有關對事物存在的認識，或者直接由經驗而來，或者由經驗推斷而知。但經驗卻並非知識的唯一原始泉源；以經驗主義爲根據是站不住腳的，因爲人的個別經驗並不能解釋絕對的普遍性與必然性的認識

〔註 10〕 這點在《中國古代著名哲學家評傳‧續編》中許抗生〈裴頠評傳〉即將「群有」理解作「萬有本身」，而說他是唯物主義學說。另外，像馮契的《中國古代哲學的邏輯發展》一書及余敦康〈裴頠的玄學思想〉（發表於《中國哲學史研究》季刊）一文，皆同此説法。

〔註 11〕 按此處對於「有」的說明，乃節略牟宗三先生之意，參見《才性與玄理》，頁362。

〔註 12〕 按徐復觀先生《中國人性史論史‧先秦篇》言：「就其『全』者『一』者而言，則謂之道；就其分者多者而言，則謂之德。」本文「一」、「全」之說乃據此。台灣商務印書館，頁337。

〔註 13〕 按此語乃據牟宗三先生所言。而「宗」、「極」二字皆有「最高者」之意，則「建宗立極」即有樹立最高標準，上溯最高根本之意。

原理，而由歸納得來的認識價值也並不純以經驗爲基礎。〔註 14〕

　　這點，康德在《純粹理性批判》的「引論」中〔註 15〕也肯定地說：

　　　　一切我們的知識皆開始於經驗，茲不能有疑。因爲倘若影響我們的
　　　　感取的那對象不曾一方面以其自身產生表象，一方面又引起我們的
　　　　知性之活動以去比較這些表象，並因著結合這些表象或分離這些表
　　　　象，去把感觸印象底粗料轉成那「被名曰經驗」的「對象之知識」，
　　　　那麼我們的知識機能如何定會被喚醒而進入活動中呢？因此，依時
　　　　間底次序而言，我們沒有先於經驗的知識，而一切我們的知識皆開
　　　　始於經驗。

　　　　但是，雖然一切我們的知識皆開始於經驗，可是我們不能因此便說：
　　　　我們的知識盡皆發生自經驗。因爲那很可〔以〕是這樣的，即：甚
　　　　至我們的經驗知識也是以「我們通過印象所接受」的東西以及以「我
　　　　們自己的知識機能（感觸的印象只充作引起知識機能這引起之之機
　　　　緣）從其自身所提供」的東西而被構成。如果我們的知識機能作出
　　　　任何這樣的增益，則情形很可以是這樣的，即：我們一時尚不能去
　　　　把這知識機能所作之增益與那粗料區別開，除非等到以長期的注意
　　　　之訓練我們已能夠把這所作之增益與那些粗料區別開爲止。

康德在此肯定了我們的一切知識皆開始於「經驗」，不過他也說這只是在時間
的次序上所做的判別。而事實上知識的來源，除了通過經驗的表象所接受者
外，尚有「我們自己的知識機能從其自身所提供」的東西，這東西雖然依於
經驗，但經驗的感觸對它來講只是一種「引起的機緣」。由這點康德提出了一
種「絕對地獨立不依於一切經驗」的「先驗知識」的可能問題〔註 16〕，然後
由「知性」及「理性」的分解來肯定它。這裡面當然牽涉到了一個經驗論與
理性論的爭辯，唯非關本文意旨，故此不談。

　　而以上所言，在於說明「經驗」並不是探求知識的唯一領域。這點，在
道家「貴無」派的思想中領略得頗爲真切，他們瞭解到具體存在的經驗萬物
本身並不足以代表萬有的形上本體，因此超越這現實的存在，而從超越意義
的「無」來說明萬有的根源。當然，這種對於「無」的作用義的體會，也是

〔註 14〕 此意見參考項退結編譯《西洋哲學辭典》，先知出版社，頁 155。
〔註 15〕 此爲康德該書第二版的引論，見牟宗三先生譯本，學生書局，頁 61～62。
〔註 16〕 同註 15，頁 62～64。

從具體的經驗當中得來，但是他們卻並不停止於現實的經驗層次，而能往上進到形上本體的超越境界。然而，裴頠的〈崇有論〉則純粹是以經驗爲基礎，而將我們現實的直接經驗，直下即視作客觀而眞實存在的世界之本相，也就是前面所言的「肯定客觀世界存在的眞實性」。由這個觀點出發，來認識世界存在的根本，必然地只止於經驗層次，也必然地要走向一個「實在論」〔註17〕的立場。這點我們在下文中將逐步地加以說明。

上面我們從「總」的方面來說明萬物的實際存在，接著他再就「方以族異，庶類之品也」的分別立場來說明萬有的各類實際存在〔註18〕。《易・繫辭

〔註17〕 「實在論」（Realism）是屬於西方哲學「知識論」中的一種立場，有關它的理論發展在唐君毅先生《哲學概論》上冊，頁389～411有詳細的敘述。本文所謂裴頠的實在論立場，大抵相類於「素樸實在論」和「新實在論」的説法。在此即就唐先生之言說明如下：

「素樸實在論」即常識中之實在論。此種實在論，乃將吾人之所直接經驗者，皆視爲客觀存在之一種實在論。此種實在論，亦即可謂是：將吾人直接經驗之世界之內容，初步加以反省時，而直下即視作客觀眞實存在之世界之本相之一種知識論。此種知識論，全未嘗思及：一外物在不同環境條件下，在吾人之不同之心理生理情形下，皆可顯出不同之相狀與性質。……因而吾人亦即不能由吾人當下之見其相狀性質之爲如此如此，而即以爲外物眞是如此如此，並以其相狀性質，亦皆爲離心而獨立存在者。

「新實在論」之要點，是說呈現於吾人之能知心靈之前之現象，皆爲一種實在。此實在唯於其呈現於吾人心靈之前時，乃稱爲現象。然其呈現於我們能知之心靈之前，卻並非實在所必須具有之一種性質。（亦即有一種不呈現於吾人能知之心靈之前，而事實上可呈現於能知之心靈之前，而爲可知，以獲得一被知之性質，或與能知之心靈，發生關係的實在）故依此種新實在論，將不肯定任何在本性上在能知心靈之外，爲心靈所不可知，或不能直接認識之實在。……依此種新實在論之理論，其所謂實在之範圍，除包括吾人通常所認爲實際存在事物，如人物山川等外；亦包括吾人所謂存在事物之性質、關係、定律、價值等。（除此之外，一些可能存在而尚未存在，可能被思想而尚未被思想之一切具體抽象之事物或「有」，皆爲一種實在，這亦稱爲潛在之有）新實在論以人之所知對象，包括實際存在於時空中之事物，與一切潛在之有。則人之所知之世界，乃遠較常識或素樸實在論，只以實際存在事物爲所知之對象者，更爲廣大。但其以人能直接認識所知之實在，中間不須以第三者爲媒介，則正同於素樸實在論之説。其主要困難，亦與之相同。即此說不易説明知識之何以有錯誤。

從裴頠〈崇有論〉的立場來看，他除了肯定實際存在事物的眞實性外，也略及於事物存在之性質、關係、定律、價值這個層次。因此，他除了是一個完整的「素樸實在論」外，更及於「新實在論」的觀點。

〔註18〕 牟先生在《才性與玄理》，頁362上説：「前句言『總』，總以立本。此句言『分』，分以明物。明物者、明各類之實際存在也。」

傳》上說：「方以類聚，物以群分」，事物本來就是以類相從，以族相屬。就個別的存在來看，事物由於存在的性質或狀態的不同，而以族類的區別來說明其異同，這就是我們客觀世界中之所以有各種物類的品別之故。所以裴頠說：「方以族異，庶類之品也」。這裡所說明的是：萬有就其呈現在我們經驗當中的存在言，它是有其「分殊」的，我們可以依其相近的屬性來區別其族類的同異，例如像牛是四隻腳，人是兩隻腳這樣的區分，而這也正是我們萬有分類的品別。如此，對於我們經驗當中實際存在的種種分殊，才能從這品別當中來了解，來說明。就好像說我們從「人」這一類來了解張三、李四而說明他們和「牛」的不同一樣。這是我們認識事物的基礎，也是我們從現實經驗當中對各類事物的實際存在所作的說明。

　　前二句就總別而言，後二句則再從「外在的形式」及「內在的規律」兩方面來說。就外在者來看是「形象著分，有生之體也」。所謂「形象」，是指因萬物的存在，而呈現於我們感官經驗之前的一種外在的具體表象，這種表象就各類的實際存在言，它有顯著的區分；而這種區分也正是有生之物存在所依憑之體。這就是說由於它的「形象著分」，有生之物的存在才是個具體的、真實的存在物，而不會是一種虛幻的或空洞的抽象概念。因此，這個「體」是個「存在之體」，而非形上的本體；也就是使有生之物得以存在的憑藉體〔註19〕。從這裡再次肯定了「客觀世界存在的真實性」這個意義。

　　再從內在的規律來說，則是「化感錯綜，理迹之原也」。按萬物在個別的存在與存在的總體當中，有著一種自身的生化（生長變化）以及相互間的感應與作用，這些「生化感應」雖然參伍錯綜，卻自然有其具體的脈絡與條理；而這些「參伍錯綜」的生化感應，就是構成萬物存在的法則或規律的根源。這裡說明了有生之物的存在，除了前句所言有「形象」的區分為其外在的憑藉外，更有一種屬於內在的「化感錯綜」，作為「理迹」的根源。這個「理迹」是從現實存在物的「生化感應」探求得來。因此，說「理」是萬物存在的「實然之理」，沒有形上的意義；說「迹」更是表現它那由實然之理具體化而為萬有存在的「形迹」。

　　對於這個「理」字，蕭欣義在〈從崇有論看魏晉玄學〉一文中〔註20〕有更進一步的分析：

〔註19〕同註18之文：「此『體』是憑藉義。非形上本體之體。」
〔註20〕此文發表於《民主評論》第十卷第二十一期。

從存在之物去探尋其所以成爲存在之物的所以然之理，可有兩條不同途徑：（一）從存在之物去探溯其所以成爲存在之物的形而上的根據；如此所探尋的理，是實現之理；如太極、道、易、仁等。（二）從萬物的形成探尋定義中的本質，如此所探尋的，便是形成之理；如柏拉圖的理型（Idea），亞里士多德的共相即是。理之探尋，以形成之理與實現之理兩者爲極致。今裴頠由「存在物成其爲存在物所須的那一套」來探尋理，既非實現之理，又達不到柏拉圖那種理型之爲純抽象的形成之理。裴頠用描述的、現象的、存在的方法來尋理，如果能夠邏輯地加以處理，則可提起形而上通爲形成之理；而形成之理，如果稍微溶解一下，落實在具體存在物，則也可與裴頠的理跡之理（文理）相通。但理跡之理（文理）與形成之理，均不是實現之理。裴頠惟是從萬物之化感錯綜來說理，而未能接觸形而上的實現之理；從他所站的思想立場來說，他是現象主義者。

這裡說明了裴頠的「理」不是「實現之理」，也不是「形成之理」，而是「理跡之理」。所謂「理跡之理」就我們前面的分析，或者可以更清楚地說它是個「說明萬物如何具體存在的實然之理」。當然，恰如蕭氏所言是由「存在物成其爲存在物所須的那一套」來探尋的理，這裡除了可以說明已經存在的存在物的條理脈絡外，似乎也可以及於那些可能存在而尚未存在的存在物，但這也必須是依循於現實存在物的這套「化感錯綜」推求得來的。就這點來看，頗能表達「新實在論」者的觀點〔註 21〕。然而，裴頠的「理」終究只是在說明一個具體的存在，並不是在探求其形成之所以然。因此，尚不能及於柏拉圖那種抽象的「形成之理」，更何況那形而上的「實現之理」。正如牟先生所言：「此『理』是現象的實然，不是形上的『所以然』」。至於，蕭氏說裴頠是個「現象主義者」，依此文所現似乎不太明顯，不過至少我們可以肯定他是個「實在論」者。〔註 22〕

簡言之，裴頠「總混群本，……理迹之原也」這四句話，是從我們現實

〔註 21〕參註 15。

〔註 22〕對於現象主義，個人實未入門。唯依據唐君毅先生《哲學概論》上冊，頁 405～406，對現象主義的批判，可知現象主義者僅肯定已知而呈現在我們眼前的世界，對於那些尚未存在的則不認同。而裴頠似乎沒有如此地論斷，他不但肯定現實已有的一切，對於世間可有的種種客觀的實在，他並未否認。因此，實不能斷定他是個「現實主義者」。

經驗當中來認識客觀世界存在的真實性，並說明種種客觀存在的狀態。

二、有生之物存在的根本

前段既已說明了萬有存在的認識基礎，及其存在的狀態，接著裴頠再從物類的存在關係推求出萬有存在的根本——「有」。〈崇有論〉說：

> 夫品而為族，則所稟者偏。偏無自足，故憑乎外資。是以生而可尋，
> 所謂理也。理之所體，所謂有也。

就我們客觀經驗的認知來看，呈現在我們眼前的萬有，依其性質或狀態的不同，是有各種品類的分別，這也正是前面所說的「方以族異，庶類之品也」。既然萬有的品類是就其不同的特點而區分為不同的族群，那麼每個品類都具備了其自有的特性，而為他類所沒有者。這也就是它所偏受於天（自然）的，所以說「夫品而為族，則所稟者偏」。例如：水、火各為一類，水不能燃燒，火不能灌溉，這就是說它們各有所偏。正因為其各有所偏，所以萬有才可以區分類別，個體也才有不同的特性。假使物類所稟受的皆無所偏，而且能涵蓋全部的特性，那麼萬有就都各自獨立而相等，那也沒有區別的必要了。因此，由於萬有所稟受者各有所偏，不能得生之全，以致於有生之物本身不能是一個孤零零的獨立存在，所以說它「偏無自足，故憑乎外資」。也就是說它不能自足於本身所偏受者，不能依此自我而獨立存在，那麼它就必須憑藉於外在的資助來補全自己所生而不足者。如此，萬有彼此之間可說是互相依賴的，就如同人類僅靠自己的形體是不能生存，還要憑藉空氣、食物和水等才能養活；同樣地，空氣、食物和水也要依特別的條件才能夠存在。其間的關係，不但是互相依賴，甚而是一種相生相剋的循環。

當然，裴頠這樣的理解，站在經驗科學的立場我們是不能反駁的，因為他所說的是我們經驗世界裡的一種實然現象。但是，我們前面也提過，「經驗」並不是知識的絕對領域；如果我們能夠超越感性、知性，而進入純粹理性的思考層次，把萬有的種種相對性化掉，而達到絕對本體的境界，那麼個體未嘗不是「當下圓滿自足而無所依待」的。這種境界主要表現於道家，像《莊子》的「逍遙」、「齊物」，郭象的「自生」、「獨化」，便都是在表達這個境界。可見，就此點而言，裴頠和道家是各屬於不同的層次，不容混為一談。

由於裴頠是從客觀存在的立場來認識萬有，因此就存在的有生之物來看，它的「生化感應」有著一定的依待關係和法則。這關係和法則（也就是「偏無自足，故憑乎外資」的關係和法則），說明了有生之物是如何樣地存在，

而同時能夠清楚地呈現出來，作為有生之物可以尋求的滋生長養之道。所以
說它是「生而可尋」的，而這「生而可尋」的就是「所謂理也」。「理」是「化
感錯綜，理迹之原」的實然之理，它是有生之物間的生長變化及相互感應的
一個可尋求的脈絡與條理。然而，如此的「理」只不過是一種萬有的存在規
律和法則，它並不是個具體的實際存在，它之能夠「生而可尋」是要有所憑
藉的，也就是說這「理」要表現為「迹」是要有所依附的。那麼我們要問的
是，這「理」成為「迹」的憑藉是什麼？甚至可以進一步追問說這實然之理
所憑藉以呈現其具體存在的根據是什麼？關於這點，裴頠認為「理之所體」
是「所謂有也」。就是說這個實然之理所憑藉以應世的是「有」，或者說是這
個客觀存在的實然現象，所賴以存在的根據是「存有」。因此，裴頠所謂的「有」
即「存有」義。但是，這「存有」是總混萬有所得的「本」，也是「理迹之所
憑藉以為體者」，所以這「有」是就「材質」〔註23〕而言的，不是從理（形成
之理）上來說的。也就是說我們稱它為「存有」是「割就各類有生之物之『存
在』」〔註24〕而言其為「有」。在這個前提下，我們說「理」是以「有」為「體」，
這個「體」就只是現象意義的體，是剋就物類的存在而言的體，而非超越意
義的形上之體。更非精神生活上的價值意義之體〔註25〕。就此，我們再次地
肯定了裴頠的「實在論」立場。

我們既然說「理之所體，所謂有也」，這「有」即是「存有」之義，那麼
就可知它是類乎西方哲學上的「存有」（Being），不過在意義上仍有層次的差
別。西方哲學上所謂的「存有」是從事物的「形成之理」上來規定，它是透
過抽象的邏輯思辨，排除存有物（萬有）所形成的諸多構成因，而最後提煉
出這個「存有」的本質概念。具備這個「存有」，它才能形成個體物，也只有
這「存有」才是最後能使個體物「存在」的根本。因此，這個「存有」所偏
重的是它的「存有性」〔註26〕。然而，裴頠所說的「存有」，是剋就其具體的

〔註23〕 「材質」意指西洋哲學所說的 Material（物質的），其意是指說它與物質密切
連在一起，也就是說：它本身非物體亦非物體的特徵，但內在從屬於物質，
也就是沒有物質即無法獨存也無法有行動的表現。參見項退結編譯《西洋哲
學辭典》「質料、物質」條，先知出版社，頁254。
〔註24〕 參見牟先生《才性與玄理》，頁362。
〔註25〕 同註24。
〔註26〕 所謂「存有性」就是指一切個別的存有物所以如此存在的根本性格。至於「存
有」的另一個偏向則是「存有物」，它指的則是個別存有物的存在。這就是裴
頠的「存有」和西方哲學中的「存有」的差別所在。

存在經驗而言的，所以可說是「因其存在而說有」。亦即是就具體物本然的存在於客觀世界中，而有能爲我們經驗所感取的表象而說的這個「有」。因此，這個「存有」只是個「實然的存有」，並不是個「抽象的存有」。它所偏重的是「存有物」的存在，較接近於西方哲學中「存有」的原始意義〔註27〕。這種直接從「存有物」去認知：這對象的存在，即是其本質。正是西方現象學對於傳統形上學的解構。所以，牟先生認爲它特別類乎現象學式的「存有」。〔註28〕

　　我們再就裴頠這個「以有爲體」的命題來看，他所要反對的是貴無派「以無爲體（本）」這個命題。前述「有」是根據萬物的具體存在而言，於此又說有生之物「以有爲體」，那相對地就是說不能「以無爲體」。因爲，依照裴頠對於客觀存在的思考方式，「無」只是個「非有」（空無）；「有」存在，「非有」即不存在。「不存在」不能產生「存在」，不能做爲「存在」的體。這也就是〈崇有論〉結論所說的「夫至無者，無以能生」的觀念。這點和古希臘哲學家巴曼尼德斯的主張有其相類之處，巴氏把「有」和「非有」對立起來，「非有」指「無」，乃「有」的矛盾面。他主張「有」存在，「非有」不存在；只有「存有」能成爲認知的對象，「虛無」不能成爲認知的對象。「虛無」乃一無所有，不是有任何積極的因素或內容。「虛無」是「存有」的矛盾面，是「存有」的否定，不可能是「存有」，否則矛盾面的兩面可以共存並在，是不合理的〔註29〕。這點可以與裴頠「崇有」的主張相互參照。

　　不過，說他們相類，也只是部份相類。事實上，巴氏他對於「有」的規定，乃是「一」，是永恆的眞實存在，而生成或變化只是幻覺。換言之，「有」不能來自「非有」，但「有」亦不能從「有」中產生。因爲，他認爲若來自「非有」，則本「無所有」，如何生成？若來自「有」，則「已是有」，也不必

〔註27〕有關「存有物」請參前註。至於「存有」的原始意義是就「眞實存在」而言；因此存有者首先指「存在者」。由於有限事物祇具備存在而並不必然存在，所以其存在以可能存有或純粹可能性爲基礎；因此，廣義說來，存有者包括「可能者」，即指具備存有或可能具備存有之物。參見項退結編譯《西洋哲學辭典》「存有」條，頁60。

〔註28〕有關牟先生的意見，見於《中國哲學十九講》，學生書局，頁245。另所謂現象學和現象論（主義）是有分別的，此可參鄔昆如《哲學概論》，五南圖書公司，頁182。而以現象學爲對西方傳統形上學的解構，筆者乃根據沈清松《物理之後——形上學的發展》一書，頁351～358，其對於海德格的論述。

〔註29〕以上有關巴曼尼德斯的主張乃援用李震《中外形上學比較研究》（下冊）之文字。中央文物供應社，頁42。

生成〔註30〕。這點和裴頠所謂的「化感錯綜，理迹之原」認爲「有」是有生成變化；以及「濟有者皆有也」說明了「有」相互依待關係（見第五節）相較，可見其在理論層次上又有不能相合之處。

由以上的說明，我們可以瞭解到裴頠在現實存在的邏輯關係下，主張「以有爲體」，是自有其意義的。只是，他反對「以無爲體（本）」，對於這個「無」的體認，實不同於何、王所講的「無」（這點在第四章中將有詳細的規定，在此先點明裴頠的立場）。

三、物類存在的共通情性

上面四句，從物類的存在關係說明了存在的根本，接著下面再從存在之所以成爲實際的存在，其間所必須憑藉的依待關係，來點明物類共通的情性。〈崇有論〉說：

> 有之所須，所謂資也。資有攸合，所謂宜也。擇乎厥宜，所謂情也。
>
> 識智既授，雖出處異業，默語殊塗，所以寶生存宜，其情一也。

按前所言，萬有存在既然是「偏無自足，故憑乎外資」的，那麼剋就有生之物的「存在」而言的這個「有」，它雖是「理之所體」者，但就其爲現象意義的存有來說，它仍是在相互依待的關係中。因此，在每一類存有皆是「偏無自足」的前提下，物類的存有必是有所須待於外的。而每一類存有它所須待於外，以使其自身能夠眞實而完整的存在者，即是所謂的「資」。如此，這種依其所須待於外的資助關係，就呈現出一個「化感錯綜」的相互依待關係。然而，正如我們前面所言，如此的關係，不僅是個相互依待的道理，更是相生相剋的循環。於是，在萬有相互依待的情況下，這外在的「資助」則有合有不合；所以說「資有攸合，所謂宜也」，若不合則爲不宜。這合與不合完全是依物類的性質而定，像人有合於人的「資」，牛有合於牛的「資」，依其資則宜，不依其資則不宜。宜則物類各能成其爲眞實而完整的存在，不宜則其不能成爲完整而眞實的存在。這是物類要能夠存在所必須具備者，因此「擇乎厥宜，所謂情也」，萬有選擇合宜於自己滋生長養之資，而使得自身能確確實實的存在，這就是萬有「本然的情性」。這「情」有「性」之義。

既然，「擇乎厥宜」是一種「本然的情性」，那麼只要是「識智既授，雖

〔註30〕有關巴曼尼德斯的主張，請參閱 Frederick Copleston 原著、傅佩榮譯的《西洋哲學史（一）》，黎明公司出版，頁 63～68；及傅偉勳《西洋哲學史》，三民書局，頁 30～35。本文僅提出其較明顯可以作爲比對之處。

出處異業，默語殊塗，所以寶生存宜，其情一也」。所謂「識智」是指那「擇乎厥宜」的「識智」，也就是萬有的「覺識心智」。而這句話的意思是說：這種「擇乎厥宜」的「覺識心智」既然是萬有所稟有，那麼儘管是「或出或處，或默或語」〔註31〕，有各種物類的差別與不同，但是它們對於「維持其生存並改進其生存」這方面的本然之情是共同的。〔註32〕

　　按這句話有一個主要的問題，即這「情」字何所指？就其原始意義而言，「情」指的是「情感」或「情欲」。然而，就「擇乎厥宜，所謂情也」以及「寶生存宜，其情一也」這個「情」來看，它似乎也是表現對生命的一種「情感」，以及對生存的一種「慾求」。不過，這樣的解釋卻落於感性的說明。落於感性的說明，就進而牽涉到人的情欲問題，裴頠在此似乎有這樣的傾向，我們從下文「是以賢人君子知欲不可絕」提到這「欲」字，可以作個聯繫。若就「情欲」來理解，這「情」字泛泛地可以說是「物之情」，但若就其上屬於「有之所須，所謂資也……」的義理來看，所謂「物之情」是物類因其實然的存在而要求能維持其存在，甚或改進其存在的「本然之情」，這「情」是由物類的實際存在而來。因此，說是物類的「本然之情」，同時也就是物類的「本然之實」或「本然之性」。說「實」是就它的「實際存在」言，說「性」則是就它「存在的本質或本能」來看。但由於它沒有超越的意義，亦無道德價值上的意義，所以用一個較鬆泛的「情」字〔註33〕。正由於這樣的義涵，所以裴頠最後肯定地說「其情一也」。這「一」是就其「識智既授」而言「一」，這「一」是就其皆為一實然的「存有」而言「一」。

　　以上是從物類的實際存在來點出物類共通的情性。而全段到此為止，所敘述的可謂裴頠的基本觀念。在此，他肯定了萬有的真實性，而萬有之所以真實，乃是由於它的客觀「存在」；也正由於此客觀「存在」而說它是「有」，所以「有」才是有生之物的根本。這就是裴頠之所以主張「崇有」的理路。順此基本概念，〈崇有論〉隨即進入正文，以「崇有」的立場下落於說明具體

〔註31〕《易·繫辭傳》：「君子之道，或出或處，或默或語。」
〔註32〕就這句話來看，語氣上似乎是對人而說的，因此它用「識智」、「出處」、「默語」等詞。於是《歷代哲學文選》當中〈崇有論〉的注釋對這句話的解釋，遂就人來解。但這似乎應該說是裴頠在行文的過渡，他從這段的基本觀念要轉到下段的論名教政治，他將論點逐漸轉到人的問題之上，而可以作個銜接。然而，就義理上而言，這句話仍是對上一句的「情」字再進一步的說明；因此，所謂「識智」、「出處」、「默語」可普遍化，作為泛指物類而言。
〔註33〕參見牟宗三先生《才性與玄理》，頁363。

的人事，進而調和名教與自然的爭辯。

第二節　論說名教的重要

　　裴頠在首段闡明了基本的觀念後，即將其基本的理念帶入名教與自然的調和正題上。對於這個主題，它大抵從三方面來說：首先它論說了名教的由來與其重要性；接著評述了虛無風氣的形成及其弊害；最後闡明老氏的本意，歸結到「以無爲辭，而旨在全有」，以名教禮制來調和自然無爲。本節首先論說名教這個子題：

一、聖人制訂名教禮制的原由

　　裴頠順著「寶生存宜，其情一也」這種客觀存在共有的情性，將「有」落實到人事上的名教政治來說明其重要性〔註 34〕。而首先即由聖人爲政之由，亦即是從名教的產生背景談起，〈崇有論〉說：

> 眾理並而無害，故貴賤形焉；失得由乎所接，故吉凶兆焉。是以賢人君子知欲不可絕，而交物有會，觀乎往復，稽中定務。惟夫用天之道，分地之利，躬其力任，勞而後饗；居以仁順，守以恭儉，率以忠信，行以敬讓。志無盈求，事無過用，乃可濟乎？故大建厥極，綏理群生，訓物垂範，於是乎在。斯則聖人爲政之由也。

按前節肯定了客觀的存在都是真實的，而萬有的具體存在也都是「偏無自足，故憑乎外資」，故就具體的現象來看，「萬物並育而不害，道並行而不相悖」〔註35〕，這是由於萬有「所稟者偏」，所以在存在的要求上是要相互依待。也正由於它們相互依待的關係，以及偏受的不同，因此在人事上所加諸於其上的「貴賤」價值判斷就形成了。所以說：「眾理並而無害，故貴賤形焉」。再者，由於萬有必須「憑乎外資」，而「資有攸合」，亦有不合，因此在「擇乎厥宜」而與外物接觸的過程當中，自然就有得失的情形產生，這種得失的現象，也正是我們生命存在的吉凶徵兆〔註36〕。因此他又說：「失得由乎所接，故吉凶兆焉」。

　　由於在社會的存在中，有著這種「貴賤」、「吉凶」的現象，而人稟受著

〔註 34〕這種人事上的名教政治，可以說是一種具體的「社會存在」，而前節在基本觀念上的敘述，大抵是就自然界的整體存在現象而言。

〔註 35〕語見《中庸》三十章。

〔註 36〕《易・繫辭傳》：「吉凶者，失得之象也。」

萬有「寶生存宜」的情性，自然就有好貴惡賤，趨吉避凶的欲求，是以他說「賢人君子知欲不可絕，而交物有會，觀夫往復，稽中定務」。所謂「欲」是順著「情」字往下講，由於人同萬物一樣有「寶生存宜」之情，有此「情」則有此「欲」，「欲」是本於「情」，因此他對於生命存在的要求也是共通的，故說「欲不可絕」。而整句話則是說：賢人君子就在這種「知欲不可絕」的前提下，當握到與外物的接觸有一定的存亡關鍵〔註37〕；並且在這關鍵上，他觀察往返的變化，而「稽中定務」，希望能得到一個適當的行事準則。在這裡他提出「欲不可絕」的說法，主要是對於貴無派主張「寡欲」，甚至「無欲」的辯駁〔註38〕，而他則是希望在合理的欲求下，順著物情而調節導率之，使得人之情欲能夠達到「寶生存宜」的目的，而又不致於「淫抗陵肆」。

至於賢人君子，他「觀乎往復，稽中定務」的結果是何呢？下面接著就規定說：「惟夫用天之道，分地之利，躬其力任，勞而後饗；居以仁順，守以恭儉，率以忠信，行以敬讓。志無盈求，事無過用，乃可濟乎？」這是說：似乎只有掌握著運用天道，分享地利，親自疾作，勞而後享的原則；然後再以「仁順」、「恭儉」、「忠信」、「敬讓」等德目作為行事的教化準則，而使得「志無盈求」、「事無過用」，這樣才可以成功。在此裴頠提出了「躬其力任，勞而後饗」的「有為」原則，以及「仁順」、「恭儉」、「忠信」、「敬讓」的「名教」標準，來使得隨順物情（欲）而調節導率的工作，得以成就。既是如此，所以像「大建厥極，綏理群生，訓物垂範」〔註39〕等等這些政教禮制的規範，都一一地被制定而存在了，這也就是「聖人為政之由」。

以上是由肯定欲望的本然之情，進而指出節制欲望而能「不忽不縱」的關鍵，乃是在於「有為」的原則與「名教」的準據，而這也就是聖人制定名教禮制的緣由。這裡裴頠對於「情欲」的觀點，大抵同於向秀在〈難養生論〉〔註40〕上所說：

〔註37〕按此句乃是據上文「失得由乎所接，故吉凶兆焉」，及下文「故動之所交，存亡之會也」，綜合而對「交物有會」的解釋。

〔註38〕當然，道家思想中的「寡欲」、「無欲」是相對於人為造作的汲汲營求而提出，而他更高的層次則是在於「無」的境界表現，並非只是單純地在人事上的「寡欲」和「無欲」。

〔註39〕按此句話之解釋乃是：建立最高的政治原則，安撫治理人民百姓，並用事物的法則作為教化，以垂示規範。參見《歷代哲學文選》注釋，木鐸出版社，頁379。

〔註40〕見戴明揚《嵇康集校注》卷四所錄，河洛圖書出版社，頁162。

有生則有情，稱情則自然，若絕而外之，則與無生同。何貴於有生哉？且夫嗜欲；好榮惡辱，好逸惡勞，皆生於自然。

向秀認爲「情」乃是稟於有生，最爲自然之事，而且對於榮辱、逸勞的好惡欲求亦是人所稟生於自然者，因此不可「絕而外之」。既然它是人所稟有而不可絕者，那要如何保有它而能夠不忽不縱呢？向秀以爲：

富與貴，是人之所欲也。但當求之以道義。在上以不驕無患，持滿以損儉不溢，若此何爲其傷德耶？……夫人含五行而生，口思五味，目思五色，感而思室，飢而求食，自然之理也。但當節之以禮耳。〔註41〕

這裡首先舉出「富貴」，是人的自然欲求，但卻以驕滿爲患，是以須求之以道，求之以義，也就是要透過自己的努力來獲取其應得的富貴。然後又說明人的口目等感官需求都是自然之理，過分的欲望追求是有傷生性的，因此要「節之以禮」。這裡顯現了向秀對於「自然」與「名教」的調和意圖，是和裴頠相同的。然而，向秀畢竟是以注《莊》爲基礎，因此全然地在解說人的自然本性〔註42〕，但對於這種屬於「人爲的禮」的根據，卻未能加以說明。而裴頠則在「崇有」的基本理念下，對它的產生進一步說明，並予以肯定，這即是〈崇有論〉本段文字所強調的。

不過，問題是裴頠在這裡雖然爲名教禮制的存在找到了一個必然的根據，但就其文針對魏晉名士的不務世事、放蕩虛無的風氣而立論來看，單單只是肯定現實上已存在的這些名教禮制，是否眞能救治當時頹喪的風氣？這我們就必須從貴無賤有學說產生的根源來加以說明。此於下文中再詳細分析。

二、貴無賤有議論的產生與危害

由於名教禮制乃是隨順著物類的情欲而產生，但在隨順情欲的情況下，

〔註41〕同註40，頁 163～164。
〔註42〕向秀這篇論文主要是針對嵇康〈養生論〉所提出的辨難，唯對於「自然」的觀點，兩人卻有不同。嵇康的「自然」是就養生前提而言的，他認爲人的生性稟之於自然，非積所能致，而人爲的造作，適足以傷生害性，於是「知名位之傷德，故忽而不營，非欲而強禁也；識厚味之害性，故棄而弗顧，非貪而後抑也」；因此，善養生者「清虛靜泰，少私寡欲」，以此爲高。此說大抵根據王弼的觀點而來。至於向秀的「自然」，根據正文的分析則是以人所稟生之情性爲自然，人由於生而有情、有欲，故這些都是自然；既是自然之情，則不當予以抑制，而要在「道義」與「禮制」的控制下，讓它們得到適當的發展。這是兩者差別之處。

相對地也會造成「盈求過用」的危害，「貴無」學說即於此發端。唯既「貴無」而又「賤有」，卻易導致「禮制弗存」，聖人「無以為政」。所以〈崇有論〉說：

> 若乃淫抗陵肆，則危害萌矣。故欲衍則速患，情佚則怨博，擅恣則興攻，專利則延寇，可謂以厚生而失生者也。

> 悠悠之徒，駭乎若茲之釁，而尋艱爭所緣；察夫偏質有弊，而睹簡損之善。遂闡貴無之議，而建賤有之論。賤有則必外形，外形則必遺制，遺制則必忽防，忽防則必忘禮；禮制弗存，則無以為政矣。

裴頠雖然肯定了情欲不可滅絕，但他瞭解到若只是順著情欲自然的發展，而不能以名教禮制作為調節導率，比及「淫抗陵肆」，亦即驕奢放縱之時，「則危害萌矣」，禍害就由此開端了。而這禍害就是所謂的「欲衍則速患，情佚則怨博，擅恣則興攻，專利則延寇，可謂以厚生而失生者也」。這是說「欲衍」、「情佚」、「擅恣」、「專利」等都是隨順情欲而致於「淫抗陵肆」，其原本的目的乃是為了厚養生命，但是結果卻造成了「速患」、「怨博」、「興攻」、「延寇」等種種的危害，以致於喪失了生命。

當然，以上只是就情欲本身的禍害而言，但在相對於這問題上面，卻產生了另一種對名教禮制更大的損害，那就是「貴無賤有」的議論，他說：「悠悠之徒，駭乎若茲之釁，而尋艱爭所緣；察夫偏質有弊，而睹簡損之善。遂闡貴無之議，而建賤有之論」。這意思是說：一些心思憂慮（或為「平庸凡俗」）的人，恐懼於因「厚生而失生」的禍患，而去尋求造成「速患、怨博、興攻、延寇」的原因，其結果觀察到萬有的本性是「偏無自足，故憑乎外資」，因此在對外物的追求上自然會產生流弊。而同時又看到了簡損物欲追求，主張清靜無為的好處，於是就開始闡揚其貴無賤有的議論。

至於，貴無賤有的議論，它所進一步表現在外，而對於名教禮制的危害，則是：「賤有則必外形，外形則必遺制，遺制則必忽防，忽防則必忘禮；禮制弗存，則無以為政矣」。所謂「外形」是把形體置之度外，也就是由於賤有而忽視了形體上的一切欲求，因為形體是「有」；而「遺制」則是說形體既然可以置之度外，那一切為了約束形體的體制法度就必然地被遺棄了；至於所謂「忽防」，即是說在體制法度被遺棄後，那人際之間的倫理規範就被忽視了。這所謂的「外形」、「遺制」、「忽防」都是由於「賤有」而來的必然發展，而其最後則是「忘禮」，忘掉了一切的名教禮制。當名教禮制蕩然無存時，那聖

人也就沒有「為政」的根據與基礎了。以上即是裴頠對於「貴無賤有」的產生與危害所作的說明，若果真如此，那貴無論者似乎有點矯枉過正了。

不過，問題是裴頠這樣的體認是否真切呢？也就是說「貴無」和「賤有」是否有一定的必然性？若有，那「崇有」是否能對治「貴無」？若沒有，那它們又各是在什麼層次上呢？這就回到了我們前面所提出的問題上。

首先，我們從貴無學說的產生來看，裴頠認為它是由「尋艱爭所緣，察夫偏質有弊，而睹簡損之善」而來。但事實上，對於「艱爭所緣」、「偏質有弊」，是不管「崇有」或「貴無」都會有的共同體認。只是因為裴頠「崇有」，所以在情欲稟之自然而不可絕的前提下，他要隨順物情，並加以調節導率，遂而建立起名教禮制這個「有」的世界。而「貴無」論者，在目睹一切驕奢縱侈下，他所思考的是物類由於偏稟的關係，太過依恃於對外物的欲求。正因為對於外在的追求，一切人為的巧偽造作即隨之而生。於是，人就離開自然愈來愈遠，所以只有簡損人為造作的「有」才能令萬物回歸自然的本性。在這兩種思路下，一個是「崇有」，肯定名教禮制（有）的必要；一個是「貴無」，否定一切人為的名教禮制（有）。這似乎是全然對立的兩個命題。

然而，我們前面已說過裴頠所謂的「有」，指的是「客觀的存在」；而所謂「客觀的存在」，指的不但是有生之物，連它的本然情性，及隨順情性所建立的名教禮制，這些都包括在「有」的範圍內。否定了這種「有」，勢必是會蔑棄形器、制度、禮法、人倫等，以致走向虛無主義。但是，貴無論者所賤的「有」，是否就是這種屬於「客觀存在」的「有」呢？這點我們可以透過王弼的說法來瞭解。

按在王弼的觀念裡，名教禮制（有）只是一些有形有名的表象，它是道體所發散出來的運用；而道體是無，是自然。因此，名教源於自然，一切的形器、仁義，皆是由道而生。他在《老子注》上說：

> 仁義，母之所生，非可以為母。形器，匠之所成，非可以為匠。（三十八章注）

所謂「母」、「匠」指的就是萬物的根本，亦即是「自然」（道）。除此之外，人倫、禮制也都是隨順著「自然」（道）的體現而派生出來，他說：

> 樸，真也。真散，則百行出、殊類生，若器也。聖人因其分散，故為之立官長，以善為師，不善為資，移風易俗，復使歸於一也。（二十八章注）

「百行」、「殊類」就如同形器一樣，是由「樸」、「眞」所分散出來的，既已分散在外，於是聖人就必須爲它「立官長」，制定禮制，使其「以善爲師，不善爲資」；而在名教禮制的約束下，最後更能「移風易俗，復使歸於一也」，也就是再回歸於「自然」（道）的「一」。這種名教禮制，順「自然」之勢生，而與「自然」不相違悖者，是王弼所絕不反對的。只不過，他並不像裴頠一樣把它當作存在的本體，而是將它視爲「用」。

　　既然，他不反對那以自然爲原則的名教禮制，也就是不否認那屬於客觀存在的「有」，那說他貴無而賤有，這所賤的「有」應當是什麼呢？王弼《老子注》說：

> 「始制」，謂樸散始爲官長之時也；始制官長，不可不立名分以定尊卑，故「始制有名」也。過此以往，將爭錐刀之末，故曰「名亦既有，夫亦將知止」也。遂任名以號物，則失治之母也。故「知止所以不殆」也。（三十二章注）

這是針對《老子・三十二章》「始制有名，名亦既有，夫亦將知止，知止所以不殆」這句話的注。他的意思是說：名教禮制乃是隨順自然而生，只是自然的體現，而所謂的「名分」、「尊卑」也不過是外在的表現罷了；因此，這些「名」既然已經存在，那也就隨順它自然的存在好了，所以說「夫亦將知止，知止所以不殆」。但是如果不知止而「過此以往」，不以內在的自然（道）爲本，而聽任於事物的名號，汲汲營求，那麼就會「失治之母」，甚而「爭錐刀之末」。可見他反對的是在「以自然爲原則的名教禮制」以外的形式追逐（任名以號物），因爲這些是末，不是本；若以末爲本則是違反自然。在違反自然而思欲勉強求得的情況下，終究會如同〈崇有論〉所說的「欲衍則速患，情佚則怨博，擅恣則興攻，專利則延寇，可謂以厚生而先生者也」。

　　因此，若就這種違反自然而巧僞造作的「人爲之有」而言，這個「有」是「執有」，就是執持一切存在的表象，而以此作爲追逐的對象，爲其所限，爲其所困。卻不知道在表象之上有一個更高的自然本質。這個自然本質即是「無」。「無」是無人爲的巧僞造作的「無」，是一種「無執」的境界，而後人批評王弼所謂的「貴無賤有」也就是在這個層次上說的。這點王弼在《老子・第三十八章注》中有進一步的論說：

> 是以上德之人，唯道是用，不德其德，無執無用，故能有德而無不爲。不求而得，不爲而成，故雖有德而無德名也。下德求而得之，

爲而成之，則立善以治物，故德名有焉。求而得之，必有失焉；爲
而成之，必有敗焉。善名生，則有不善應焉。故下德爲之而有以爲
也。……本在無爲，母在無名。棄本而適其末，舍母而用其子；功
雖大焉，必有不濟，名雖美焉，僞亦必生。……以無爲用，則得其
母，故能己不勞焉，而物無不理。下此以往，則失用之母。不能無
爲，而貴博施；不能博施，而貴正直；不能正直，而貴飾敬。所謂
失德而後仁，失仁而後義，失義而後禮也。夫禮也（「也」當爲「之」）
所始，首於忠信不篤，通簡不陽（「陽」當爲「暢」）；責備於表，機
微爭制。夫仁義發於内，爲之猶僞，況務外飾而可久乎？故夫禮者，
忠信之薄，而亂之首也！

他認爲名教本當是出於自然，而且是「無執無用」、「不求而得，不爲而成」，
因此它是「無爲」、「無名」。但如果不能以「無爲而爲之」，「無名而用之」，
那麼一切的仁義禮制終將只是虛僞造作，而此適爲種種動亂的根源。這裡對
於仁義禮制的批駁，表面上似乎是在否定其存在的價值，但事實上，它所注
意的是對那「求而得之，爲而成之」背後的巧僞造作之執著。也就是說在此
他所關心的，已不是名教「存在」與否的問題，而是對於名教是否「執著」
的問題。這點牟先生在疏解〈崇有論〉這段文字時，曾深入說明：

依道家，嚴格言之，彼似不是客觀地否定此形、制、防、禮，乃至
仁義聖智以及一切禮法之「存在」，其所否決者乃是「殉」。有形，
而惟修飾其形，是謂「殉形」。……有制而惟「文制是從」，是謂「殉
制」。有仁義，而惟奔命於仁義，是謂殉仁義。有聖智，而惟企慕欣
羨於聖智，是謂殉聖智。只要一徇（筆者案：疑當作「殉」）於外，
則一切皆壞。故殉名與殉利，其爲殉一也。其爲「適人之適，而不
自適其適」（《莊子・駢拇》語），亦一也。其所否決者只是此殉。進
一步，「絕聖而後聖功全，棄仁而後仁德厚」，字面上是棄絕「聖智」，
而其實是棄絕「殉聖智」，故不殉而忘之，則反能「聖功全」，「仁德
厚」。此即吾所謂「作用地保存」也。由此觀之，道家所注意者，是
殉不殉的問題，而不是仁義禮制本身之客觀的存在問題。客觀地討
論仁義禮制本身之「是」甚麼，存在或不存在，應當有或不應當有，
道家無此興趣，亦根本無此問題，或根本未注意此問題。此即道家
對於存在問題：生命之存在，人文世界之存在，甚至宇宙萬物之存

在，取不著之態度，即對於「存在」並無一分解之工作，經驗的或

超越的。而只是凌虛以去人爲；對於存在，則是「萬物盡然，而以

是相蘊」(《齊物論》語)。〔註43〕

這個「殉」字對於王弼所說的「執」有更深一層的發揮。而在這個層次上，因「賤有」而生的「外形」、「遺制」、「忽防」、「忘禮」，也只是因「不殉」而外之、遺之、忽之、忘之，並不是眞要否定掉那些客觀存在的形、制、防、禮。可見，裴頠所崇的「有」和貴無論者所賤的「有」是不同層次的，因此裴頠的「崇有」並未能眞切地對治於「貴無」。

如此說來，裴頠所說的那種貴無賤有的現象，是否就不存在呢？是又不然。上面所言，只是就理論上來分析道家是「貴無」而「不重有」（並未正面肯定有）；但就實踐上來看，一說「貴」無就很容易有「賤」有的趨向，況且當時一般人把《老》、《莊》的自然精神表現在生活上，往往將「名教」當作「自然」的包袱，而務極力去除之，於是就流衍成「賤有」（否定客觀的存在）的行爲，這就是魏晉時期那種放縱浪漫，不務世事的頹靡之風。裴頠對此是頗有實感的，因此在〈崇有論〉中言之甚詳（見本章第三節），唯若對道家（王弼）的思想而言，恐怕不能說是他原初的用意。〔註44〕

三、強調名教禮制的重要性

就〈崇有論〉來看，裴頠既然肯定了名教禮制是隨順本然之情性而生，但若是在物欲的追求上「淫抗陵肆」，甚或產生「貴無賤有」的議論，這些對整個社會政治都有莫大的危害。因此，他更從政治的觀點，說明爲政者必須注意政制教化，使人民各安其業，不汲汲營營於物慾的滿足，更不致淪於虛無的空想。〈崇有論〉說：

> 眾之從上，猶水之居器也。故兆庶之情，信於所習，習則心服其業，業服則謂之理然。是以君人必愼所教，班其政刑一切之務，分宅百姓，各授四職。能令稟命之者，不肅而安，忽然忘異，莫有遷志。況於據在三之尊，懷所隆之情，敦以爲訓者哉？期乃昏明所階，不可不審。

在傳統的政治理念當中，人民的治理就好像「水之居器」一樣，置之以

〔註43〕見牟宗三先生《才性與玄理》，頁364。

〔註44〕後人常將魏晉風氣的敗壞歸咎於何晏、王弼的倡導玄風，尤其范寧更著有〈罪王何論〉，以爲二人罪深於桀紂。

方則方，置之以圓則圓。因此，裴頠認爲「兆庶之情，信於所習，習則心服其業，業服則謂之理然」。按前言名教禮制乃是聖人爲政之事，因爲聖人知欲不可絕，且明欲不可衍，故能「觀夫往復」而「稽中定務」。但一般的「兆庶」之民雖同有生之物一樣具有「寶生存宜」之情，卻沒有聖人的智慧，他們只知道信從於自己的習慣，習以爲常則自然心服其業，一旦「業服」，那他們便會瞭解到道理本是如此。

所以裴頠又說「君人必愼所教，班其政刑一切之務，分宅百姓，各授四職。」認爲爲人君者瞭解到「兆庶之情，信於所習」後，則必定要謹愼行其政教，這個政教是什麼呢？當然不是崇尚「貴無」，而是要頒佈「政刑一切之務」，分別交給四職（士農工商）百姓去做。如此方「能令稟命之者，不肅而安，忽然忘異，莫有遷志」，也就是要透過政治教化才能令在下者自自然然地安於自己的職分，忘掉那些貴賤的差異，而沒有改變職分的想法。在這種人民「志無盈求，事無過用」的情形下，政治社會才能清明而沒有危害。對於名教禮制的這種重要性，不但是爲了君者要瞭解並且謹愼行事，更何況那些「據在三之尊，懷所隆之情，敦以爲訓者哉」？也就是說，除了爲人君者愼其所教外，那些居於三公高位，備受眾人尊敬，並且受到君王敦勉以爲教化人民的公卿大臣，像這樣的人怎能不謹愼於自己的言行教化呢？這裡暗指當時領導玄風的王衍諸人，他們在政治上都有很高的威望，但卻崇尚貴無之說使得朝廷上下都受到虛無風氣的籠罩。裴頠以爲這是「昏明所階，不可不審」，政治社會的昏亂與清明，就看爲政者是否能瞭解名教禮制的重要，而謹愼行事了。

以上是就政治的作用來強調名教禮制的重要，而就全節來看，裴頠所要肯定的則是名教的合理性與必要性。就合理性而言，它是隨順著人本然之情而來，所根據的則是萬有存在的眞實性；就必要性而言，「兆庶之情，信於所習」，故要有名教禮制來「綏理群生，訓物垂範」。在這點上，有人以爲裴頠只是爲了維護既有的名教體制，而把自然物存在的眞實性，套用以說明人爲社會存在的合理性〔註45〕。對於這樣的質疑，裴頠恐怕也很難自圓其說。因爲自然物的存在與社會制度的存在，事實上是有差距的；自然物的存在是天經地義的，而社會制度的存在卻沒有完全的必然性。兩者混爲一談，而把對自然存在的肯定，作爲社會存在合理性的根據，實難逃維護名教之嫌。但這

〔註45〕參見許抗生《裴頠評傳》，收於《中國古代著名哲學家評傳·續編》。

只是就理論上來說。

　　而事實上，裴頠主要關心的應該是政治社會風氣的敗壞問題，因為這些問題已經對正常的名教體制造成了危害。因此，儘管他在政治實踐上，瞭解到司馬氏統治集團的腐敗，而作積極地抗爭（參第二章第一節）；但他也同時可以反對由貴無論者所煽起的虛浮曠達之風，而為正常的名教體制作辯護。這二者是不相矛盾的。〔註46〕

第三節　評斥貴無的弊害

　　前文既已肯定了名教的合理性與必要性，本節隨即就崇有的立場評斥了貴無論者所形成的虛無風氣及其對社會風俗的影響，由此而凸顯自然與名教衝突的本質問題。

一、虛無風氣的形成與流衍

　　由於「兆庶之情，信於所習」，因此為政者若能慎其教化，以有為務，那政治社會尚能各安其業，各守其本。唯在當時主張貴無者卻「以無為貴」，影響所及，蔚為風氣。〈崇有論〉說：

> 夫盈欲可損，而未可絕有也；過用可節，而未可謂無貴也。蓋有講言之具者，深列有形之故，盛稱空無之美。形器之故有徵，空無之義難檢；辯巧之文可悅，似象之言足惑。眾聽眩焉，溺其成說。雖頗有異此心者，辭不獲濟，屈於所狃。因謂虛無之理，誠不可蓋。唱而有和，多往弗反。遂薄綜世之務，賤功烈之用，高浮游之業，埤經實之賢。人情所殉，篤夫名利。於是文者衍其辭，訥者讚其旨。染其眾也。

就「崇有」的觀點來看，「盈欲可損，而未可絕有；過用可節，而未可謂無貴也」。「欲」、「用」皆本於人情，但若「盈欲」、「過用」，則是要有所節損；然而，並不就是說「有」可絕而「無」為貴。這裡裴頠再次點明立場，以駁斥貴無論者絕欲賤用及以無用為貴的說法，來作為開端。但似乎也在這個前提

〔註46〕大陸學者余敦康在其〈裴頠的玄學思想〉一文中，以為裴頠為維護名教而對名教合理性的肯定，是和他的政治實踐形成尖銳的矛盾；而且是把司馬氏政權的腐敗問題轉移到由貴無論所煽起的虛浮曠達之風的頭上。按這只是唯物主義的二分法。此文收於《中國哲學史研究》季刊，1987年第二期。

下，「欲盈」、「用過」顯現了有形的禍害；而所謂「損」、「節」的作用，則正足以說明空無的美意。因此，那些「有講言之具者」（指有談說辯論的才具，此又似暗指王衍諸人），則「深列有形之故，盛稱空無之美」。不過問題是「形器之故有徵，空無之義難檢，辯巧之文可悅，似象之言足惑。眾聽眩焉，溺其成說」，按「形器」是個具體的存在，有形有象，它的故實與禍害也就顯而可見；所以主張「貴無」者，憑著他們辯巧的文才，很容易就將一般人說服了。至於「空無」之義則玄之又玄，難以檢驗證實；所以那些似是而非的論調便足以使人迷惑。一般人聽了這種恍惚之言，也都爲之眩亂，而沉陷於這種既成的說法。

上面所指的是那些沒有辨識能力的人，但是那些有辨識能力的人又如何呢？他們是「雖頗有異此心者，辭不獲濟，屈於所狃。因謂虛無之理，誠不可蓋」。由於言辭不能明確表達，因此雖有不同於貴無的看法，但也礙於名教禮制確實出現了僵滯不化的現象而無法辯駁，以致於逐漸被這種早已熟習的議論所屈服；於是只好說虛無之理實在是無以復加，不能蓋過。在這種情況下，貴無的議論似乎已立於不敗之地，而逐漸形成風氣，所以他接著又說：「唱而有和，多往弗反。遂薄綜世之務，賤功烈之用，高浮游之業，埤經實之賢」。既有所唱而又有所和，於是多數人就沉陷在貴無的議論當中而不知回頭〔註 47〕。這樣的風氣所造成的結果是大家輕視世事，賤忽功業，而以浮泛不實者爲高，經理實務者爲卑。如此現象，已使社會籠罩在一片虛無主義當中。然而，更有甚者是「人情所殉，篤夫名利。於是文者衍其辭，訥者讚其旨。染其眾也。」既然社會上的風氣是「高浮游之業，埤經實之賢」，於是在人情追求名利的趨使下，不但能文者鋪衍其文辭，連平常木訥寡言的人都稱讚它的意旨，可見這種風氣已達到氾濫的地步。

二、貴無論對道德風俗的危害

虛無風氣既已形成，整個社會也就呈現了一種頹靡的現象。裴頠在此則具體地指出其對道德風俗所造成的危害，〈崇有論〉說：

> 是以立言藉於虛無，謂之玄妙；處官不親所司，謂之雅遠；奉身散
> 其廉操，謂之曠達。故砥礪之風，彌以陵遲。放者因斯，或悖吉凶
> 之禮，而忽容止之表；瀆棄長幼之序，混漫貴賤之級。其甚者，至

〔註 47〕《莊子·天下》：「悲夫！百家往而不反。」即同此義。

於裸裎，言笑忘宜，以不惜爲弘。士行又虧矣。

由於貴無論者主張「以無爲本」，「以無爲貴」，因此一般人受到這種風氣影響，也都是「立言藉於虛無，謂之玄妙；處官不親所司，謂之雅遠；奉身散其廉操，謂之曠達。」所謂「玄妙」、「雅遠」、「曠達」，指的是爲人眞樸，不爲名教所羈，亦即是有高境界，有眞性情的人。這一直是道家修養所求的自然境界，它是在眞人、至人身上表現出來的，是自然而然的。但如今一般人受虛無風氣的影響，嚮往如此之境界，卻不循正常途徑去修養獲得，反而藉著虛無的口頭禪，進而爲官不務政事，爲人放棄操守，自以爲這樣就是玄妙、雅遠、曠達。結果是「砥礪之風，彌以陵遲」，社會上修養品德的風氣更加衰微了。

上面所言，還只是一般的情況，至於那些行徑放蕩的人，則是「或悖吉凶之禮，而忽容止之表；瀆棄長幼之序，混漫貴賤之級。其甚者，至於裸裎，言笑忘宜，以不惜爲弘。士行又虧矣。」他們違背了社會規範的名教禮制，而忽略了平時容止的表現；輕棄長幼的人倫之序，而混亂了貴賤的等級。甚至有些人赤身露體，言笑無度，以無所顧惜，不遵禮法爲弘大，如此「士行又虧矣」。這裡所指的，主要是那些繼竹林七賢的任性曠達之後，而在當時以狂蕩不羈、放浪形骸爲自然率眞的名士，像阮瞻、王澄、謝鯤、胡毋輔之等人。〔註48〕

按這種情境所表現的是當時自然與名教的衝突現象，而這又如同傅玄所說：

近者魏武好法術，而天下慕刑名。魏文慕通達，而天下賤守節。其後綱維不攝，而虛無放誕之論盈于朝野。〔註49〕

這完全是時代風氣所呈現出來的。對於這種情形，干寶在其《晉紀總論》中有更詳盡的敘述，他說：

加以朝寡純德之人，鄉乏不二之老，風俗淫僻，恥尚失所。學者以老莊爲宗，而黜六經。談者以虛蕩爲辨，而賤名檢。行身者以放濁爲通，而狹節信。進仕者以苟得爲貴，而鄙居正。當官者以望空爲高，而笑勤恪。是以劉頌屢言治道，傅咸每糾邪正，皆謂之俗吏。

〔註48〕　《世說新語・德行第一》劉孝標注引王隱《晉書》曰：「阮瞻、王澄、謝鯤、胡毋輔之之徒，皆祖述於籍，謂得大道之本。故去巾幘，脫衣服，露醜惡，同禽獸。甚者名之爲通，次者名之爲達也。」樂天出版社，頁19。

〔註49〕　見《晉書》，卷四十七〈傅玄傳〉，鼎文書局，頁1317。

其倚仗虛曠，依阿無心者，皆名重海內。若夫文王日旰不暇食，仲山甫夙夜匪懈者，蓋共嗤點，以爲灰塵矣。由是毀譽亂於善惡之實，情慝奔於貨欲之塗。選者爲人擇官，官者爲身擇利。而執鈞當軸之士，身兼官以十數。大極其尊，小錄其要。而世族貴戚之子弟，陵邁超越，不拘資次。悠悠風塵，皆奔競之士。列官千百，無讓賢之舉。子眞著崇讓而莫之省，子雅制九班而不得用。其婦女莊櫛織紝，皆取成於婢僕，未嘗知女工絲枲之業、中饋酒食之事也。先時而婚，任情而動。故皆不恥淫佚之過，不拘妒忌之惡。父兄不之罪也，天莫知非也。又況責之聞四教於古，修貞順於今，以輔佐君子哉？禮法刑政，於此大壞。如水斯積而決其堤防，如火斯畜而離其薪燎也。國之將亡，本必先顚。其此之謂乎？故觀阮籍之行，而覺禮教崩弛之所由也。察庾純賈充之爭，而見師尹之多僻。考平吳之功，而知將帥之不讓。思郭欽之謀，而悟戎狄之有釁。覽傅玄劉毅之言，而得百官之邪。核傅咸之奏、錢神之論，而睹寵賂之彰。民風國勢如此，雖以中康之主治之，辛有必見之於祭祀，季札必得之於聲樂，范燮必爲之請死，賈誼必爲之痛哭。又況我惠帝以放蕩之德臨之哉？

這裡也和裴頠一樣，把社會風俗的敗壞，歸咎於虛無風氣的影響，而在名教與自然的衝突問題上，肯定名教禮制方是維繫社會政治的根本。

不過，問題是在這種名教與自然的本質衝突上，屬於自然思想的《老》、《莊》玄言之能在這個時代興起，是有其歷史發展的必然性（參見第一章）。按漢末的社會，由於禮制的僵化，產生了名教危機，於是人心遂趨向於自然適性以求得解脫。道家思想在本質上所呈現的正是這種自然適性的需求，因此不管是內在地關聯或外在地關聯〔註50〕，它總是要去除一切人爲的虛僞造作，而進一步希望達到一種主觀的自由境界，這也是當時人心的自然趨向。但由於這種境界是要透過化解一切人生的束縛、桎梏而顯，所以在對於正常的名教禮制存在問題上，儘管它未正面地否定，卻也是採取不著的態度。既然是採取不著的態度，那當它面對自然與名教的衝突問題時，只能消極地作

〔註50〕 參見《才性與玄理》，頁 359。其義爲：外在地關聯，本是對沒落的周文之虛僞而發。內在地關聯，是對於一切人爲造作，如生命之紛馳、意念之造作、觀念之系統等之害事之眞切感受。

爲個人主觀的修養境界，並不能代替原有的名教禮制而重新積極地安立人文社會。也就是說它無法客觀化成爲一種普遍的意義，而來消解這個衝突。這不管在理論上或實踐上，它都顯現這個毛病。〔註51〕

　　但若僅就理論上而言，我們在前面（見本章第二節第二小節）已經確定了貴無並不賤有的立場，甚且它還能「作用地保存」有的存在。因此，名教與自然並不是截然地衝突。要若放在實踐上來看，屬於個人實踐的，倒也沒有什麼大礙，因爲道家思家本就是個人主觀修養的事。但要作爲整體社會的實踐時，由於它那種所謂「作用地保存」只是在個人境界上說的，然而社會實踐並不能擺在主觀的境界來談，因此在具體的社會實踐上，並無法眞正地安立一切客觀的存在〔註52〕。於是，當名教禮制這種原始的諧和破裂，而屬於個人修養的道家思想氾濫成爲社會政治的風氣時，它所顯現出來的就是自然與名教的嚴重衝突。這也正是裴頠和干寶所說的那些虛無頹靡的現象。

　　若要解決這個問題，使原始諧和的破裂能夠達到再度的諧和，就道家來講是要能夠肯定「內在道德性」〔註53〕；因爲，道家基本上是把名教禮制看作一種外在的桎梏，而這正是他們在追求個體性發展時所要去除的。儘管如前所謂在「無」的境界上，它能「作用地保存」，但這仍只是消極的，並不能眞正地解決其矛盾與衝突，唯有他能肯認在我們內在的心性當中本有道德的存在，這就如同《孟子》所說的：

〔註51〕同註43。
〔註52〕有關這點，牟先生在《才性與玄理》中有更詳細的說明：「其以『詭辭爲用』之方式作用地保持仁聖亦並不眞能安立仁義道德以及一切政教禮法。而且此種『作用地保持』亦只有在道家修養工夫達至聖人至人之境地方能有此無礙之境界。此純屬於有主觀修養之聖人個人的事，並無客觀普遍之意義。當然此種作用，若用於客觀政治方面，亦有極佳之意義。但此種作用，在客觀政治方面，卻只能用之於帝王個人，故曰君人南面之術。並不是處理各部門實際事務的官史，以及社會上經營實際生活的各行業，皆可以如此。當然不能每個人皆作皇帝，亦並非抹殺每人作道家修養工夫之權利。到你眞能作皇帝之時，便可用此術。但作皇帝有命。自己作此工夫嚮往至人眞人，是孟子所謂求之在我，人人可作。但若作此工夫，便不可作官。若自信雖作官亦可無礙於修行，則轉過來至少亦不可荒廢於公務。宰相、皇帝可以不親吏事，官吏不能不親吏事。身處政府公務之位，而又宅心虛無，不親所司，則老莊與政事兩俱受害。此爲老莊學之泛濫，非其本性。」頁360。
〔註53〕此就牟先生所言：「一注意到政教，立見老莊學之不足。其總癥結是在道家思想中『內在道德性』之不立。」見《才性與玄理》，頁359。另在頁370～378順黑格爾論希臘精神的一段話，對此「內在道德性」的建立有更精闢的闡述。

> 惻隱之心人皆有之，羞惡之心人皆有之，恭敬之心人皆有之，是非
> 之心人皆有之。惻隱之心，仁也；羞惡之心，義也；恭敬之心，禮
> 也；是非之心，智也。仁義禮智，非由外鑠我也，我固有之也，弗
> 思耳矣。（告子上）

如此正面肯定外在的道德規範乃根源於內在的道德心性，以此基礎始能積極
地建立客觀的名教禮制，使得個體自由與名教禮制重新統一，而達到再度的
諧和。否則對道家來說，「名教與自然」將會是個永恆的衝突。

　　至於，裴頠在解決這個問題上面，也並未能注意到這點。他雖然一再地
批評道家貴無思想的偏頗，而積極地肯定名教禮制的合理性與必要性，但這
全然是在有生之物的實際存在上立論的，並未將它內在於人的道德心性當
中；因此，所建立的名教禮制也只是一種實然的現象（參見本章第二節第一
小節），並沒有存在的必然性。所以說，他的「崇有」不但未能對治於當時的
虛無風氣，連在理論上所試圖解決的自然與名教之衝突，也因旨趣歧異而告
失敗。

第四節　闡明老氏的旨意

　　前文既已評斥貴無論者對於社會風氣的危害，本節即從貴無派所祖述的
《老子》思想中，申明老氏靜一之義乃君子自處之一道，為偏立之辭。並依
其養生觀點，總結老氏所以「以無為辭」，其「旨在全有」，攻難當時貴無論
者以無為宗之偏害。於此，遂將「貴無」當作「全有」的目的，把「自然」
調和入於「名教」當中。

一、老子乃偏立一家之辭

　　「貴無」思想所根據的主要是道家（《老子》）的學說，他們從《老子》
一書中吸取了「有生於無」，以無為本的觀念，廣泛應用於生活當中，而造成
了社會風俗的敗壞。然而，這些觀念果真是《老子》的本意嗎？裴頠在〈崇
有論〉中提出了自己的看法：

> 老子既著五千之文，表摭穢雜之弊，甄舉靜一之義，有以令人釋然
> 自夷，合於《易》之損、謙、艮、節之旨。而靜一，守本無，虛無
> 之謂也。損、艮之屬，蓋君子之一道。非《易》之所以為體，守本
> 無也。觀老子之書，雖博有所經，而云「有生於無」，以虛為主。偏

立一家之辭，豈有以而然哉？

首先，他以爲「老子既著五千之文，表擿穢雜之弊，甄舉靜一之義，有以令人釋然自夷，合於《易》之損、謙、艮、節之旨。」所謂「穢雜」，指的是人爲世界的煩雜，也就是外在的名教禮制以及聲色欲求等諸多桎梏〔註54〕。而所謂「靜一」，「靜」是指「虛靜」、「清靜」〔註55〕；「一」是指「純一」〔註56〕，《老子》有守靜抱一的主張。這是說《老子》一書揭露了一切外在形式束縛的弊害，而針對它標舉出清靜純一的義理，使人輕鬆自得，這頗能合於《周易》中損（減損）、謙（謙遜）、艮（靜止）、節（節制）四卦的義旨。

這裡對於《老子》立言之初機，說法大致允當。不過，說它和《易》卦的意旨相合，所謂的相合也只是卦義的相合而已。這點裴頠也有所分別，他說：「而靜一，守本無，虛無之謂也。損、艮之屬，蓋君子之一道。非《易》之所以爲體，守本無也。」就《老子》而言，裴頠認爲他所標舉的「靜一」之義，是主張「本無」。所謂「本無」，可說是「根本爲無」或「本來就是無」，這也是貴無派「以無爲本」的主張；不過，裴頠對這個「本無」的體會卻仍只是表層的「空無」、「死無」之義，並沒有本體義的瞭解。因此，他接著又解釋這個「本無」說是「虛無之謂也」。再就《周易》來看，他認爲損、謙、艮、節這四個卦，只是君子自處之道的一種方式而已，並非《周易》的整個理論憑藉都是主張「虛無」。這裡裴頠對於兩者基本立場的不同，劃分得頗爲清楚。

而在此，他是以《周易》六十四卦的整體理論來比對出道家《老子》思想的侷促，也就是說，既然「損、艮之屬」只是「君子之一道」，那麼老子「靜一之義」合於「損、謙、艮、節之旨」，也只是「君子之一道」而已。因此，他接著又說：「觀老子之書，雖博有所經，而云『有生於無』，以虛爲主。偏立一家之辭，豈有以而然哉？」就《老子》一書的義理來看，雖然合於《易》卦之旨，這似乎是淵博而有根據，但是它卻說「有生於無」（《老子》四十章），

〔註54〕例如《老子》第二章：「天下皆知美之爲美，斯惡已；皆知善之爲善，斯不善已。」又如第十二章：「五色，令人目盲；五音，令人耳聾；五味，令人口爽；馳騁畋獵，令人心發狂；難得之貨，令人行妨。」
〔註55〕如《老子》第十六章：「致虛極，守靜篤。」第四十五章：「清靜爲天下正。」第五十七章：「我好靜而民自正。」
〔註56〕如《老子》第十章：「載營魄抱一」，第二十二章：「是以聖人抱一爲天下式」。

認為萬有都是從虛無的道（此就裴頠的體認言）當中產生，而以虛無為主。像他這樣偏立一家之辭，難道是有什麼特殊的用意嗎？這裡裴頠藉著《老》、《易》同異的比較，點出《老子》的偏頗，而提出了這個問題。

二、老氏貴無而旨在全有

上文由老子「偏立一家之辭」，提出「豈有以而然哉？」這樣的問題，於是裴頠即透過其保生的觀點來解答，〈崇有論〉說：

> 人之既生，以保生為全。全之所階，以順感為務。若味近以虧業，則沉溺之釁興；懷末以忘本，則天理之真滅（「滅」字，殿本，局本作「減」，今從宋本）。故動之所交，存亡之會也。

> 夫有非有，於無非無；於無非無，於有非有。是以申縱播之累，而著貴無之文。將以絕所非之盈謬，存大善之中節；收流遯於既過，反澄正於胸懷。宜其以無為辭，而旨在全有，故其辭曰「以為文不足」。若斯則是所寄之塗，一方之言也。若謂至理，信以無為宗，則偏而害當矣。

這裡所謂的「保生」，仍是順著基本觀念中的「寶生存宜」之情而言的，所以他說「人之既生，以保生為全」。按人在世間既然是個有生之物的存在，那人就自然地具有「寶生存宜」之情，以使自己能夠完全真正地存在。不過，前面也提過有生之物的存在是「偏無自足」的，所以要達到「生之全」就必須「憑乎外資」，因此，他所謂「全之所階，以順感為務」，就是要人順著與外物之間那種「化感錯綜」的相互依待關係，由此而滿足人「擇乎厥宜」的欲求，以達到保生之全。但問題是，順從於對外物的欲求，如果是「味近以虧業」、「懷末以忘本」，那結果則是「沈溺之釁興」、「天理之真滅」。當然，這種「順感之務」，隨順外在的情欲，是很容易令人「味近」、「懷末」而至於「虧業」、「忘本」，這就如同前面所說的：

> 若乃淫抗陵肆，則危害萌矣。故欲衍則速患，情佚則怨博，擅恣則興攻，專利則延寇，可謂以厚生而失生者也。

因此，「動之所交，存亡之會也」，也就是說在與外物交接互動之時，就是個存亡的關鍵。而我們要是懂得節制物欲則存，否則即亡。這就是前文所謂「賢人君子知欲不可絕，而交物有會，觀夫往復，稽中定務」的道理。這裡裴頠再次地申明其順情節欲的「崇有」立場。

　　對於這個「存亡之會」，裴頠以爲《老子》亦是有所體會的，因此下文即欲透過《老子》對於「有」、「無」的說法來點出他的體會，說：

　　　　夫有非有，於無非無，於無非無，於有非有。

不過，這句話的語意不甚明顯。依牟先生的意見是「恐有錯亂」之虞〔註57〕。但也有人把它當作雙遮性的語句，而作了一個擴充式的解釋說：

　　　　夫有非有，是說，事物在運動變化的時候，一方面是存在著，另一
　　　　方面又不是原來的樣子了，一部分有了消失或虧損。於無非無，是
　　　　說，雖然有了消失或虧損，但卻又不是空無所有，歸於虛無。這個
　　　　論點，肯定了有的絕對性。從養生的觀點看，於有非有，是說，縱
　　　　欲貪生，反而使自己的生命遭到虧損，甚至于死亡。於無非無，是
　　　　說，對物欲有所節制，表面上看是有所虧損，但並不是消滅自己的
　　　　生命，而是更好地保全了生命。所以裴頠認爲《老子》講貴無，目
　　　　的正在全有。這是從節欲的觀點，理解了《老子》的養生的理論。
　　　　這個論點，同樣認爲有（指生命）是絕對的。〔註58〕

這樣擴充式的解釋，完全只是爲了套上後面「以無爲辭，而旨在全有」這句話來說。因此，就語句本身，以及前後文的連串來看，它的意思仍是不夠明確，故此句暫爲略過。

　　那既然說《老子》也瞭解了「動之所交，存亡之會」的道理，因此，他所以要「申縱播（放縱播動）之累，而著貴無之文」的目的，是「將以絕所非之盈謬，存大善之中節；收流遁於既過，反澄正於胸懷。」這是說：由於放縱播動而造成「盈謬」、「流遁」，因此老子著「貴無之文」是要存其中節，反其澄正。就這個目的而言，應該他是「以無爲辭，而旨在全有」。這對《老子》立言用意的體會並無誤。這用意我們在《老子》書中也隨處可見，如：

　　　　不尚賢，使民不爭；不貴難得之貨，使民不爲盜；不見可欲，使民
　　　　心不亂。是以賢人之治，虛其心，實其腹；弱其志，強其骨。常使
　　　　民無知無欲，使夫智者不敢爲也。爲無爲，則無不治。（第三章）

這裡所謂的「不尚」、「不貴」、「不見」和「無知無欲」，其背後都有一個積極的目的，那就是要使得人民「不爭」、「不盜」、「不亂」，而能長治久安。所以

〔註57〕　見《才性與玄理》，頁 366。這裡所謂的「錯亂」有可能是脫漏，或者是訛
　　　　　略。
〔註58〕　見《中國歷代哲學文選・兩漢隋唐篇》，木鐸出版社，頁384。

他說「為無為，則無不治」，此即「以無為辭，而旨在全有」。而更明顯的像第十九章：

> 絕聖棄智，民利百倍；絕仁棄義，民復孝慈；絕巧棄利，盜賊無有。
>
> 此三者以為文不足，故令有所屬：見素抱樸，少私寡欲。

「絕聖棄智」、「絕仁棄利」就是所謂的「以無為辭」；而「民利百倍」、「民復孝慈」、「盜賊無有」就是其所要全的「有」。這些，《老子》以為如果只是在文辭上說說，那是不夠的，所以他「令有所屬」，而要透過「見素抱樸，少私寡欲」來達到「全有」的用意。可見這裡裴頠對於《老子》的體會是正確的。

不過，問題是《老子》「以無為辭」的用意不僅是在「旨在全有」這個屬於現象界的「全有」作用上而已，它有更往上一層的超越意義存在。但是，裴頠依其「崇有」的立場，只體會到此。所以他說：「若斯則是所寄之塗，一方之言也。若謂至理，信以無為宗，則偏而害當矣。」由於是偏立之言，所以若說它是「至理」，而且相信是「以無為宗（本）」，那就是「偏而害當」了。這裡，裴頠透過其對於《老子》的詮釋，完全否認了當時「貴無」派「以無為本」的理論根據，進而將「無」納入「有」當中，肯定「有」才是最後的真實。在名教與自然的衝突問題上，則是以「崇有」的立場作了最後的解決。

從以上所述，我們可以看出裴頠對於道家的形上本體思想，是完全不能企及的。這點，我們撇開《老子》本身不談，可就裴頠和王弼對於《老子》的理解來作個比較。

就裴頠而言，他說《老子》「以無為辭，而旨在全有」，完全是就現象層面的作用意義來看。他的「無」是「虛無」，是合於損、謙、艮、節之旨的「無」，這個「無」是相對於「有」而言的，它只有反面的作用意義。因此一說「無」，其旨即在「全有」，這全然是就現實的存在而言。也就因為這種實在論立場，所以他一體會到《老子》「以無為辭，而旨在全有」的用意，就將「無」的意義限定於「全有」的作用上。因此，認為「有」才是根本，而反對「以無為宗」。

但是，就王弼的理解看來，他主張「以無為本」是就形上的本體層面而言。當然，他對於裴頠所體認的那種現象層面的「無」，也有所申述，像其《老子微旨例略》上說：

> 故絕聖而後聖功全，棄仁而後仁德厚。夫惡強非欲不強也，為強則
>
> 失強也。絕仁非欲不仁也，為仁則偽成也。有其治而乃亂，保其安

而乃危。後其身而身先，身先非先身之所能也。外其身而身存，身
存非存身之所為也。功不可取，美不可用，故必取其為功之母而已
矣。

又說：

故竭聖智以治巧偽，未若見質素以靜民欲；興仁義以敦薄俗，未若
抱朴以全篤實；多巧利以興事用，未若寡私欲以息華競。故絕司察，
潛聰明，去勸進，剪華譽，棄巧用，賤寶貨，唯在使民愛欲不生，
不在攻其為邪也。故見素樸以絕聖智，寡私欲以棄巧利，皆崇本以
息末之謂也。

這裡，同樣是對「以無為辭，而旨在全有」的理解，但王弼卻不像裴頠只注
意到「全有」這個層面；而是思考到「無」在對於「全有」的作用上，具有
普遍性與內在性。因此，他把「無」提出來，透過「崇本息末」的原則〔註59〕，
超越一切，而主張「以無為本」〔註60〕的本體論思想。

這時候，他所謂的「無」，已不是虛無，也不是空無，而是個「無形無名」
的道體，《老子微旨例略》說：

夫物之所以生，功之所以成，必生乎無形，由乎無名；無形無名，
萬物之宗也。

這裡說明萬物的本體是超乎一切形象和名謂的。既說它是超乎形名，那這所
謂的「無」即已是「超越意義的無」，已是「至無」。《老子‧第十四章注》也
說：

欲言無邪，而物由以成；欲言有邪，而不見其形。故曰無狀之狀，
無物之象也。

在此，所謂的「無」已是超越了「有」、「無」相對的那種「無狀之狀，無物
之象」的「至無」。〔註61〕

從以上的比較，我們可再一次印證裴頠所說的「無」和道家的「無」是

〔註59〕 王弼《老子微旨例略》：「《老子》之書，其幾乎可一言而蔽之，噫！崇本息末
而已矣！觀其所由，尋其所歸，言不遠宗，事不失主。文雖五千，貫之者一；
義雖廣瞻，眾則同類。解其一言而蔽之，則無幽而不識，每事各為意，則雖
辯而愈惑。」

〔註60〕 王弼《老子注‧第四十章》：「天下之物，皆以有為生，有之所始，以無為本，
將欲全有，必反於無也。」

〔註61〕 按以上意見參考林麗真《王弼》一書，東大圖書公司，頁41～45。

不同層次的。而〈崇有論〉全文至此,調和名教與自然的正題已結,以下略示其著論之由。

第五節　申述著論的緣由

上節辨示《老子》偏立之言,並申明其本旨。不過,前人對此都未能詳論,以致於「虛無之言,日以廣衍」,於是裴頠申述其著論的緣由,乃在辨明「虛無不允之徵」,以「崇濟先典,扶明大業,有益於時」。

一、道家學說的發展情形

道家思想就《老子》來看,其「以無爲辭,而旨全有」,那何以流衍至魏晉會成爲「貴無賤有」的議論呢?裴頠以爲:

> 先賢達識,以非所滯,未(「未」,各本原皆作「示」,此依文義改之)
> 之深論。惟班固著難,未足折其情。孫卿、揚雄,大體抑之,猶偏
> 有所許。而虛無之言,日以廣衍。眾家扇起,各列其說。上及造化,
> 下被萬事,莫不貴無。所存僉同,情以眾固。乃號凡有之理,皆義
> 之埤者,薄而鄙焉。辯論人倫及經明之業,遂易門肆。

先秦以後,道家學說發展到兩漢,一來由於漢初崇尚黃老,道家學說爲主政者所好,作爲政治上休養生息的政策,故在學說上未見有所滯礙;一來在漢武帝崇尚儒術後,道家思想遂伏而不顯,以致未爲學者所留心,即使有也只爲個人修養之用〔註62〕。因此,當時的學者大儒對於道家學說都「未之深論」,對於它的旨意和偏弊都不能夠有所批判。只有到班固時,才見其著論駁《莊》〔註63〕,不過也未能使人折服。除此之外,像孫卿(荀子)、揚雄的言論,對《老》、《莊》的內容雖大體上有所批評,但仍有贊許之處。

這點我們可以就《荀子》來看,他在〈天論篇〉上說:

> 萬物爲道一偏,一物爲萬物一偏,愚者爲一物一偏,而自以爲知道,
> 無知也。……老子有見於詘,無見於信。

這裡批評《老子》是一偏之道,只看到「屈」在人生的用處,卻沒看到「伸」

〔註62〕按以上乃對於「以非所滯」一句之疏解。唯對「滯」字有二種解釋,一作
　　　　「滯留」、「留心」(《中國歷代哲學文選》);一作「滯礙」(牟先生)。二者皆
　　　　可通。

〔註63〕班固著有〈難莊論〉,今已不存,僅見於嚴可均輯《全後漢文》,卷二十五,
　　　　有片斷資料(文二條)。

在人生的大用〔註64〕。另外，像〈解蔽篇〉上說：

> 惠子蔽於辭而不知實，莊子蔽於天而不知人，⋯⋯由辭謂之道，盡
> 論矣；由天謂之道，盡因矣。此數具者，皆道之一隅也。

這裡說《莊子》雖然蔽於天而不知人，以致於盡於自然之教，隨緣而任化〔註65〕，但荀子仍肯認他為「道之一隅」。至於揚雄的批評，則可見於其《法言》一書。〈問道篇〉說：

> 老子之言道德，吾有取焉耳；及搥提仁義，絕滅禮學，吾無取焉
> 耳！⋯⋯或曰：「莊周有取乎？」曰：「少欲」⋯⋯至周罔君臣之義，
> 衍無知於天地之間，雖鄰不覯也。

此對於《老》、《莊》的罔顧仁義禮制皆有所批評，但對於其人生修養的道理則有所稱許。然而，像這樣的批評在當時僅數少數，且是片言隻語；因此，就其深意及偏弊而言，仍是隱而未顯。

也就由於這些因素，到了魏晉初期「虛無之言，日益廣衍。眾家扇起，各列其說。上及造化，下被萬事，莫不貴無。」裴頠認為由於當時道家學說未受到深入的批判，而且有些學者尚「偏有所許」，才使得它能「日益廣衍」；其而認為上及造化的本體，下至萬事萬物，都是以無為貴，因而主張無為。在這樣的趨勢下，既然多數人的主張相同，於是形成一種共同的風氣；而由「以無為貴」，逐漸演成了鄙薄一切的「有」。所以他說：「所存（存想、主張）僉同，情以眾固。乃號凡有之理，皆義之埤者，薄而鄙焉。」這就如同前文所說的「唱而有和，多往弗反。遂薄綜世之務，賤功烈之用，高浮游之業，埤經實之賢。」難怪裴頠最後更感嘆地說：「辯論人倫及經明之業，遂易門肆」，原本是尊崇維繫人倫及經明之業的儒學，現在則轉變成了尊崇《老》、《莊》的虛無議論。

當然，這也是裴頠個人站在「崇有」及維護名教的立場所說。固然，先秦以後道家學說確未受到重視與批判，但它之所以如此，是由於儒學的強勢文化領導，使其隱而不顯（見第一章第一節），以致在學說上未能加以深論。況且，漢末道家思想的復興，以及流衍成後來的虛無風氣，是有其歷史發展

〔註64〕「詘」、「信」與「屈」、「伸」乃古今字。《老子》一書中，其意多以屈為伸，以柔勝剛。像「大直若屈，大巧若拙」（四十五章），「不敢為天下先，故能成器長」（六十七章），「知其榮，守其辱，為天下谷」（二十八章）。

〔註65〕按以上〈解蔽篇〉引文之斷句，依李滌生《荀子集釋》。又「盡因」二字之解釋，王先謙《荀子集解》：「因，任其自然，無復治化也。」世界書局，頁262。

的複雜因素，並非如裴頠所泛論的，說是對於道家意旨及弊害不明的原故。此在前已論及，故不贅述。

二、寫作〈崇有論〉的緣由

裴頠有感於當時貴無賤有的風氣，都是對於「貴無」本義及其弊害不被瞭解的原故，於是他在內外因素的推動下，寫作了這篇〈崇有論〉，他說：

> 頠用矍然，申其所懷。而攻者盈集，或以一時口言。有客幸過，咸見命著文，摘列虛無不允之徵。若未能每事釋正，則無家之義，弗可奪也。頠退而思之，雖君子宅情，無求於顯，及其立言，在乎達旨而已。然去聖久遠，異同紛糾。苟少有彷彿，可以崇濟先典，扶明大業，有益於時，則惟患言之不能，焉得靜默？及未舉一隅，略示所存而已哉！

就外在的因素來看：裴頠「矍然」（驚憂貌）於虛無風氣的泛濫，因此在當時的清談座上「申其所懷」，指陳自己的主張。然而，當時貴無論者「攻者盈集，或以為一時口言」，以為只是隨口說說而已；再而，當時有談客來訪，都希望能寫作成文，指陳虛無不當的證據，認為「若未能每事釋正，則無家之義，弗可奪也。」可見，他一來是為了證實自己的主張；二來是受命於談客（此或為假託），而寫作此文，以為談論時的根據。

就內在的因素來說：裴頠「退而思之」，雖然說「君子宅情（居心），無求於顯，及其立言，在乎達旨而已。」但由於當時「去聖久遠，異同紛糾」，是非已經受到混淆。因此，如果能夠稍微有一點相似於聖人之道者，而可以「崇濟先典，扶明大業，有益於時」，那惟恐「言之不能」，又怎「靜默」呢？至於說如果未能舉出一端的道理，那也只是約略表示自己的想法罷了（此為謙辭）。在此，裴頠自己也明言著論的緣由是為了維護名教禮制，轉移當時的社會風氣。

這就如同《晉書·裴頠傳》上所說的：

> 頠深患時俗放蕩，不尊儒術。何晏、阮籍，素有高名於世。口談浮虛，不遵禮法，尸祿耽寵，仕不事事。至王衍之徒，聲譽大盛，位高勢重，不以物務自嬰，遂相放效，風教陵遲。乃著崇有之論以釋其蔽。

但是，我們前面也說過，時俗的放蕩，固然是事實，但又豈僅是「崇有」就可以「釋其蔽」的呢！如果不能客觀地瞭解道家思想泛濫的原因，不能確實

地理解道家思想的義理層次，而「徒欲以物類存在之有來抵堵道家之無，是乃根本不相應者」〔註66〕。就像《世說新語・文學第四》「第十二條」注引〈晉諸公贊〉說：

> 自魏太常夏侯玄、步兵尉阮籍等，皆著道德論。於時侍中樂廣、吏部郎劉漢，亦體道而言約。尚書令王夷甫講理而才虛。散騎常侍戴奧以學道爲業。後進庾敳之徒，皆希慕簡曠。顏疾世俗尚虛無之理，故著崇有二論以折之。才博喻廣，學者不能究。後樂廣與顏清閑欲說理，而顏辭喻豐博，廣自以體虛無，笑而不復言。

儘管說裴頠有「疾世」之情，而且「才博喻廣」、「辭喻豐博」，但樂廣仍然是「自以體虛無，笑而不復言」，可見論理的層次完全不能及。

當然，也有人懷疑裴頠在文中所述著論之由的用心所在〔註67〕。但這也只是就裴頠在當時是玄談座上的一份子而言。事實上，或者我們可以說在「寫作此文，作爲談論時的根據」這點上，他可能並沒有「強烈的」救世心情與道德意味；然由其個人的政治態度（參見第二章第一節）與前面維護名教禮制的立論來看，我們卻不能說他駁斥虛無風氣是矯情之言。

第六節　總結：「無不能生有」

本節乃〈崇有論〉全文的結論，順著首段的基本立場，以及對於正文中名教與自然的具體觀察，總結提出「自生」的主張，並說明「有」、「無」的關係，最後更以「濟有者皆有」而「無不能生有」回應前文。

一、由自生說論證無不能生有

裴頠有感於虛無風氣對於社會的危害，所以最爲反對貴無派「有生於無」、「以無爲本」的主張。於是，在理論上他最後提出「自生」的說法，辯證了「有」、「無」的關係，以支持他開頭所提出來的「崇有」主張。〈崇有

〔註66〕見《才性與玄理》，頁367。

〔註67〕何啓民在《魏晉思想與談風》一書中以爲：「其所以著爲論，全然是以作爲談論的根據。論中的舉時事，亦用以表示「辭喻豐博」，對於一個談士來說，顏並不如後人所想像的具有那種救世的心情，而崇有論也沒有那麼濃厚的道德意味可言。」學生書局，頁165。又龔鵬程於〈崇有論駁議〉一文中說：「裴顏此論，非其本衷，持角勝於平叔，致戲於夷甫而已。」，《鵝湖月刊》第四卷第三期，頁38。

論〉說：

> 夫至無者，無以能生。故始生者，自生也。自生而必體有，則有遺
> 而生虧矣。生以有爲己分，則虛無是有之所謂遺者也。

「夫至無者，無以能生。故始生者，自生也」，這是裴頠提出來反對「有生於無」這個命題的。就對「無」的概念來說，〈崇有論〉前文已提過「本無」、「虛無」，指的都是與「有」相對的「無」（空無、死無）。因此，他這裡所謂的「至無」，自然不會是道家那種超越了「有」、「無」相對關係而達到絕對境界的「至無」。他這個「至無」雖也可說是個「絕對的無」〔註68〕，但它是在具體內容上一無所有絕對空無。這樣的「無」並不存在，所以說「夫至無者，無以能生」，這「生」是就實在界而言它不能有具體內容的「生」。因爲就現象界來看，一說「生」就表示其「存在」，而「存在」並不能從「不存在」來，所以說它「無以能生」。

但問題是，我們如果說「無」不能生，那你又要如何解釋萬有最初是怎麼來的呢？對於這點，裴頠提出了「始生者，自生也」的主張，他認爲萬有最開始的時候，都是自自然然地自己產生。既然說萬有最初是自己產生，而不是由「無」而生，那麼就它這個「自生」的有生之物的存在言，它必然是「以有爲體」，所以說「自生而必體有，則有遺而生虧矣」。所謂「有遺而生虧」是說如果這個自生的存在所憑藉以爲體的「有」被遺棄了，那便會使有生之物的存在有所虧損。這點，於〈崇有論〉文前也說：

> 夫品而爲族，則所稟者偏。偏無自足，故憑乎外資。是以生而可尋，
> 所謂理也。理之所體，所謂有也。

這說明有生之物是以「有」爲體，因此，當「有」被遺漏時，那「偏無自足」的有生之物，其存在就會有所虧損。所以裴頠接著又說：「生以有爲己分，則虛無是有之所謂遺者也。」這裡仍然是透過前面「寶生存宜，其情一也」的基本觀念，說明了有生之物都是以「有」爲己分，也就是說以「使自己存在」爲本分。如此說來，「虛無」相對於「有」而言就是指「有」之所謂遺者，亦即是「有」的不存在（非有）。如此在「有遺則生虧」的前提下，同樣地「虛無」也會使得「生虧」，所以說「無不能生有」。在此裴頠即藉此——「有」、「無」的邏輯關係，反證「有生於無」的謬誤。

就以上裴頠從「有」的實在論立場，來論證「有」、「無」的關係裡，我

〔註68〕見《中國歷代哲學文選》注，頁 386。

們必須再進一步深入思考的問題是：萬有的形上本體應該是「有」還是「無」？這裡面當然牽涉到了「有」、「無」的先在性問題，以及「有」、「無」的層次問題。

就裴頠來講，他的思路是很清楚的。在對於萬有始生的說明上，他提出了自生的說法，並規定說「自生而必體有」。在此，我們可以很明顯地看出，裴頠對萬有的根源已經停止了一切往上的無窮追溯，而把它限定在現象界中有生之物的存在本身；然後，就這自生的存在來說明萬有的存在。這也就是他開頭所說的「總混群本，宗極之道也」。當然，我們也可以發現他所謂「自生」的前提，只是客觀存在的「有」、「無」邏輯關係。就這關係的思考而言，「有」、「無」是相對的；「有」存在，則「無」不存在。然而，問題是「存在」先於「不存在」，還是「不存在」先於「存在」？這點，裴頠在現象意義的考量上，也很清楚地說「生以有為己分，則虛無是有之所謂遺者也」。他認為「自生而必體有」，那客觀的存在就是「有」，而「無」所表現的只是「有」、「由存在歸不存在」〔註69〕；因此，「有」先於「無」，這麼說來「無」也就不能作為生「有」的根本了。

當然，裴頠如此的看法是有他現實性的存在意義。不過，就他肯定「有」的真實性這點來看，他對於萬有本體的說明，也只能及於現象意義，而不能及於形上的本體意義。因為，雖然在現象意義的邏輯關係裡，「有」可以先在於「無」，但如果我們不僅止於這種表層現象的思考，而作更深一層的形上思維持，我們會發現「有」、「無」的關係是並存並在，誰也沒有先在性。我們可以把這個問題擺在「始生」這觀念上來作個分析。

按「始生」就是指最初的存在，在最初的存在存在之後（始生之後），自然一切的現象就都是「有」的呈現。然而問題是，在「始生之前」呢？在始生之前一切都不存在，那不就是「無」嗎？如此「無」不就有了先在性，「無」有了先在性那不就是「無生有」嗎？但我們又說「無」是不存在，那「不存在」又如何能使「存在」存在呢？這樣一連串的逼問，正是歷來形上學所要解決的問題。在此，裴頠用「自生也」對這個問題打了個句號，同時也否認了「有生於無」。不過，問題並不是在於無「能不能」生有？而是在於無「如何」生有？就具體事實來看，「無」自然是不能生「有」；但若就「始生」的狀態來看，「有」之所以謂之「有」，是其始生之前為「無」，因其有「無」這

〔註69〕見《才性與玄理》，頁 369。

不存在的存在，才能說始生之後爲「有」。在這裡，則不僅是說「無」所表現的是「有」由存在轉爲不存在；更可以說「有」所呈現的是因爲「無」的不存在，才能成其爲存在。就此，我們並未肯定「無」能夠「實質地」產生有，而是說它在「作用上」使有存在。至於，「有」在實質上作爲「生」的憑藉者，仍然是「有」。所以，我們說「有」、「無」是並存並在。

對於這層意義的關係，裴頠自然未能說明，唯《老子》體會得頗爲深刻。他說：

> 天下皆知美之爲美，斯惡已；皆知善之爲善，斯不善已。故有無相生，難易相成，……。（第二章）

> 三十輻共一轂，當其無，有車之用。埏埴以爲器，當其無，有器之用。鑿戶牖以爲室，當其無，有室之用。故有之以爲利，無之以爲用。（第十一章）

這裡所謂的「有無相生」、「有之以爲利，無之以爲用」皆是從現象物當中，體會到「有」、「無」是對顯而成。而且現象物的具體存在，是要透過「有」的「定用」與「無」的「妙用」〔註70〕才能實際存在。因此，「有」、「無」在具體的呈現上是現象物的兩個面相。根據這點，《老子》把「有」、「無」這兩個概念上提爲「道」（形上本體）的雙重性〔註71〕，他說：

> 無，名天地之始；有，名萬物之母。（第一章）

然後，他再從屬於「道」這層次的「無」與「有」的體用關係，後返式地說明了道的生成作用：〔註72〕

> 天下萬物生於有，有生於無。（第四十章）

這個「有」、「無」在《老子》裡仍是就道體而言〔註73〕。因此，二者雖有生

〔註70〕按對「利」與「用」二字，牟先生於《才性與玄理》頁134，規定爲「有限之定用」與「無限之妙用」。此甚能表現出「有」、「無」二者之作用意義。

〔註71〕按道的雙重性，是《老子》第一章中所表現的義理，此牟先生於《才性與玄理》頁131及《中國哲學十九講》頁98中皆有詳盡分析。

〔註72〕王邦雄先生《老子哲學》：「順熊先生之理路言之，『有生於無』，正是『即體成用』之意。是故，無與有之分，在顯道之本體論的意義來說，僅是方便的，就道體的自身言無，此總持的就天地說始，就道體的關涉天地萬物言有，此散開的就萬物說母。無是往後翻越以顯本，有是向前推出去成就萬物。」東大圖書公司，頁78。

〔註73〕見前書，頁76～77，王邦雄先生對此文中物、有、無三者，分作「物」與「道」（有、無）兩層。茲從之。

成的關係，但它誠如王邦雄先生所說的，是「即體成用」〔註74〕的關係。因此，「有」、「無」在道體是並存並在。這是《老子》對於形上本體的思路。

　　而王弼則根據《老子》這個思路，把「無」的觀念往上提起，強調「道」的「無形無名」，超越形象與稱謂的這種「至無」境界。於是，在現象界，他主張「以無為用」（《老子注》第十一章）；在本體界，則主張「以無為本」（《老子注》第四十章）。他這種「貴無」思想，完全是順著道家（《老子》）的思考路線下來的，你要瞭解他，批評他，都必須循著這條線索。但是，裴頠卻都不能及此。他徒然在現象層次上打轉，雖說也確實反應了當時虛無風氣的不當，但在實質理論上卻未能有所勝處。

　　瞭解了這層意義，我們則可再進一步檢別裴頠自生說與郭象自生說的不同。裴頠的「自生說」，就我們前面的分析可看出，他所謂的「自生」是由於「無」是個「虛無」，而「虛無是有之所謂遺者」，它是「非有」，是不存在的。由於不存在，所以無不能生有；無不能生有，所以講「自生」。但是，他的「自生」卻仍必須「體有」，也就是要以物類之存在的「有」為體。如此，這個「自生」是直落於物類之存在上言，而物類的存在是「偏無自足」，所以這個「自生」也自然落在物類存在的相互依待關係中。

　　至於，郭象的自生說，見之於他所註的《莊子・齊物論》「天籟」義上：

　　　無既無矣，則不能生有，有之未生，又不能為生。然則生生者誰哉？
　　　塊然而自生耳。

這和裴頠的「至無者，無以能生。故始生者，自生也。」表面上看起來，似乎語意全同。但事實上，就其思想背景來看，則有很大的差別。

　　就「無」字的規定來看，他雖和裴頠一樣將它當作「空無」、「死無」。但是他所謂的「無既無矣，則不能生有」，並不純然是從邏輯的關係而說「無不能生有」，他是在道的「有」、「無」雙重性上，透過「動觀則有，靜觀則無」的方式〔註75〕來理解的。這點我們可以在《老子》首章中看出：按道的妙用是要在「有」、「無」雙重性的「玄之又玄」過程當中凸顯出來，也就是要在「有」、「無」的相互作用下，道體才能生化；因此在「即體成用」的關係下，我們可以說「有生於無」。這就是「動觀則有」。但若超越了「有」、「無」雙重性的玄妙作用，而達到二者玄冥合一的境界時，若單就後返式的「無」來

〔註74〕同註72。
〔註75〕見《才性與玄理》，頁199。所謂「有」是有此「無生有」之義；「無」則是無此「無生有」之義。

說明道體，那一停落在這個「無」性上，則「無」即成為單純的無，抽象的空無；如此「無既無矣，則不能生有」，在這種「靜觀」的情形下，也就不能說「有生於無」了。這就是郭象透過對《老子》道的雙重性的觀察，來反對貴無派的單滯於「無」。

　　既然說「無不能生有」，那「有」呢？當然，在已生之後，「有」是可以生，但在已生之前呢？郭象說是「有之未生，又不能為生」，在此他又排除了「有生於有」的可能性。於是，接下去他就提出了「然則生生者誰哉？塊然而自生耳」這個「自生」的觀念。在這裡，他將「有」、「無」兩種生的可能性全部化除掉，而凸顯出這個「自生」的境界，完全是順著《莊子・齊物論》中超越相對性而達到絕對性的那種渾化的境界形態而來〔註76〕。因此，他接下去又說：

> 自生耳，非我生也。我既不能生物，物亦不能生我，則我自然矣。
> 自己而然，則謂之天然。天然耳，非為也，故以天言之。〔以天言之〕
> 所以明其自然也，豈蒼蒼之謂哉！而或者謂天籟役物使從己也。夫
> 天且不能自有，況能有物哉！故天者，萬物之總名也，莫適為天，
> 誰主役物乎？故物各自生而無所出焉，此天道也。

這裡所謂的「自然」、「天然」、「天道」，都仍是「有一超越虛靈之境界涵蓋於『存在』之上而為其本」〔註77〕，這完全是個主觀的境界形態。在這種形態下說「塊然而自生」，是說每一個事物都是完整而自然如土塊一樣地產生〔註78〕，它是無待於外的。因此，他在〈逍遙遊注〉中又說：

> 大物必自生於大處，大處亦必自生此大物，理固自然，不患得失，
> 又何厝心於其間哉！

這裡更說明了自生只是無心而生，大物無心於大處生，大處無心於生大物，二者無所依待而自生。這就是所謂的「各安其性，吾所不能異也」（〈齊物論注〉）。繼此，郭象更提出「自爾獨化」的概念〔註79〕，把這個「生生者」推

〔註76〕 例如《莊子・齊物論》：「俄而有无矣，而知有无之果孰有孰无也。今我則已有謂矣，而未知吾所謂之其果有謂乎，其果无謂乎？天下莫大於秋毫之末，而大山為小，莫壽於殤子，而彭祖為夭。天地與我並生，而萬物與我為一。」此乃《莊子》齊一萬物，超越一切相對性而達到絕對性的主觀境界。

〔註77〕 見《才性與玄理》，頁368。

〔註78〕 此義參見湯一介《郭象與魏晉玄學》，谷風出版社，頁64。

〔註79〕 此可參見顏國明《魏晉儒道會通思想之研究》，師大國研所碩士論文，集刊第三十二號。

到了一個「自生、自在，圓滿具足」的境界。

　　由這點看來，他和裴頠最大不同是：一為主觀境界的「無待」；一為客觀事實的「有待」。這又是裴頠客觀經驗存在不能相契於道家主觀境界形態的另一證明。

二、濟有者皆有而無無益於有

　　以上裴頠順著「基本觀念」的思路，在理論上以其「自生說」總結式地說明了「無不能生有」，而「自生必體有」。於是，接著他更從具體人事的印證，將全文歸結於「無無益於有」而「濟有者皆有也」。〈崇有論〉說：

> 故養既化之有，非無用之所能全也；理既有之眾，非無為之所能循也。心非事也，而制事必由於心；然不可以制事以非事，謂心為無也。匠非器也，而制器必須於匠；然不可以制器以非器，謂匠非有也。

> 是以欲收重泉之鱗，非偃息之所能獲也；隕高墉之禽，非靜拱之所能捷也；審投弦餌之用，非無知之所能覽也。由此而觀，濟有者皆有也，虛無奚益於已有之群生哉？

按前既言「始生者，自生也」，非無所能生，且「自生而必體有」，那麼對於既有的萬事萬物更是不待言了。所以他說：「故養既化之有，非無用之所能全也；理既有之眾，非無為之所能循也。」這是說萬有的存在本就「偏無自足」，要「憑乎外資」的，而萬有皆有「寶生存宜」之情。因此，就既已生化的有生之物而言，不憑藉外資，則不能長養其自身，使生得全。若就治理這個既已存在的社會來說，也不是無所作為所能夠安撫的。因此，「無」不能生「有」，那「無用」、「無為」自然就無益於有。而相對地，要養萬有、理萬民都必須要「有為」、「有用」才能成就。

　　順此，他更從「能」、「所」的關係來證明有才能生有，無不能生有，他說：

> 心非事也，而制事必由於心；然不可以制事以非事，謂心為無也。
> 匠非器也，而制器必須於匠；然不可制器以非器，謂匠非有也。

「心」與「事」、「匠」與「器」各是個「能」、「所」的關係。「心」、「匠」是能制者，「事」、「器」是所制者。裴頠的意思是說：雖然「心」非「事」，「匠」非「器」，但是「事」、「器」的「有」，是由「心」、「匠」的「有」而使其為

「有」。而這兩者當中更隱含著一個「有爲」、「有用」〔註80〕的「有」的活動，透過這個活動，「心」才能制「事」，「匠」才能制「器」。如此說來，「有」才能成「有」，「無」不能成「有」。其關係如下表所示：

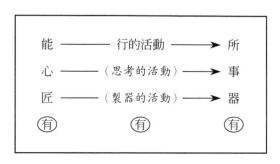

裴頠在這裡透過「事」、「器」的「有」推而論證「心」、「匠」亦爲「有」。他主要的根據是「無」不能生「有」。這裡在文意上似乎有所跳脫。事實上，說「心」、「匠」爲「有」，就等同於說「思考的活動」、「製器的活動」爲「有」。因爲，「心」、「匠」各專有所指，一說「心」即表示它能思考；一說「匠」即表示他能製器。因此，思考的活動，製器的活動是「有」，也只有這個「有」才能保證「事」、「器」的成爲「有」。但是，這個「有」是事物產生的過程，即是個活動的過程，它所依恃的仍是行爲活動的主體——「心」與「匠」這個「有」。如此，也才是裴頠眞正的意思。而在這一連串「有」的關係下構成了他對於「有」的一層論〔註81〕，緊密串連。

這個「有」的一層論所說明的，當然都具有現實的客觀性。但是，如同前面所說的問題一樣，他不能瞭解《老子》所說的「無之以爲用，有之以爲利」的深意。況且，「心」制「事」，「心」、「事」雖皆爲「有」，但是它是從「無」而「有」，因「無」而「有」，「匠」制「器」亦然。此理境在前面已有分析，不贅述。

至於，裴頠在這個「有」的一層論立場上，最後更以「欲收重泉之鱗，非偃息之所能獲也；隕高墉之禽，非靜拱之所能捷也；審投弦餌之用，非無知之所能覽也」這些事實來強調「無爲」、「無用」、「無知」是無益於「有」的。因此，總結而觀之，說「濟有者皆有也，虛無奚益於已有之群生哉？」

〔註80〕說「有爲」是指「心」、「匠」的主體對「事」、「器」的行爲；說「有用」是指其在這行爲當中透過「事」、「器」的材料而製成「事」、「器」。
〔註81〕參見《才性與玄理》，頁369。

如此，對當時的虛無風氣作了最後的批駁。就事實來看，偃臥休息是無法捕得深水的魚；靜息拱手也不能射到高牆上的飛禽；而無知更不能詳審運用弓箭和釣餌的技術。這些都是不易之理，貴無論者未必不能瞭解。只是，裴頠在此為的是要肯認一切的「有」都必須從「有」中來成全，而「無」是不能全「有」的。

就以上裴頠所論的具體事實來看，我們若撇開在理論上他與道家不能相應之處，那他在對當時虛無風氣的評斥，可謂是極盡了全力。而且，他肯定客觀的存在，由這個存在客觀地去了解「有」，進而「崇有」，這樣的理路頗能接觸到西方知性傳統那種重「客觀性」的精神。若能依此而進，合理地解決名教禮制的危機，建立正常的法制規範，自當可以成就一番外王事功。

然而，若就解決自然與名教之衝突的本質問題來看，這點仍然是不夠的。因為，若只是在實然存在的立場上肯定人的情欲是根於自然，然後在這個基準上建立名教禮制以為調節導率。這樣的名教禮制畢竟是屬於外在的，它只是為政者基於「兆庶之情，信於所習」而制定。儘管說君人者慎其所教，能夠使人民「不肅而安，忽然忘異，莫有遷志」，但這終究不是個必然的保證。因為，欲衍、情佚、擅恣、專利是隨順人的情欲而產生的，況且這屬於外在的名教禮制也很容易僵滯不化，流為形式，反而變成一種桎梏與束縛。這也就是魏晉這個時代所呈現出來的現象。

因此，裴頠面對這個問題而不能確實解決，他同我們前面論及道家的問題一樣，是在於「內在道德性」的不能立。他要肯定「有」，肯定「客觀的存在」，肯定「既有的名教禮制」，只有使它是從人心根部的「內在道德性」自覺地發起，也就是要使它是在人主觀自由的奮鬥所表現的「內在道德性」中建立起來。透過這個「內在道德性」而客觀化為一切的名教禮制；這樣所建立的名教禮制，不但是內在的，而且是超越的。此時，所成就的外王事功，則已是由「內聖」的基礎所發散出來，自然具有恆久穩固的根基。

第四章　魏晉道家思想中「有」、「無」的義涵

第一節　引　言

　　依前文疏解所言，「崇有」論題乃是針對「貴無」派而發，但卻由於立論層次的不同，裴頠在理論上一直未能相應於道家的思想。那麼，問題是當時的道家思想（何晏、王弼、向秀、郭象）對於「有」、「無」這兩個概念的理解層次為何呢？本章即就此詳論之以為比對。

　　按魏晉玄學中的「有」、「無」概念，主要是由先秦道家思想而來，而其中又以《老子》分解的說法最清晰。在《老子》中「有」、「無」可分為兩個層次：一個屬於「道」的層次，一個屬於「物」的層次〔註1〕。就《老子》的道而言，他具備了「有」、「無」雙重性。《老子》第一章說：

　　　　無，名天地之始；有，名萬物之母。

這「無」是指「無」性，說明「道」是「視之不見，……聽之不聞，……搏之不得。」（第十四章），也就是說「道」的本身是一「無限」（沒有定限）的存在。但它也不是「沒有」，所以又說「無狀之狀，無物之象」（同前），說「道」是「無」，只是在強調它的「無」性，但仍是有一個無狀之「狀」，無物之「象」存在。因此，第二十一章又說：

　　　　道之為物，惟恍惟惚；恍兮惚兮，其中有物；惚兮恍兮，其中有象；

〔註 1〕此分法參考徐復觀先生《中國人性論史·先秦篇》，台灣商務印書館，頁329～333。不過徐先生稱之為「超現象界」與「現象界」。

窈兮冥兮，其中有精；其精甚真，其中有信。

所謂「道之為物」，是指「道」仍是個「有」。只是這「有」是在「恍惚」、「窈冥」之中的「有物」、「有象」、「有精」、「有信」，這是一種「有」性，並非實體的「有」。透過這個「有」性，「道」始能化生萬物而成為具體的存在。

至於，在「物」這個層次，即如第十一章所言：

三十輻共一轂，當其無，有車之用。埏埴以為器，當其無，有器之用。鑿戶牖以為室，當其無，有室之用。故有之以為利，無之以為用。

這「有」是指「物」的「實有」，而「無」則是相對於「有」而言的「非有」。不過，這「無」是由於「有」才產生的，但「有」也必須有這個「無」的「用」，才能得其「利」。因此，「有」、「無」為事務的兩個面相。這和「道」的「有」、「無」關係是相證相成的。所以第四十章說：

反者，道之動；弱者，道之用。天下萬物生於有，有生於無。

這明的是有三層：物──有──無，表示了宇宙萬物創生的過程，以及其本體論的追溯。但若就「道」的「有」、「無」雙重性而言，亦可以說是兩層：物──道。這「道」包含了「無」的「始」和「有」的「母」，而化生萬物。其中「無」由於有本體意義的存在，故說「有生於無」。這種本體宇宙論的分解敘述，顯現《老子》書中的「道」具備了客觀性、實體性及實現性的「實有」姿態。

同樣的問題，到了《莊子》則不採取這種分解說法。他是以「詭辭為用」的辯證方式，將這種原屬於姿態的客觀性、實體性及實現性，統統化除而收攝於主觀的境界當中。透過這樣的消解，《老子》那種客觀姿態的「有」、「無」，則已被提到了「莫若以明」的絕對境界。所以《齊物論》說：

俄而有无矣，而未知有无之果孰有孰无也。今我則已有謂矣，而未知吾所謂之其果有謂乎，其果无謂乎？天下莫大於秋毫之末，而大山為小；莫壽於殤子，而彭祖為夭。天地與我並生，而萬物與我為一。

在此，「有」、「無」的對待關係完全消融了。所以，《莊子》說這種境界是得其「道樞」。而這個「道樞」是透過「彼是莫得其耦」，「有」、「無」失去其相對性而得來的。這種化除相對的「有」、「無」，其所含攝的實則是一種統括「有」、「無」的絕對境界。

只不過，他不如《老子》是用分解的方式來說明，而是在一種主觀的渾

化境界中提起。像〈天地篇〉上說：

> 泰初有无，无有无名；一之所起，有一而未形。

又〈知北遊〉：

> 有先天地生者物邪？物物者非物。物出不得先物也，猶其有物也。
>
> 猶其有物也，无已。

這裡談到宇宙之原初是「有无」，即是說有個「无」的存在，但這「无」的存在，是「无有」亦「无名」的，就好像說「一」之所起，是「有」一而「未」形一樣。因此，如果說有先天地而生者之物，但是這「物物者非物」，因為「物出不得先物」，若是「猶其有物」的話，那這樣的追溯是永無停止的。因此，說「無」說「有」都不能表盡全意，於是《莊子》便統括起來說：

> 有乎生，有乎死，有乎出，有乎入，入出而无見其形，是謂天門。
>
> 天門者，无有也，萬物出乎无有。有不能以有爲有，必出乎无有，
>
> 而无有一无有。（〈庚桑楚〉）

「天門者，无有也」指的是「道」，「道」不能是「有」；但就其能生萬物而言，它也不是「無」，因此說「萬物出乎无有」。「无有」，它不但包含了「無」和「有」，也打破了「無」和「有」的相對關係，全然成爲一種「境界」。

　　以上是先秦道家對於「有」、「無」概念的兩種表達形態。魏晉的道家思想即是在這個基礎下，進一步發揮他們個別的理解。以下詳爲論述。

第二節　何晏、王弼的理解

　　何、王同爲正始玄風的開創人物，且同注《老子》〔註2〕。因此，其在「有」、「無」概念的理解上，主要是順著《老子》的思想形態而下。

　　就何晏來說，他對於「有」、「無」的概念，也可以分成「道」、「物」兩個層次。不過，他以「無」表「道」，強調「道」的無形無名，而把「有」推向了物邊，這又是他所展現的新義〔註3〕。這點我們可以根據其「無名論」（張

〔註 2〕　《世說新語・文學第四》：「何平叔注《老子》始成，詣王輔嗣；見王〈注〉
　　　　　精奇，迺神伏曰：『若斯人，可與論天人之際矣！』因以所注爲《道德二論》。」
　　　　　（第七條）又曰：「何晏注《老子》未畢，見王弼，自說注《老子》旨，何意
　　　　　多所短，不復得作聲，但應之。遂不復注，因作《道德論》。」（第十條）可
　　　　　見何晏的確注過《老子》，樂天出版社，頁 152～153。

〔註 3〕　參見顏國明《魏晉儒道會通思想之研究》，師大國文研究所集刊第三十二號，
　　　　　頁 332。

湛《列子・仲尼》注引）所言加以分析：

> 爲民所譽，則有名者；無譽，無名者也。若夫聖人名無名，譽無譽，
> 謂無名爲道，無譽爲大，則夫無名者可以言有名矣！無譽者可以言
> 有譽矣！然與夫可譽可名者，豈同用哉！此比於無所有，故皆有所
> 有矣！而於有所有之中，當與無所有相從，而與夫有所有者不同。

有譽有名者指「物」，無譽無名者爲「道」。「道」本爲「無譽無名」，但聖人
又稱之爲「道」，爲「大」。既稱之爲「道」，爲「大」，那就又是「有譽有名」
了。這表示說「道」並不是個「空無」。這又好像說「道」是「無所有」，但
「無所有」並不是眞的一無所有，它仍是「有所有」的，因爲它是天地萬物
的本體。只是「道」的「有所有」，在本質上仍是「無譽無名」的，因此與「物」
的「有所有」又全然不同，所以說「而於有所有之中，當與無所有相從，而
與夫有所有者不同。」這裡將「物」的「有」與「道」的「有」截然劃開，
而說「道」的「有」即是「道」的「無」。

同注上，他又說：

> 夫道者，惟無所有者也，自天地以來，皆有所有矣！然猶謂之道，
> 以其能復用無所有也。故雖處有名之域，而沒其無名之象；由以在
> 陽之遠體，而忘其自有陰之遠類也。

這裡更明顯地說「道」爲「無所有」，而天地萬物的「有所有」仍是以「道」
的「無所有」爲本。只是因爲「道」處在「有名之域」而泯沒了它的「無名
之象」。就好像我們一般人只自看到「有」而忽略了「無」，但「無」仍然是
宇宙的本體，萬有存在的超越根據。所以說「以其能復用無所有也」，指出了
天地萬物仍是在道的作用下，遵循著「歸無返本」的路數。他在《道論》（張
湛《列子・天瑞》）注引上又說：

> 有之爲有，恃無以生，事而爲事，由無以成。夫道之而無語，名之
> 而無名，視之而無形，聽之而無聲，則道之全焉。故能昭音響而出
> 氣物，包形神而彰光影。玄以之黑，素以之白，矩以之方，規以之
> 圓，圓方得形而此無形，白黑得名而此無名也。

此順著《老子》「有生於無」的觀念，將「有」推向物邊，說明一切事物皆憑
藉於「無」方得生成。這「無」就是「道」，因爲它是「無語」、「無名」、「無
形」、「無聲」，所以說它能「昭音響而出氣物，包形神而彰光影」。同時「玄
素矩規」也都是因於「無」（無名無形），才能成其「黑白方圓」。

這種「以無爲本」的主張，正同於《晉書・王衍傳》上所說：

> 魏正始中，何晏、王弼等祖述《老》、《莊》，立論以爲：天地萬物皆
> 以無爲本。無也者，開物成務，無往而不存者也，陰陽恃以化生，
> 萬物恃以成形，賢者恃以成德，不肖者恃以免身，故無之爲用，無
> 爵而貴矣。

只是他將「無」當作最高的本體，已是把《老子》「道」的「有」、「無」雙重
性，化歸於「無」這一邊，這樣只是向後反，而無向前看〔註4〕。如此一來，
「道」的「有」、「無」雙玄作用就被掛空，而「道」的具體性也因此喪失了
〔註5〕。這雖說是「顯其本」，但相對地也就「泯其末」了。

至於王弼對於「有」、「無」概念的理解，仍然是強調「道」爲「無」，而
「物」爲「有」。《老子》第一章注說：

> 凡有皆始於無。故未形無名之時，則爲萬物之始。及其有形有名之
> 時，則長之育之，亭之毒之，爲其母也。言道以無形無名始成萬物，
> 以始以成，而不知其所以，玄之又玄也。

此段話乃是對「無名，天地之始；有名，萬物之母」的注，因此隱約地含有
說明「道」的雙重性意義〔註6〕。唯他強調「凡有皆始於無」、「道以無形無名
始成萬物」，則已是以「無」爲「道」，而將「有」作爲「有形有名」的萬物。
這種直接以「無」說「道」，以「無」爲本體的說法，在王弼的思想中隨處可
見。像其《論語釋疑》中說：「道者，無之稱也。……況之曰道，寂然無體，
不可爲象。」〔註7〕這是以《老子》的「無」來解《論語》的「道」。另外其
《老子微旨例略》亦說：

> 夫物所以生，功之所以成，必由乎無形，由乎無名。無形無名者，
> 萬物之宗也。

這「無形無名者」，「無」也。而以「無」爲「萬物之宗」，則全然同於第一章

〔註4〕「向後反」（backward）是就「無，名天地之始」這個「始」而言；「向前看」
（forward）是就「有，名萬物之母」這個「母」而論。參見牟宗三先生《中
國哲學十九講》，學生書局，頁101。

〔註5〕同註4書頁，牟先生云「分開地直接說，有是萬物的根據，無是總持說的天
地之開始。因爲有從無出，而且有無混一體名之曰玄，玄才能恢復道的具體
性，即道之具體眞實的作用。停在無有任一面，道的具體性就沒有了，就不
能恢復並顯出道創生天地萬物的妙用。」

〔註6〕參見牟宗三先生《才性與玄理》的疏解，頁103。

〔註7〕見《論語・邢昺疏》引，十三經注疏本《論語注疏》，頁60。

〈注〉中所言。

另外，像第十一章〈注〉：「言無者，有之所以為利，皆賴無以為用也。」第二十三章〈注〉：「道以無形無為成濟萬物」第四十章〈注〉：「天下之物皆以有為生，有之所始，以無為本。將欲全有，必反於無也。」這在在都說明了天地萬物（有）的本體是「無」，而「有」只是末，只是用。

當然，他並不像何晏，只是把「有」推向「以無為本」後就不管了。他更進一步提出體用的關係，將道的「無」和物的「有」連結起來，而講「體用如一」、「本末不二」。這點在何劭〈王弼傳〉〔註8〕中說：

> 時裴徽為吏部郎，弼未弱冠往造焉。徽一見而異之，問弼曰：「夫無者誠萬物之所資也。然聖人莫肯致言，而老子申之無已者何！」弼曰：「聖人體無，無又不可以訓，故不說也。老子是有者也，故恆言其所不足。」

這裡認為「無」、「有」為一體，而「無」為「萬物」（有）之所資，因此「本末不二」、「體用如一」。王弼在「述大衍義」〔註9〕時又云：

> 王弼曰：演天地之數，所賴者五十也。其用四十有九，則其一不用也，不用而用以之通，非數而數以之成，斯《易》之太極也。四十有九，數之極也。夫無不可以無明，必因於有，故常於有物之極，而必明其所由之宗也。

此以「一」、「多」來說明「無」、「有」的關係。「一」即「體」，「四十有九」為「用」；這就好像「無」為「體」，但不可以無明，故必因於「有」以為明，故「有」為「用」。是以「多」成於「一」，「有」生於「無」；而「一」、「多」不二，則「有」、「無」如一。

儘管如此，「無」終究是本，是體；「有」終究是末，是用。況且，王弼所謂「無」的內在義涵，更是一種「不塞其源，則物自生」，「不禁其性，則物自濟」（第十章注）的主觀境界。透過這種主觀境界的「無」，來表明體用本末的關係，其現實上的主要目的，是要申明《老子》「崇本息末」的意旨。這是針對一般人「處有名之域，而沒其無名之象」（何晏「無名論」語）所特別揭示的。因此，他在《老子微旨例略》上說：

> 言之者失其常，名之者離其真，為之者則敗其性，執之者則失其原

〔註8〕見《三國志・鍾會傳》裴注所引，鼎文書局，頁795。
〔註9〕見韓康伯《周易・繫辭注》所引，新興書局，頁48。

矣。是以聖人不以言爲主，則不違其常；不以名爲常，則不離其眞；
不以爲爲事，則不敗其性；不以執爲制，則不失其原矣。然則，《老
子》之文，……崇本以息末，守母以存子；賤夫巧術，爲在未有；
無責於人，必求諸己，此其大要也。

在這種「崇本以息末」、「守母以存子」的原則下，說「本末」或「母子」，自
然會衍生一般所謂的主次、先後、始末、重輕，甚或是貴賤的俗見〔註 10〕。
如此，說「崇本息末」即有偏重於「本」這一邊立論的傾向，而至其末流更
易造成「貴無賤有」的主張。

在此，即使說王弼本是主張「體用如一」、「本末不二」，他並未眞正地否
定一切有（用）或末。但這仍只是從主觀境界說下來的。按「體」、「無」是
「本」，只是個形上的本體，並非客觀的實體；「用」、「有」是「末」，也只是
自然帶出來的「應迹」，其本身並無客觀而積極的意義。既然無客觀而積極的
意義，那一切只是虛說；因此，「崇本」雖未「賤末」，但亦未眞能保住「末」。
如此，在面對當時自然與名教的衝突時，自然也無法消解其矛盾〔註 11〕。這
是何、王「貴無」主張所共同的問題。

在這點，裴頠的〈崇有論〉雖能肯定客觀存在的眞實性與其積極意義；
但在理論上，他那現實存在的「有」、「無」相對關係，並不能相抗於何、王
在道體上所說的「無」。

第三節　向秀、郭象的體會

向、郭的思想主要在注《莊》時發揮，自然對於「有」、「無」概念的體
會，並不如何、王是以分解的方式來說明其體用本末的關係，而其大體上仍
順著《莊子》那種主觀境界所逼顯出的思路講下來，同時也因應當時的思潮
提出他們自己的體會。

對於向秀的思想，我們現在所能瞭解的，並不夠全面。不過，從張湛《列
子・天瑞篇》注所引這段話，約略可見其傾向：

吾之生也，非吾之所生，則生自生耳。生生者豈有物哉？〔无物也〕，
故不生也。吾之化也，非吾之所化，則化自化耳，化化者豈有物哉？

〔註10〕參見林麗眞《王弼》一書，東大圖書公司，頁 56。
〔註11〕參據牟先生《才性與玄理》所析論者，頁 123～124。

无物也，故不化焉。若使生物者亦生，化物者亦化，則與物俱化，
亦奚異於物？明夫不生不化者，然後能爲生化之本也。

這裡提出了「自生」的說法，主要的是要否認有個「生物者」、「化物者」的
造物主；因此，其不但化除了有之生有，更似乎是要消解《老子》「有生於
無」、道生物這種實體性姿態。不過，他卻又提出了「不生不化」的「生化之
本」，這儼然又有一個「不生之生」、「不化之化」的本體存在。這點在《列
子‧黃帝篇》注中，亦引有其對《莊子‧達生篇》「奚足以至乎先是色而已」
的注說：

同是形色之物耳，未足以相先也。以相先者，唯自然也。

此處說先物之前仍有「自然」〔註12〕，就如同是說生物化物者是個「不生不
化」的「生化之本」，仍然有個「先物者」存在一樣。正因此，遂有人以爲他
仍未擺脫何、王「貴無」思想的影響。〔註13〕

　　郭象雖和向秀同是注《莊》，且有竊秀〈注〉之嫌，但對於《莊》義的闡
述仍有不同之處〔註14〕。因此，今本郭〈注〉中，主要仍是郭象的見解。至
於他所謂「有」、「無」的義函，大抵可以在〈齊物論注〉「天籟」義中表現出
來：

無既無矣，則不能生有；有之未生，又不能爲生。然則生生者誰哉？
塊然而自生耳。自生耳，非我生也。我既不能生物，物亦不能生我，
則我自然矣。自己而然，則謂之天然。天然耳，非爲也，故以天言
之。〔以天言之〕所以明其自然也，豈蒼蒼之謂哉！而或者謂天籟役
物使從己也。夫天且不能自有，況能有物哉！故天者，萬物之總名
也，莫適爲天，誰主役物？故物各自生而無所出焉，此天道也。

這裡主要是說明「無」是空無，故無不能生有，而「有」是自生。說「有」
是自生，即是說「有」是「自然」而生，是個「本然」的存在，沒有任何造
物者。這不但是「自然」，更是「天然」、「天道」，所以說「物各自生而無所
出焉，此天道也」。

　　此處明的是說「無不能生有」，實則連「有」都不能生有。而這物的存在
（有）遂因此被推向一個「自生自有」的主觀境界。〈庚桑楚注〉說：

〔註12〕此注於今本郭〈注〉刪去「以相先者，唯自然也」，可見向、郭思想有其差別
　　　　之處。參見蘇新鋈《郭象莊學平議》之分析，頁149～150。
〔註13〕參見湯一介《郭象與魏晉玄學》，頁139。於此，筆者持保留態度。
〔註14〕向、郭在闡釋《莊子》時有其殊異，參見前註12所揭書，頁147～195。

　　夫有之未生，以何爲生乎？故必自有耳，豈有之所能有乎！此所以
　　明有之不能爲有而自有耳，非謂無能爲有也。若無能爲有，何謂無
　　乎！一無有則遂無矣。無者遂無，則有自欻生明矣。

「有」之生，非「有」所生，而是「自生自有」。「無」則爲「空無」，更不能
爲有，所以說「有」是「自欻」而生。同樣的意思在〈知北遊注〉上又說：

　　夫身者非汝所能有也，塊然而自有耳。身非汝所有，而況無哉！

這種排除「有」、「無」的相對關係，以逼顯出「自生自有」的主觀境界，全
然是《莊子》的思路。不過，《莊子》的絕對境界是「道」；道是「無」，但也
是「有」。而說「無」只是就它的無限定性，就它的運用上來說的，所以說它
「無有」。而郭象的絕對境界，則在於存在物（有）的無待而自生，無爲而獨
化，他把《莊子》所謂「道」的「無」皆當作「空無」。〈知北遊注〉說：

　　誰得先物者乎哉？吾以陰陽爲先物，而陰陽者即所謂物耳。誰又先
　　陰陽者乎？吾以自然爲先之，而自然即物之自爾耳。吾以至道爲先
　　之矣，而至道者乃至無也。既以無矣，又奚爲先？然則先物者誰乎
　　哉？而猶有物，無已，明物之自然，非有使然也。

「至道」既然是「至無」（空無），那「道」就不能先於「萬物」而生萬物；
因此，萬物的存在都是自然，而無物「使然」。

　　既然說物的自然存在，並沒有一個先物者使其存在，那麼這個「存在」
則已全然成爲一種主觀的境界。這種境界，非有亦非無，既有亦即無。此在
〈齊物論注〉中，有其詳盡的論述：

　　世或謂罔兩待景，景待形，形待造物者。請問：夫造物者，有耶無
　　耶？無也！則胡能造物哉？有也！則不足以物眾形。故明眾形之自
　　物而後始可與言造物耳。是以涉有物之域，雖復罔兩，未有不獨化
　　於玄冥者也。故造物者無主，而物各自造，物各自造而無所待焉，
　　此天地之正也。故彼我相因，形景俱生，雖復玄合，而非待也。明
　　斯理也，將使萬物各反所宗於體中而不待乎外，外無所謝而內無所
　　矜，是以誘然皆生而不知所以生，同焉皆得而不知所以得也。今罔
　　兩之因景，猶云俱生而非待也，則萬物雖聚而共成乎天，而皆歷然
　　莫不獨見矣。故罔兩非景之所制，而景非形之所使，形非無之所化
　　也，則化與不化，然與不然，從人之與由己，莫不自爾，吾安識其
　　所以哉！故任而不助，則本末內外，暢然俱得，泯然無迹。若乃責

此近因而忘其自爾，宗物於外，喪主於內，而愛尚生矣。雖欲推而
齊之，然其所尚已存乎胸中，何夷之得有哉！

說「造物者」是「無」，但物卻是「有」，無如何生有？若說「造物者」是「有」，
那「有」又不足以「物眾形」。因此，說「物各自造而無所待焉」，即是說「有」
是自有而無所依待。既是無所依待，那麼罔兩，景、形皆各自生，非相待而
生。依此，郭象更認為這是一種「獨化之理」。〔註15〕

這種「無待而獨化」的存在境界，事實上已超越了客觀存在的「有」，而
達到絕對的、獨一性的，也就是所謂「自生、自在，圓滿具足」的「有」。因
此，郭象所謂的「有」雖是就客觀的存在物而言，但已超脫了客觀存在的限
制，而成為一個獨立的「境界之有」。這又是他在《莊子》的思路下，反對當
時貴無派「以無為本」，所作的特殊體會〔註16〕。然而，如此說「有」，實則
跟客觀存在的「有」搭不上線，它完全被架空了。這和裴頠〈崇有論〉純以
客觀存在說的「有」，自有全然不同的理路。

綜合以上兩節的論述，不管是何晏、王弼的主張「貴無」，亦或郭象在無
待獨化的境界下所承認的「有」，都是一種主觀境界的體驗。當他們落在客觀
存在的現象事物中，前者強調形上本體的「無」，對於現實存在的「有」，並
不能正視；後者雖然肯認「有」的存在，但卻又超越了經驗的現象存在，而
從主體生命的體驗來談。這些和前章疏解所言，裴頠在客觀的現實存在上說
「有」，是有認識論上的差別。

〔註15〕 郭象〈齊物論注〉：「若責其所待而尋其所由，則尋責無極，〔卒〕至於無待，
而獨化之理明矣。」

〔註16〕 郭象既然反對「無」生有，同時更反對「有」個造物者的存在，而由此說「自
生」。說「自生」即承認萬有本然存在，萬有存在即是「有」。但是這自生的
有，卻是無待而獨化的，因此，我們說他在主觀境界下承認「有」，這「有」
即不能是在現實存在下的「有」。此即其特有的體會。

第五章 〈崇有論〉中「有」、「無」的規定與釐清

第一節 〈崇有論〉的規定

就前面疏解所論，裴頠全依實在論的立場，將道家在主觀修養上所說的「有」、「無」，轉移到客觀存在上來說。因此，在客觀存在的邏輯關係中，裴頠對於「有」、「無」有如下的規定：

一、對於「有」的規定

從〈崇有論〉的基本觀念來看，裴頠說「有」是根據有生之物的存在而言的。因此，說「有」泛泛地可以指具體存在事物而言「萬有」；但更深切地，它是表示存在物的具體「存在」。於是，這就隱含著有「存在」的特性在裡面，由這個存在特性而說存在物是個「有」，這個「有」即內在於具體的事物當中。所以，說「有」是包含了「存在性」的意義，但這個「存在性」仍是個具體的存在性，而非抽象的存在性。據此，裴頠所崇的「有」可有二層涵義：

（一）「有」是指現實的「存在事物」

這「有」是泛泛地指存在的萬事萬物。因此，〈崇有論〉一開頭就說：

> 夫總混群本，宗極之道也。方以族異，庶類之品也。形象著分，有生之體也。化感錯綜，理迹之原也。

這表明了萬有實際呈現的狀態，說明「存在」是以這現實萬物為認識基礎，而「有」所表現的整體世界、個別族類、外在形象、內在化感，都是能都真

實而具體的呈現，以作爲我們認知的對象。

　　當然，這樣的「有」所指陳的不但是自然的存在物，更包含其所形成的社會存在事實。因此，裴頠從萬物的「偏無自足」，以致具有「寶生存宜」的共同情性；由這個「情」進而說：

> 是以賢人君子知欲不可絕，而交物有會，觀乎往復，稽中定務。惟夫用天之道，分地之利，躬其力任，勞而後饗；居以仁順，守以恭儉，率以忠信，行以敬讓。志無盈求，事無過用，乃可濟乎？故大建厥極，綏理群生，訓物垂範，於是乎在。斯則聖人爲政之由也。

又說：

> 若乃淫抗陵肆，則危害萌矣。故欲衍則速患，情佚則怨博，擅恣則興攻，專利則延寇，可謂以厚生而失生者也。

這在在地肯定了名教禮制的合理性與必要性。而名教禮制的存在，本身就是「有」；不但是眞實的，也是合理而必要的。因此，最後更說「濟有者皆有也」，對於這個事物「存在」（有）的具體性、眞實性，必須要靠「有」才能保全，才能成就。這也就是裴頠所以要「崇有」的原因。

（二）「有」是指存在物的「存在」

　　既然說客觀的存在事物是「有」，那客觀事物之所以能存在，它所憑藉的即是它自身的「存有」。這「存有」呈現的是具體事物的存在特性，而這特性即內在於物類之中，所以〈崇有論〉說：

> 夫品而爲族，則所稟者偏。偏無自足，故憑乎外資。是以生而可循，所謂理也。理之所體，所謂有也。

這個「有」是「理之所體」，一切具體存在的「理」，所憑依以爲體的，是有生之物的「存有」，也就是說事物本身若不能是個「存有」，那言「生而可循」的「理」，就無法呈現。就好像說，我們對於「人」的認識，是因爲有「人的存在」；對於「牛」的認識，是因爲有「牛的存在」。而他們的存在，又各表現出一種具體的存在特性，因著這個「存在特性」，我們才能說「人」是「有」、「牛」是「有」。所以，這個「存有」並不能等同於西方哲學那種高度抽象的「存有」。

　　西方所謂的「存有」是從現實物質的雜多所獨立出來的，它是一種「純有」；不但是內在，而且是超越的。但裴頠的「存有」是直接就事物的存在說「有」的，如果它不存在（非有），那一切的事物即不能呈現，所以〈崇有

論〉說：

> 夫至無者，無以能生。故始生者，自生也。自生而必體有，則有遺而生虧矣。

最後又說：

> 濟有者皆有也，虛無奚益於已有之群生哉？

這完全是把客觀世界的眞實性，奠基在具體事物「存在」的基礎上。

由以上兩點看來，裴頠所謂的「有」可有以下的特性：

1. 具體性、依待性、真實性

就「具體性」而言，存在物的「有」，不但構成整體世界，且依其分殊而有不同的品類，以及外在的形象和內在的化感關係。這些都是我們經驗可感覺得到的，因此，我們說「有」是個具體的存在。

既然，是個具體的存在，那它就是有限的，且其所呈現的物類，也必然是「偏無自足」而受到外在條件的限制。因此，它必須「憑乎外資」，以致構成一種「化感錯綜」的依待關係。如此，則「有」的存在也是互相依待的，是以它具有「依待性」。

那麼，在這個具體內容，與依待關係的條件下，「有」是個可以被理解，被認知的對象。於是「有」本身就是個眞實的呈現，因此它同時具有「眞實性」。

2. 內在性、普遍性、先在性

以上根據存在事物所說的「存在」特性，是使事物能夠呈現的基本要求，因此，它們必然地是要內在於事物當中。所以說「理之所體，所謂有也」，一切事物所憑藉以呈現者，就是「存有」，這個「存有」將存在物的具體性、依待性、眞實性都包含在其中。因此，「有」的存在又具有一種「內在性」。所以裴頠說「有之所須，所謂資也。資有攸合，所謂宜也。擇乎厥宜，所謂情也。」這種「擇乎厥宜」是對於自己能夠存在的要求，因此說它是「情」，這「情」是內在於有生之物的一種情性。

然而，這種「情性」是有生之物所共同有的，也就是說對於「存在」的要求，是有生之物的普遍概念。所以，在「寶生存宜，其情一也」的原則下，這種「有」的存在，也具有一種現實意義的「普遍性」。

既然，這「有」在現實的客觀存在當中，具有一種普遍性原則，於是，裴頠就以「有」作爲萬有存在的根本，而將「無」當作是「有之所謂遺者」，

故無不能生有，而認爲「有」皆是「自生」，且「自生必體有」；是以最後更說「濟有者皆有」，那「有」則「先在」於一切了。

二、對於「無」的規定

裴頠對於「無」的思考，純粹是就客觀存在的「有」、「無」關係來規定的。在客觀存在上言，「有」、「無」的關係只是一種邏輯相對關係：「有」存在；「無」即不存在，亦即是「非有」。因此，這個「無」只是虛無、空無，所以說「夫至無者，無以能生」，又說「虛無是有之所謂遺者」。這都說明了「無」是「有」的對反，是「有」由存在轉爲不存在所呈現的，因此，它是個不存在的「非有」。像〈崇有論〉中所描述的「無爲」、「無用」，也都是在這個情況下相對於「有」而言。

當然，他對於「無」也有一種存在上的體會。像他肯定《老子》的「無」有合於《易》卦之旨，而爲君子自處之道，甚而說他「以無爲辭，而旨在全有」。這些都是說明「無」在現實作用上的部分意義，但並非承認「無」可以作爲萬有的本體。因此，「無」終究只是個空無。

第二節　誤解的釐清

一、〈崇有論〉對於道家「無」的誤解

裴頠在客觀存在的體驗中，把「無」規定爲「非有」。這種理解對於道家思想來講，是完全不能相應的，這在前文已多有述及。

而在此總結的來說，道家言「無」，完全是一種主觀的境界型態。「無」站在道體的層次上，它能夠在作用上保全「有」，肯定「有」。因此，在作用上它是個普遍的呈現，而且是既內在又超越；所以，道家視它爲最高的本體。這種說法，表面上似乎是眞有個「無」在最高之處，作爲萬物的根本。但實際上，道家對於「無」的這種置定，只是一個姿態，因爲他並不從客觀的存在上著眼，而是要在主觀修養的沖虛玄德境界中去體會。然而，問題是光在主觀上凸顯這個「無」的本體性格，對於客觀的存在並沒有積極性的意義。因此，當魏晉道家進一步主張「貴無」時，這個「有」也就保不住了。

就是因爲道家具有保不住「有」的傾向，以致造成後來的「賤有」流弊，於是裴頠起而立論反對「貴無」並主張「崇有」。他雖然能夠肯定客觀存在的

「有」，但因此而講的「無」，只是虛無，空無。就這點裴頠在反對當時虛無主義的風氣上，確有不可駁倒的事實與拯弊的價值。只是，若要依此反對道家「貴無」的主張，在理論層次上則顯然不足。

二、唯物論者對於裴頠「有」的曲解

裴頠的思想，在大陸學者的研究下，經常被冠以唯物主義的頭銜，並以此與何、王的唯心主義相對抗。然而，就前文所述，裴頠只是個實在論者，並不見得有唯物的思想。其所以會造成如此的曲解，除了刻意的二元化分法外，主要是實在論與唯物論的主張有著共同的認識基礎。

這個共同的基礎是：在積極方面，二者同樣是以我們感官所感覺的外物，為第一義的實在。在消極方面，二者皆不承認，一切具體存在物是我們主觀心靈所變現，或為我們主觀心靈中的觀念；亦即不承認有個造物者（神）的存在。〔註1〕

在這個基礎上，唯物論者更將一切具體事物存在的根源，推究為其存在的物質性。像西方古希臘時期的哲學家，將水或火當作萬物的共同根本；甚至到了近代科學發展後，唯物論者更以科學上的原子、電子、中子或以太，作為一切萬物的共同根源。由於這種物質根源的推究，唯物論思想的特色當是：他們認定宇宙萬物都可用物質來表現，都可由物質來涵蓋。於是，進而主張在時空中的物體「物質」，為第一義的實在，而一切生命心靈等精神現象，皆依附物體物質而存在〔註2〕。因此，整體來說，唯物論者不但是個無神論者，對於萬有的起源，更是個進化論者。

然而，裴頠雖然肯定客觀存在的真實性，而說「總混群本，宗極之道」；但卻認為客觀存在的「有」，即是萬有的根本，他並沒有對此存在的根據問題上，去作物質性的返溯。因此，他說「理之所體，所謂有也」、「始生者，自生也。自生而必體有」、「濟有者皆有也」，這「有」都是指萬有本身的存在。在此，他認為這個「存在的有」所如實而具體的呈現，即是第一義的實在，而以「始生者，自生也」打住了無意義的追溯活動。因此，萬有的根本是「有」的「存在」，而不是「有」的「物質性」。

再而，我們從裴頠「有」的範圍來看，它不但包含了有生之物的自然存

〔註1〕按本小節的辨別，主要參據唐君毅先生對於唯物論的論述，參見氏著《哲學概論》下冊，頁773～791。

〔註2〕此特色參據前註，頁782。

在，也包括了一切名教禮制的社會存在。固然，二者有著依附的關係，但裴頠所要肯認的，是存在者本身的真實性。所以他說：「心非事也，而制事必由於心；然不可以制事以非事，謂心爲無也。」對於這種心靈活動的表現，甚至心靈活動的主體，都認爲是「有」，因此進而說「濟有者皆有也」。他並未將此一切歸於生理方面的物質活動，而否認「心」所以爲「有」的意義。

總結以上的分析，我們可以認定裴頠是個實在論者，而不是個唯物論者。因爲，就其對於「有」的認定來看，唯物論者的認識基礎必然是個實在論者，但實在論者卻不必然會是個唯物論者。這點在唯物主義二元化的思想中，是難以判別的。〔註3〕

〔註 3〕據筆者所見，大陸學者許抗生在《中國古代著名哲學家評傳·續編》中〈裴頠評傳〉一文，對於裴頠的「有」和唯物主義的物質性根源主張有所分別，唯其仍將此歸爲唯物主義的理論成就。

第六章　結　論

梁朝劉勰《文心雕龍・論說篇》說：

> 夷甫裴頠，交辯於有無之域；並獨步當時，流聲後代。然滯有者全
> 繫於形用，貴無者專守於寂寥，徒銳偏解，莫詣正理，動極神源，
> 其般若之絕境乎？

可見「崇有」、「貴無」的爭辯，在當時是一個主要的玄談論題，且影響頗為
深遠。只是在理論上各執一偏，遂都不能相及。因此，在對應於魏晉「自然
與名教」的時代課題上，也都不能夠有個圓融的解決。

唯就裴頠的〈崇有論〉來說，在整個魏晉清談當中，他是第一位正視「有」
而把「有」標立出來，以對抗當時的虛無風氣。因此，他主張「崇有」，不僅
是作為玄學清談的論題，更有維護名教禮制的用意。這點，和他個人的政治
態度是相合的，我們可以從他的生平作為得到相當的瞭解。

至於，在〈崇有論〉所企圖解決的自然與名教之衝突問題上，裴頠在實
在論的立場上肯定名教，與道家在境界型態上崇尚自然，是全然不相干的。
就魏晉的道家思想來看，何晏、王弼在《老子》分解的「有」、「無」基礎
上，更進一步強調「無」的本體性格，而有「貴無」的主張。郭象則順著《莊
子》的思路，否定了「有」、「無」的相對性質，而在境界上肯認一種實然的
存在，當然它也可以說是個「有」，只是這個「有」是絕對性的、獨一性的
「有」。

不管是何、王的「無」也好，郭象的「有」也好，這種在第二序的境界
上所說的話，在面對客觀存在的名教禮制問題時，都不能夠發生積極性的意
義。因此，若要圓滿地解決自然與名教的衝突，只有在第一序上也要能承認

客觀的存在，並進一步肯定「內在道德性」，讓名教禮制全然由內在的心性中發散出來，如此，自然不會造成一種外在的桎梏或束縛，而名教與自然的衝突也自能獲得解決。裴頠在這個問題上和道家是共通的。他雖然能夠正面而積極地肯認客觀存在的眞實性，但光只是在自然的情性下承認它的存在，這基礎仍然是薄弱的。只有能在人的本心當中，有個道德動力，而透過這個道德動力，在主體自由的爭取下所建立的名教禮制，那才會是有根的。

　　當然，若撇開這問題不說，〈崇有論〉中「有」的一層論立場，在現實上重視了客觀的存在問題，對於中國傳統的主流思想確也帶來了不小的衝擊。他把當時「有」、「無」的爭辯帶進了高潮，使得客觀的存在受到正視。就像梁朝范縝的〈神滅論〉能把形神的客觀存在問題凸顯出來，而成就一種自然主義的思想〔註1〕。這些都是架構知性系統的理念源頭。只可惜都在整個大傳統的強勢領導下湮沒了。類似這樣的例子頗多，而這一切則有賴於我們去董理爬梳，重新抉發其中的思想內涵，以求能給予一個客觀的評價與正確的定位。

〔註 1〕范縝〈神滅論〉，見於《梁書》，卷四十八〈范縝列傳〉。其思想接近於自然主義，或者可說是一種唯物論的主張，因他認爲「神」是依附於「形」。不過，整體來看，他基本的認識仍是在於客觀的存在現象。

主要參考書目

一、引用典籍

1. 《論語》，十三經注疏本，藝文印書館。
2. 《孟子》，十三經注疏本，藝文印書館。
3. 班固，《漢書》，鼎文書局。
4. 范曄，《後漢書》，鼎文書局。
5. 陳壽，《三國志》，鼎文書局。
6. 房玄齡，《晉書》，鼎文書局。
7. 趙翼，《廿二史劄記》，世界書局。
8. 王志銘編，《老子微旨例略‧王弼注總輯》，東昇出版事業公司。
9. 郭慶藩，《莊子集釋》，華正書局。
10. 楊伯峻，《列子集解》，明倫出版社。
11. 王先謙，《荀子集解》，世界書局。
12. 李滌生，《荀子集釋》，學生書局。
13. 王充，《論衡》，商務印書館。
14. 劉劭，《人物志》，商務印書館文淵閣四庫影本。
15. 戴明揚校注，《嵇康集校注》，河洛圖書出版社。
16. 劉勰，《文心雕龍》，商務印書館。
17. 楊勇，《世說新語校箋》，樂天出版社。
18. 釋道宣，《廣弘明集》，四部叢刊本，商務印書館。
19. 魏徵，《群書治要》，四部叢刊本，商務印書館。
20. 吳曾祺，《古今文鈔》，大通書局。

21. 嚴可均,《全上古三代秦漢三國六朝文》,中文出版社。

二、參考專著

1. 牟宗三,《才性與玄理》,學生書局。
2. 牟宗三,《中國哲學十九講》,學生書局。
3. 中國科學院哲研所北大哲學系,《中國歷代哲學文選(兩漢隋唐)》,木鐸出版社。
4. 林麗眞,《王弼》,東大圖書公司。
5. 王邦雄,《老子的哲學》,東大圖書公司。
6. 湯一介,《郭象與魏晉玄學》,谷風出版社。
7. 林聰舜,《向郭莊學之研究》,文史哲出版社。
8. 蘇新鋈,《郭象莊學平議》,學生書局。
9. 何啓民,《竹林七賢研究》,學生書局。
10. 何啓民,《魏晉思想與談風》,學生書局。
11. 賀昌群,《魏晉清談思想初論》,《魏晉思想(甲編五種)》,里仁書局。
12. 劉大杰,《魏晉思想論》,《魏晉思想(甲編五種)》,里仁書局。
13. 湯錫予,《魏晉玄學論稿》,《魏晉思想(甲編五種)》,里仁書局。
14. 容肇祖,《魏晉的自然思想》,商務印書館。
15. 周紹賢,《魏晉清談述論》,商務印書館。
16. 唐長孺,《魏晉南北朝史論叢》,北京三聯書局。
17. 王仲犖,《魏晉南北朝史》,谷風出版社。
18. 劉汝霖,《漢晉學術編年》,長安出版社。
19. 徐復觀,《中國人性論史‧先秦篇》,商務印書館。
20. 唐君毅,《中國哲學原論‧導論篇》,學生書局。
21. 勞思光,《中國哲學史》,香港友聯出版社。
22. 吳怡,《中國哲學發展史》,三民書局。
23. 錢穆,《中國學術思想史論業》,東大圖書公司。
24. 韋政通,《中國思想史》,大林出版社。
25. 郭湛波,《中國中古思想史》,香港龍門書局。
26. 余英時,《中國知識階層史論》,聯經出版公司。
27. 辛冠潔、丁健生、蒙登進主編,《中國古代著名哲學家評傳‧續編》,山東齊魯書社。
28. 馮契,《中國古代哲學的邏輯發展》,上海人民出版社。

29. 馮契編，《中國哲學範疇集》，北京人民出版社。

30. 中國科學院哲學研究所，《中國哲學史研究集刊》，上海人民出版社。

31. 湯用彤，《燕園論學集》，北京大學出版。

32. 李震，《中西形上學比較研究》，中央文物供應社。

33. 沈清松，《物理之後——形上學的發展》，牛頓出版社。

34. 唐君毅，《哲學概論》，學生書局。

35. 鄔昆如，《哲學概論》，五南圖書公司。

36. 傅偉勳，《西洋哲學史》，三民書局。

37. Frederick Copleston 著、傅佩榮譯，《西洋哲學史（一）》，黎明文化事業公司。

三、論文、期刊

1. 林顯庭，〈魏晉清談及其名題之研究〉，文化大學哲研所博士論文。

2. 林麗真，〈魏晉清談主題之研究〉，台灣大學中文所博士論文。

3. 顏國明，〈魏晉儒道會通思想之研究〉，師範大學國研所碩士論文。

4. 劉瑞琳，〈魏晉玄論思想之研究〉，東吳大學中文所碩士論文。

5. 陶建國，〈老莊思想對於兩漢魏晉學術思想之影響〉，文化大學中文所博士論文。

6. 黃漢光，〈老子「無」的哲學之研究〉，文化大學哲研所博士論文。

7. 胡以嫻，〈老子形上學之研究〉，台灣大學哲研所碩士論文。

8. 龔鵬程，〈崇有論駁議〉，《鵝湖》第四卷第三期。

9. 林顯庭，〈崇有論駁議質疑〉，《鵝湖》第四卷第五期。

10. 龔鵬程，〈崇有論駁議釋疑〉，《鵝湖》第四卷第九期。

11. 蕭欣義，〈從崇有論看魏晉玄學〉，《民主評論》第十卷第二十一期。

12. 余敦康，〈裴頠的玄學思想〉，《中國哲學史研究》1987 年第二期。

13. 余敦康，〈何晏王弼方法論思想辨析〉，《哲學研究月刊》1986 年第十二期。

14. 王韶生，〈何晏與魏晉學術之關係〉，《崇基學報》第三卷第一期。

15. 簡淑慧，〈從論語集解看何晏的玄學思想〉，《孔孟月刊》第二十六卷第九期。

16. 蔡美珠，〈王弼之「無」——透過老子之「無」為比較分析〉，《現代學苑》第八卷第七期。

17. 許抗生，〈向秀玄學思想簡論〉，《文史哲雙月刊》1986 年第四期。

18. 李增，〈向郭注莊與老莊思想之比較〉，《哲學與文化》第十卷第一期。

19. 蕭登福，〈列子天道觀——兼論魏晉之「自生」說〉，《中華文化復興月刊》第十五卷第七期。

20. 林顯庭，〈探究天人的魏晉思想〉，《鵝湖》第二卷第七期。

21. 陳來，〈魏晉玄學的有無範疇新探〉，《哲學研究月刊》1986 年第九期。

22. 王曉毅，〈論魏晉名理學〉，《文史哲雙月刊》1986 年第六期。

23. 阿部正雄著、吳青雲譯，〈非存有與無〉，《內明雜誌》七十八期。

阮 籍 研 究

徐麗霞 著

作者簡介

徐麗霞，臺灣臺北縣板橋市人，1949 年生，臺灣師範大學國文系學士、碩士、博士。曾任教於私立亞東工專（今亞東技術學院）、臺北醫學院（今臺北醫科大學）等大專院校，現專職於私立銘傳大學應用中國文學系，講授中國文學史、臺灣文學等課程。參與黃文吉主編，丁原基、徐麗霞、周彥文、周益忠、馮永敏合注《中國文學史參考作品選》；撰有《賈誼與晁錯政論思想比較研究》、《板橋行腳：古蹟與宗教》、《林本源園邸細賞系列叢書三：匾聯之美》等專書；並於《中國語文月刊》發表多篇單篇論文。

提　　要

　　阮籍生處亂世，屬魏晉之際，天下多故，名士少有全者，遂佯狂縱酒，領袖竹林七賢。自古以來，論阮籍者，褒貶殊塗，莫衷一是。《阮籍研究》主要即探討阮籍之行事與思想，期於紛紜眾說之中尋繹真義。全文共計五章加一序：序言寫作動機與目的。第一章考阮籍之家世與傳略，有「阮籍世系圖」。第二章論阮籍之行事：反對禮法、依違儒道、蹭蹬仕途。其中，政治立場爭議最多，本論文擇選六十六家，成「阮嗣宗政治立場臆測舉隅表」，分為四派進行討論：親曹魏、親司馬、非曹非馬、主意漢朝；俾方便於深入阮籍內在心境，由內而外，洞見行事之內因。第三章阮籍行為思想產生之間接因素，此為外緣探討，分別由：時代背景、社會背景、學術變遷等三面向入手，見證阮籍思想行事乃有激使然，而能力闢蹊徑，開魏晉之先導。第四章阮籍之思想，分為：宇宙論、政治論、人生觀三節述說。阮籍標舉「自然」為眾甫之大本，以「自然」為「體」，與莊子以「自然」為「用」之意不同，啟發向秀、郭象「獨化」「自生」說之建立。阮籍以老莊思想體為基礎，主張無政府論，但仍倡「移風易俗，莫善於樂」，故著〈樂論〉不廢以樂治國。阮籍以「自然」為宇宙生生之本，因而衍生齊物、守本、逍遙等人生觀。第五章餘論，承上所述，綜括言之，阮籍之思想行事，特時代之所陶鑄，識者堪玩其味。

目

次

序　言

　　夫古之君子，每自得乎心，凡心無所得而守轍於循塗，終難逃外矚中迷，雖得猶失也。而環姿琦質率不世出，覘其流俗，概屬瞶瞶然眾生爾，矧滑稽突兀之徒復相攙揉，浮沈不一，際畔淆亂，故夫子以爲：眾善必察，眾惡必察。何哉？蓋孟軻所云：「堯舜不勝其美，桀紂不勝其惡」者歟？至若圖影失形，傳言失眞，眾口鑠金，積毀足以銷骨者，自古已然矣。故而三人成虎，三豕渡河，夔有一足之論，曾參以殺人見譏，斯須之間，朱紫奪倫，是非雲擾，毫釐之失，千里之差，靡不肆其虐戾，誅骨斷根，誠可畏也。竹林七賢，世所艷稱，其風譽扇乎海內，流傳之于今，然揆出處異轍，究胸懷別趣，而世人概以名士放蕩目之，抑可怪也。且嵇生以龍性見殺，而阮公賴自汙逃免，天其弗識，人胡能覺，垢罵交射，先哲玉摧，此余所爲悲者一也。

　　昔袁宏有言：「夫時方顚沛，則顯不如隱，萬物思治，則默不如語。是以古之君子不患弘道難，患遭時難；遭時匪難，遇君難。故有道無時，孟子所以咨嗟；有時無君，賈生所以垂泣。夫萬歲一期，有生之塗通；千載一遇，賢智之嘉會；遇之不能無欣，喪之何能無慨，古人之言，信有情哉！」善乎袁生之能立言也。嘗觀三代以下，世衰道微；遭逢匪時，豈獨鄒魯人聖；所事非君，多有洛陽年少；而阮公者，又居最矣。時與君兩失，傳所謂「天地閉塞，賢人潛隱」之時乎？奈何不令人扼腕浩歎哉？此余所爲悲者二也。

　　烏乎！夷齊采薇，凍餒首陽；靈均懷德，沈軀汨羅；亂世崩離而風俗隳壞，君子道消而群孽呶呶，故有聲震四海，不能救患一身，一身之不救，況天下國家爲？夫君子不死小人手，小人之未足死也，是以自古賢才有韞于中而莫覿乎外，稱情不在眾事，乃據眾事以忘情者，此高尚士也。蓋絕迹事易，

無行地則難，逍遙浮生，與道俱成，朝廷之中可以避世，何必川停嶽峙，漱流激清？玉輝冰潔，含章邈迹，脩至樂之道，固無疆之休也，是以疾之者雖如讎，而聞之者無以罪。阮公嘯歌，肇發於斯，余讀魏晉事，每戚然有感焉，成阮籍研究一篇，未足與論終始，固亦聊申一二云。

是篇之作，承吾師　錦鋐先生獎掖啓誘，幸底於成，惟囿於學力，頗有未盡者，以俟來日補罅，幸識者垂教焉。

中華民國六十八年歲次己未夏四月
銀同徐麗霞謹於國立師範大學

第一章　阮籍之家世與傳略

第一節　家　世

阮籍，字嗣宗，陳留尉氏人也。〔註1〕

父瑀，字元瑜，善解音，能鼓琴，奇眉儁麗，有節氣，富文才，爲鄴下文士，與魯國孔融、山陽王粲、北海徐幹、廣陵陳琳、汝南應瑒、東平劉楨，幷稱建安七子。少嘗就蔡邕學，邕譽之曰：「童子奇眉，朗朗無雙。」〔註2〕時漢德既衰，宇內竄亂，魏太祖曹操挾令獻帝，威號天下，累頒求賢詔，崇獎跅弛之士，求舉不仁不孝而有治國用兵之術者，廣設天網八紘以該掩豪傑英俊，於是漢以降士人氣節，蕩然委墜，不復存矣，棄主而自投麾下者眾，唯瑀特立超舉，不從流俗。建安中，都護曹洪欲使掌書記，終不爲所屈，太祖雅聞其名，辟之，不應，連見偪迫，乃邀山中，太祖太怒，使焚山出之，〔註3〕始仕魏，與陳琳幷掌司空軍謀祭酒管記室。瑀文思辯捷，藻翰翩翩，尤擅書記，有致足樂者，允爲當世儁，〔註4〕時軍國書檄，殆多其作，爲曹操書韓遂，於馬上成

〔註1〕 阮本古國，殷時封汾渭間，至周，文王滅之，地在今甘肅涇川縣東南，子孫以氏爲姓，徙居陳留，今河南開封縣治。留本鄭邑，桓公十一年鄭伯取鄔，遂居鄔而野留，後爲陳所幷，故曰陳留，秦置郡縣，晉廢，隋唐復之，尉氏在其治內。

〔註2〕 《御覽》三百八十五引《文士傳》：「瑀少有儁才，應機捷麗，就蔡邕學，邕歎曰：『童子奇眉，朗朗無雙。』」

〔註3〕 《三國志·魏志》卷二一〈王粲傳〉注引《文士傳》：「太祖雅聞瑀名，辟之，不應，連見偪迫，乃逃入山中，太祖使人焚山，得瑀。」裴松之云：「魚氏典略、摯虞文章志並云：建安初，辭疾避役，不爲曹洪屈，得太祖召，即投杖而起。不得有逃入山中，焚之乃出之事也。」然推瑀本志不在曹，故姑存此說，詳參第二章「阮籍之行事」第三節「蹭蹬仕宦」，一、主親曹魏派。

〔註4〕 曹丕〈與朝歌令吳質書〉：「元瑜書記翩翩，致足樂也。」又《典論·論文》：

草，太祖不能易一字。〔註5〕謝靈運〈擬魏太子集詩序〉，於瑀曰：「有優渥之言」〔註6〕王傑誄曰：「簡書如雨」「強力敏成」，〔註7〕其勁思悠游翰墨有如此者。著文賦數十篇，明張溥《漢魏六朝百三家集》有集一卷，陳壽《三國志》卷二一附瑀於〈王粲傳〉。

兄熙，武都太守，〔註8〕生平不詳。

伯父（？），略父，顗祖，放、裕曾祖，未詳。

伯父諶，字士信，爲漢侍中，與鄭玄撰《三禮圖》九卷，傳於世。〔註9〕

族兄略，齊郡內史，未詳。〔註10〕

族兄武，諶子，字文業，魏末清河太守，善知人，闊達博通，淵雅士也，王戎以爲漢元以來，未有此人。初籍未知名，武見而偉之，以爲勝己。著《阮子》十八篇，亡，今存馬國翰輯本一卷，嚴可均《全三國文》收錄六條。〔註11〕

族兄炳，諶子，武弟，字文叔，河南尹，精醫術，《隋·志》、《唐·志》著錄《阮河南藥方》十六卷，卽炳所著。〔註12〕

子渾，字長成。晉太康中爲太子庶子，遷馮翊太守，終於官。器量弘曠，清虛寡欲，少慕通達，不飾小節，有父風，亦欲作達，籍未之許，謂曰：「仲

「琳瑀之章表書記，今之雋也。」。

〔註5〕詳見《三國志·魏志》卷二一〈王粲傳〉注引《典略》。

〔註6〕見《文選》卷三〇，謝靈運〈擬魏太子集詩〉。

〔註7〕見《全三國文》卷三六王傑〈阮元瑜誄〉。

〔註8〕《晉書》卷四九〈阮咸傳〉：「咸字仲容，父熙，武都太守。咸任達不拘，與叔父籍，爲竹林之游。」

〔註9〕《世說新語·賞譽篇》注引杜篤《新書》：「阮武，字文業，陳留尉氏人。父諶，侍中。」《三國志·魏志》卷一六〈杜恕傳〉注引〈阮氏譜〉：「武父諶，字士信，徵辟無所就，造《三禮圖》傳於世。」集解：「《隋·志》：《三禮圖》九卷，鄭玄及後漢侍中阮諶等撰。」

〔註10〕《世說新語·德行篇》注引〈阮光祿別傳〉：「裕字思曠，陳留尉氏人，祖略，齊國內史。」楊勇校箋：「齊郡，漢置，後漢爲國，晉因之，南宋復爲郡，治臨淄。」

〔註11〕《世說新語·賞譽篇》注引《陳留志》：「武，魏末清河太守。族子籍年總角，未知名，武見而偉之，以爲勝己，知人多此類。著書十八篇，謂之阮子。」《晉書》卷四九〈阮傳〉則曰：「時人多謂之癡，惟族兄文業每歎服之，以爲勝己。」今據《晉書》以武爲籍之族兄。

〔註12〕《三國志·魏志》卷一六〈杜恕傳〉注引杜氏《新書》：「武弟炳，字叔文，河南尹，精意醫術，撰藥方一部。」集解：「《隋·志》：梁有《阮河南藥方》十六卷，阮文叔撰，亡。《唐·經籍志》：《阮河南藥方》十六卷，阮炳撰。」杜氏《新書》作字叔文，《隋·志》作文叔，以武字文業推之，則炳當字文叔爲是。

容（阮咸）已豫吾此流，汝不得復爾。」撰《周易論》兩卷，見隋志。〔註13〕

女，未詳。晉文帝嘗欲爲武帝求婚於籍，籍醉六十日，不得言而止。〔註14〕

從子（？），熙長子，咸兄，未詳。〔註15〕

從子咸，熙次子，字仲容。任達不拘，與籍幷居道南，爲竹林之遊。七月七日法當曬衣，北阮富，皆紗羅錦綺，仲容貧，以竿挂大布犢鼻於庭，曰：「未能免俗，聊復爾耳。」諸阮共飲酒，仲容至，以大盆盛，不復用杯觴斟酌，時有群豕來飲，仲容直接去其上，便共飲之。幸姑之胡婢，母喪，姑當歸，聞婢去，借客馬，穿著重服追之，累騎共載而還，當世禮法者大譏其所爲。初爲散騎侍郎，吏部郎史曜出處缺，山濤舉咸曰：「眞素寡欲，深識清濁，萬物不能移也。若在官人之職，必妙絕於時。」〔註16〕晉武帝以咸行己多違禮度，耽酒虛浮，不許，詔用陸亮。咸妙解音律，善彈琵琶，嘗造器，身正圓，聲清雅，後人發其墓，獲之，不知何名，因號阮咸。〔註17〕《晉書》卷四九有咸傳。

族子（？），炳長子，坦、柯兄，未詳。〔註18〕

族子坦，炳次子，字弘舒，晉太子少傅、平東將軍。〔註19〕

族子柯，炳三子，坦弟，字士度。濮陽王文學，遷領軍長史，卒於官。性純篤閑雅，好禮無違，存心經誥，博學洽聞。初伯父武無子，當以次兄坦嗣而襲武爵，父炳愛柯，名言承之，遂承封，時幼少，不能讓，及長，悔恨，幅巾而居，後雖出身，未嘗釋也。

族子顒，略子，官淮南內史，未詳。〔註20〕

〔註13〕見《晉書》卷四九〈阮傳〉。又注：「釋文序錄：阮渾有易義。隋經籍志作：馮翊太守阮渾《周易論》二卷。案渾蓋初爲庶子，後終於太守。」
〔註14〕見《晉書》卷四九〈阮傳〉。
〔註15〕詳見《世說新語‧任誕篇》注引〈竹林七賢論〉。
〔註16〕見《世說新語‧賞譽篇》注引〈山濤啓事〉。
〔註17〕《太平廣記》二百三引《國史纂異》：「元行沖賓客爲太常少卿時，有人於古墓中得銅物，似琵琶，而身正圓，莫有識者，元視之曰：『此阮咸所造樂也。』令匠人改以木，爲聲清雅，今呼爲阮咸是也。」《晉書》卷四九〈阮傳〉注引《盧氏雜說》：「後有發咸墓者，得琵琶，以瓦爲之，時人不識，以爲於咸墓中所得，因名阮咸。」
〔註18〕《三國志‧魏志》卷一六〈杜恕傳〉注引荀綽《兗州記》：「坦出紹伯父，亡，次兄當襲爵，父愛柯，言名承之，遂承封。」注又引杜氏《新書》：「炳子坦，字弘舒，晉太子少傅、平東將軍。坦弟柯，字士度。」似炳唯二子，然以《兗州記》推之，當另有長男，但未詳其名。
〔註19〕詳見《三國志‧魏志》卷一六〈杜恕傳〉注引荀綽《兗州記》。
〔註20〕《世說新語‧德行篇》注引〈阮光祿別傳〉：「父顒，汝南太守。」又《晉書》

　　從孫簡，咸兄子，字茂弘，開封令。曠達自居，父喪，行遇大雪，寒凍，詣浚儀令，時令爲他客設饌，簡亦食之，以致清議，廢頓幾三十年。〔註21〕

　　從孫瞻，咸長子，字千里。晉永嘉中爲太子舍人。夷任少嗜欲，不修名行。嘗見司徒王戎，戎問曰：「聖人貴名教，老莊明自然，其旨同異？」對曰：「將無同。」戎咨嗟良久，遂辟之，時人謂之三語掾。〔註22〕衛玠嘲之曰：「一言可辟，何假於三。」瞻曰：「苟是天下望，亦可無言而辟，復何假？」〔註23〕素執無鬼論，每自謂此理足以辯正幽明。善彈琴，人往求聽，不問貴賤長幼，皆爲彈之，神氣冲和，忽然忘情，內兄潘岳每令鼓琴，終日達夜，瞻恬淡無忤色。《世說新語‧賞譽篇》言竹林七賢各有雋子，而瞻爲冠冕也。卒年三十。《晉書》卷四九有瞻傳。

　　從孫孚，咸二子，瞻弟，字遙集，又號八百，〔註24〕卽咸姑胡婢所生。咸與姑書曰：「胡婢遂生胡兒。」姑答曰：「魯靈光殿賦曰：『胡人遙集於上楹。』可字曰遙集。」故孚字遙集，性好屐，恆自經營，或有詣者，見自吹火蠟屐，孚避不及，因歎曰：「未知一生當著幾量屐？」神色閑暢。與胡毋輔之、光逸、阮放、羊曼、桓彝、畢卓、謝鯤，散髮裸裎，任達好飲，時人謂之八達。〔註25〕初辟太傅府，遷騎兵屬，元帝以爲安東參軍，轉丞相從事中郎，遷黃門侍郎、散騎常侍，酣縱疏淡，不以王務嬰心，每爲有司所劾。明帝卽位，遷侍中，從平王敦，賜爵南安縣侯，轉吏部尚書，領東海王師，稱疾不拜詔，就家用之。及帝大疾，溫嶠請隨入受顧命，孚僞內迫，便自還家。太后臨朝，孚謂所親曰：「將兆亂矣。」會廣州刺史劉顗卒，遂苦求出，乃除廣州刺史，未至鎭，卒，年四十九。《晉書》卷四九有孚傳。

　　從孫脩，未詳何出，字宣子，《晉書‧阮咸傳》言咸與從子脩特相善，則脩亦籍從孫也。好老易，能言理，不喜見俗人。常步行，以百錢挂杖頭，至

卷四九〈阮放傳〉：「父顗，淮南內史。」茲據《晉書》。

〔註21〕同註15。

〔註22〕案《世說新語‧言語篇》事繫阮脩、王衍，楊勇校箋：「阮宣子當作阮千里，太尉王夷甫當作司徒王濬沖。《晉書‧阮瞻傳》：『見司徒王戎……』通鑑同。《晉書‧阮脩傳》無載此事。又《御覽》二〇九、三九〇引〈衛玠別傳〉，阮宣子亦作阮千里。皆足證此爲阮千里及王濬沖。」

〔註23〕見《世說新語‧言語篇》。

〔註24〕陶淵明《聖賢群輔錄》下：「一云阮八百卽瞻弟孚字。遙集明率多通，故大將軍王敦方瞻，有減，故云八百。」

〔註25〕詳見《晉書》卷四九《光逸傳》。

酒店，便獨酣暢。意有所思，率爾往見，不避晨夕，至或無言，但欣然相對耳。居貧，家無儋石之儲而晏如也。年四十餘未有室，王敦等斂錢爲之婚。敦爲鴻臚卿，謂脩曰：「卿常無食，鴻臚丞差有祿，能作不？」脩曰：「亦復可爾耳。」遂爲鴻臚丞，轉太子洗馬。嘗論鬼神有無，曰：「今見鬼者云：著生時衣服。若人死有鬼，衣服復有鬼邪？」後避難南行，爲賊所害，年四十二。《隋・志》著錄脩集二卷，亡，《晉書》卷四九有脩傳。

　　族孫放，顗子，字思度。晉太學博士、太子中舍人、庶子，轉黃門侍郎，遷吏部郎，在銓管之職，甚有稱績。時成帝幼沖，庾氏執政，放求爲交州，乃除交州刺史。性清儉，與孚並知名，爲八達，不營產業，常飢乏，王導、庾亮以其名士，每供衣食。卒年四十四。《晉書》卷四九有放傳。

　　族孫裕，顗子，字思曠。大將軍王敦命爲主簿，甚被知遇，裕以其有不臣之心，終日酣飲，以酒廢職，敦以爲非實賢，徒虛譽而已，出爲溧陽令，復以公事免官，由是得違敦難，論者高之。以疾築室會稽剡山，蕭條無事，志存肥遯，內足於懷。王羲之曰：「此君近不驚寵辱，雖古之沈冥，何以過此？」裕宏達不及放，而以德業知名，終日頹然，無所修綜，而物自宗之，時人稱其：「骨氣不及右軍（王羲之），簡秀不如眞長（劉惔），韶潤不如仲祖（王濛），思致不如淵源（殷浩），而兼有諸人之美。」在剡曾有好車，借無不給，有人葬母，欲借而不敢言，裕聞之，歎曰：「吾有車而使人不敢借，何以車爲？」遂命焚之。又善談，論難甚精，嘗就謝萬問四本論，以傅嘏爲長，構辭數百言，精義入微，聞者嗟味之。後出爲金紫光祿大夫，領琅邪王師，卒年六十一。《晉書》卷四九有裕傳。

第二節　傳　略

　　阮籍，字嗣宗，魏丞相掾瑀二子也。漢獻帝建安十五年，歲次庚寅（210）生，魏常道鄉公景元四年，歲次癸未（263）卒，〔註26〕年五十四。

　　三歲喪父，〔註27〕家貧，孤苦淒愴，與母、兄並居道南。文帝曹丕悲之，

〔註26〕《晉書》本傳：「景元四年冬卒，時年五十四。」以此上推，則籍生當在建安十五年。董眔《阮步兵年譜》，朱偰《阮籍年譜》，靳承振《阮籍年表》，吳光榮《歷代名人年譜》，姜亮夫《歷代名人年里碑傳總表》等并同。

〔註27〕《三國志・魏志》卷二一〈王粲傳〉：「瑀以十七年卒。」案建安十七年，歲次壬辰（212）。

曰：「陳留阮元瑜早亡，每感存其遺孤，未嘗不愴然傷心。」因作〈寡婦賦〉以悼之，曰：

> 惟生民兮艱危，在孤寡兮常悲。人皆處兮歡樂，我獨怨兮無依。撫遺孤兮太息，俛哀傷兮誰告。三辰周兮遞照，寒暑運兮代臻。歷夏日兮苦長，涉秋夜兮漫漫。微霜隕兮集庭，鶖雀飛兮我前。去秋兮既冬，改節兮時寒。水凝兮成冰，雪落兮翻翻。傷薄命兮寡獨，內惆悵兮自憐。〔註28〕

既而復命王粲等共哀之，其賦亦存。〔註29〕建安二十五年（220）獻帝告祠高廟，禪位曹氏，丕登臨太尊，改元黃初，奉帝為山陽公，都山陽之濁鹿城，降四皇子封王者為列侯，時籍年十一。明年，夏四月丙午（221），漢中王劉備稱帝于蜀，以諸葛亮為丞相；八月，孫權遣使降，受魏封為吳王，三分之局於焉定矣。黃初七年（226）年，丕殂，明帝曹叡好興土功，多營宮室，又耽淫內寵，不納言諫，元元塗炭，朝政隳敗。逮廢帝齊王芳立，籍年踰而立，領軍將軍蔣濟進爵昌陵亭侯，遷太尉，辟籍，籍詣都亭〈奏記〉辭，願畢老家巷，用避清路。記曰：

> 伏惟明公以含一之德，據上臺之位，英豪翹首，俊賢抗足，開府之日，人人自以為掾屬，辟書始下，而下走為首。昔子夏處〔註30〕西河之上，而文侯擁篲；〔註31〕鄒子居〔註32〕黍谷之陰，而昭王陪乘。夫布衣韋帶之士，孤居特立，〔註33〕王公大人所以屈體而下之者，〔註34〕為道存也。今〔註35〕籍無鄒卜之道，而有其陋，猥煩大禮，何以當之，〔註

〔註28〕見《藝文類聚》，卷三四。

〔註29〕《文選》卷一六潘岳〈寡婦賦〉注：「魏文帝〈寡婦賦〉序曰：陳留阮元瑜與余有舊情，薄命早亡，故作斯賦，以敘其妻子悲苦之情，命王粲等並作之。」案王粲〈寡婦賦〉載於《漢魏六朝百三家集》《王侍中集》。

〔註30〕張溥《漢魏六朝百三家集》《魏阮步兵集》（以下簡稱張本），嚴可均《全三國文》卷四五，（以下簡稱嚴本）同，范欽、陳德文校刊本（以下簡稱范陳本）「處」下有「於」字。

〔註31〕張本作「篲」，嚴本、范陳本「篲」作「彗」。

〔註32〕張本、嚴本同，范陳本「居」下有「於」字。

〔註33〕嚴本、范陳本同，張本「夫布衣韋帶之士，孤居特立」改作「夫布衣窮居，韋帶之士」。

〔註34〕張本、嚴本同，范陳本作「禮下之者。」

〔註35〕嚴本、范陳本同，張本無「今」字。

〔註36〕張本、嚴本同，范陳本作「猥見採擇，無以稱當。」

36〕方將耕於東皋之陽，輸黍稷之餘〔註37〕稅，以避當塗者之路。負薪疲病，足力不彊，補吏之召，非所克堪，乞迴謬恩，以光清舉。

濟遣使迎，已去，濟大怒，鄉里因共勸喻，籍不得已，勉就吏，旋謝病歸。時曹爽輔政，專權擅位，多樹黨羽，飲食衣服逾越制度，擬於乘輿，召籍爲參軍，籍固辭以疾，屏居田野。嘉平元年（249），司馬懿矯太后令收誅爽，夷三族，何晏之徒與焉，牽連甚廣，籍既不仕，遂得免難，時人咸服其遠識。二年（250），籍四十一歲，出爲懿從事中郎。三年（251），懿卒，衛將軍司馬景王師嗣居宰輔，籍復爲景王大司馬從事中郎。正元元年，歲次甲戌（255）司馬師卒許昌，詔晉文帝司馬昭爲大將軍。昭既撫政，籍自求東平相，騎驢至郡，去府舍屏障，法令清簡，旬日而還。昭喜，引爲大將軍從事中郎。初黃初、太和中，尚書衛覬、繆襲受詔草創魏史，累載不成，至是復命侍中韋誕、應璩，秘書王沈，司徒太長史孫該，司隸校尉傅玄等共襄撰定，籍亦與其列焉。〔註38〕俄頃，辭從事中郎，求爲步兵校尉，卸去佐職，遂遺落世事。甘露三年，歲次戊酉（258），帝詔司馬昭爲相王，封晉公，食邑八郡，加九錫，昭前後九讓，公卿將校詣府敦喻，司空鄭沖使籍屬文，籍忘作，醉宿袁孝尼家，沖馳遣取之，扶起使寫，籍乃爲〈公卿勸進牋〉，辭甚清壯，無所點定。云：

> 沖等死罪，伏見嘉命顯至，竊聞明公固讓。沖等眷眷，實有愚心，以爲聖王作制，百代同風，襃德〔註39〕賞功，有自來矣。昔伊尹、有莘氏之媵臣耳，一佐成湯，遂荷阿衡之號。周公籍已〔註40〕成之勢，據既安之業，光宅曲阜，奄有龜蒙。呂尚、磻溪之漁者，〔註41〕一朝指麾，乃封營丘。自是以來，功薄而賞厚者，不可勝數，然賢哲之士，猶以爲美談。況〔註42〕自先相國以來，世有明德，翼輔魏

〔註37〕張本、范陳本無「餘」字。

〔註38〕《晉書》卷三九〈王沈傳〉：「正元中，遷散騎常侍侍中，典著作，與荀顗、阮籍共撰《魏書》，多爲時諱，未若陳壽之實錄也。」又《史通・外篇・古今正史》第二：「魏史，黃初太和中，始命尚書衛覬、繆襲草創紀傳，累載不成，又命侍中韋誕、應璩，秘書監王沈，大將軍從事中郎阮籍，司徒右長史孫該，司隸校尉傅玄等，復共撰定，其後王沈獨就其業，勒成《魏書》四十四卷。」

〔註39〕張本、范陳本同，嚴本「襃」作「褒」。

〔註40〕張本、范陳本同，嚴本「已」作「己」。

〔註41〕嚴本、范陳本同，張本「者」下有「耳」字。

〔註42〕嚴本、范陳本同，張本「況」下有「今」字。

室，以綏天下，朝無闕政，民〔註43〕無謗言。前者，明公西征靈州，北臨沙漠，榆中以西，望風震服，羌戎東馳，迴首内向；東誅叛逆；全軍獨尅，禽闔閭之將，斬輕銳之卒，以萬萬計，威加南海，名攝三越。〔註44〕宇内康寧，苟慝不作，是以殊俗畏威，東夷獻舞。故聖上覽乃昔以來禮典舊章，〔註45〕開國光宅，顯茲太原。明公宜承聖旨，受茲介福，允當天人。元功盛勳，光光如彼，國土嘉祚，巍巍如此，内外協同，靡謺靡違。由斯征伐，則可朝服濟江，掃〔註46〕除吳會，西塞江源，望祀岷山，迴戈弭節，以麾天下，遠無不服，邇無不肅。今〔註47〕大魏之德，光于唐虞，明公盛勳，超于桓文，然後臨滄海而謝支伯，登箕山而揖〔註48〕許由。豈不盛乎？至公至平，誰與爲鄰？何必勤勤小讓也哉？沖等不通大體，敢以陳聞。

五年（260），籍歲在知命，帝忿昭心懷不軌，勢夸人主，不勝恚怒，率僮僕數百往攻晉王府，太子舍人成濟，陰奉昭旨，弒帝南闕下，立常道鄉公，改元景元。四年（263），冬，籍卒。後二年（咸熙二年，265），十二月，昭薨，司馬炎稱皇帝，廢魏主曹奐爲陳留王，魏鼎播越，於焉遂亡。

籍性恬靜，幼具穎才，生八歲，便克屬文，十四、五志立，敦悅詩書，期與顏淵、閔子騫齊，〔註49〕常閉戶讀書，累月不出，遂博覽群籍，洞鑒玄幽，而尤好莊老自然之道，嗜酒能嘯，善彈琴。族兄清河太守武，清倫淵雅，見籍，偉之，以爲己所不逮。嘗與叔父俱之東郡，兗州刺史王昶請與相見，籍不開一言，昶莫能測焉。山濤識度器量介爾不群，一與相見，契若金蘭，濤妻韓氏欲窺籍，濤爲具酒食，留之宿，穿牖而視，濤問妻如吾何，韓氏歎曰：「君才殊不如也。」〔註50〕輝縣西北蘇門山有隱者孫登，被髮丈餘，編蒲爲裳，土窟而居，

〔註43〕嚴本、范陳本同，張本「民」作「人」。
〔註44〕嚴本、范陳本作「懾」，張本作「攝」。
〔註45〕嚴本、張本同，范陳本「章」作「制」。
〔註46〕張本、范陳本同，嚴本「掃」作「埽」。
〔註47〕張本、范陳本無「今」字。
〔註48〕嚴本、范陳本同，張本「揖」作「楫」。
〔註49〕〈詠懷詩〉第十五首：「昔年十四五，志尚好詩書；被褐懷珠玉，顏閔相與期。」
〔註50〕《御覽》卷一四四《竹林七賢論》：「山濤與阮籍、嵇康，皆一面而契若金蘭。濤妻韓氏嘗以問濤，濤曰：『當年可爲友者，唯此二人耳。』妻曰：『負羈之妻亦觀狐、趙，意欲一窺之，可乎？』濤曰：『可也。』二人至，妻勸濤留之宿，具酒食，夜穿牖而窺之，濤入曰：『所見何如吾？』妻曰：『君才殊不如也，正當以識度相友。』」

嵇叔夜執弟子禮師焉，從游三年，每問其所圖，終默然不對，康欲去，喟曰：「先生竟無言乎？」乃曰：「火生而有光，而不用其光，果在於用光；人生而有才，而不用其才，而果在於用才。故用光在乎得薪，所以保其耀；用才在乎識眞，所以全其年。」〔註51〕籍少遊茲山，既遇，箕踞相對，與談太古玄寂之道及五帝三王之義，上陳黃農，下考三代，登皆不應，籍便復說無爲之貴，導引之術，彼猶凝矚不轉，若無所聞，籍因嘐然長嘯，韻響嘹亮，登迫爾而笑，然終無語。籍退，還半嶺，忽聞嘯聲啁啁，傳乎林谷，有如鳳音，乃登所相和也。籍素知音，識其大意，遂歌曰：「日沒不周西，月出丹淵中；陽精晦不見，陰光代爲雄；亭亭在須臾，厭厭將復隆；富貴俯仰間，貧賤何必終？」既歸，著〈大人先生傳〉以洩其胸臆，唾彼拘泥禮法，援貴干祿者，不啻處裩襠之群蝨耳，終不免貽大方笑也。籍容貌瓌瑋，志氣宏放，本有濟世志，嘗登廣武，觀楚漢戰處，喟曰：「時無英雄，使豎子成名。」又登武牢山，望京邑以歔欷，因賦〈豪傑詩〉。張華未知名，著〈鷦鷯賦〉以自寄，籍見之，歎曰：「王佐才也。」〔註52〕然身處亂世，屬魏晉之際，天下多故，名士頗遇殺戮，鮮有全者，籍美志不遂，而憂生既重，遂縱酒佯狂，以曠達自居，嗜酒放佚，時率意獨駕，不由徑路，車迹所窮，輒慟哭而返。與譙國嵇康，河內山濤，沛國劉伶，河內向秀，琅邪王戎，兄子咸，並集竹林之下，肆意酣暢，乃至裸袒箕踞，違禮駭俗，世號「竹林七賢」，〔註53〕而籍爲其宗，然諸賢之風雖高，禮教之禁尚峻，故禮法之士何曾等深讎疾之，目爲任情敗俗，不足訓世，嘗面質籍於晉文王座。雖然，籍出言玄遠，口不臧否人物，與物無傷，嵇康〈與山巨源絕交書〉曰：「阮嗣宗口不臧否人過，吾每師之，而未能及。」〔註54〕鍾會欲殺籍，數以時事問，思因其可否而致之罪，籍皆以酣醉不語免。司馬昭嘗爲炎求婚於籍，籍大醉六十日，不得言乃止，昭崇其至愼。〔註55〕其胸懷本趣，保性全眞，殆皆如此者也。籍善嘯，唐孫廣撰《嘯旨》，謂王母以來，至籍微得其旨，後遂湮滅不復聞矣，故

〔註51〕詳見《晉書》卷九四〈隱逸傳〉。
〔註52〕詳見《晉書》卷三六〈張華傳〉。
〔註53〕《世說新語‧任誕篇》：「陳留阮籍，譙國嵇康，河內山濤，三人年皆相比，康年少亞之，預此契者：沛國劉伶，陳留阮咸，河內向秀，琅邪王戎。七人常集于竹林之下，肆意酣暢，故世謂竹林七賢。」
〔註54〕見《文選》卷四三。
〔註55〕《世說新語‧德行篇》：「晉文王稱嗣宗至愼，每與言，言皆玄遠，未嘗臧否人物。」

世之言嘯者必曰阮籍。〔註56〕今開封尉氏縣東南二十步有阮籍臺，父老言：諸名賢飲酒於此，籍輒登臺長嘯。又縣東四十里，有籍墓碑云。〔註57〕

附圖　阮氏世系圖

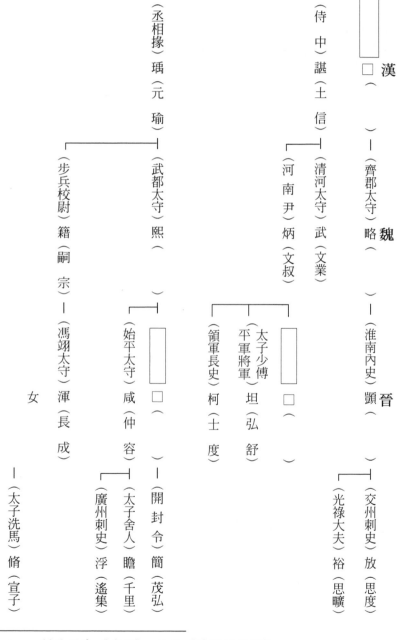

〔註56〕詳見孫廣《嘯旨》，收於《續百川學海》。
〔註57〕詳見《太平寰宇記》卷一。

第二章　阮籍之行事

　　阮籍生嬗代之際，處危亂之世，履朝廷而談方外，羈仕宦而慕野老，離合舒卷，了無覓根處，固有與淺人大相徑庭，不能以耳目薦者，昭昭若日月之明也。無如史家筆伐，論者紛紜，則不能不怵目驚心矣。干寶《晉紀》曰：

　　　　魏晉之間，有被髮夷傲之事，背死忘生之人，反謂行禮者，籍為之也。〔註1〕

《晉書·裴頠傳》曰：

　　　　頠深患時俗放蕩，不尊儒術，何晏、阮籍素有高名於世，口談虛浮，不遵禮法，尸祿耽寵，仕不事事，至王衍之徒，聲譽太盛，位高勢重，不以物務自嬰，遂相放效，風教陵遲，乃著〈崇有論〉，以釋其蔽。

《困學紀聞》卷一三〈攷史〉亦曰：

　　　　阮嗣宗〈蘇門歌〉曰：「日沒不周西，月出丹淵中；陽精蔽不見，陰光代為雄，亭亭在須臾，厭厭將復隆；富貴俯仰間，貧賤何必終。」
　　　　其有感於師昭之際乎？然勸進之作，焉能逭《春秋》之誅？

降乎近世，學者言及嗣宗亦每多微辭，如牟宗三先生《才性與玄理》一書，以為籍行迹乖剌，要不過激憤所集，矯違造作，徒炫怪醜，失性情之真也，而八伯八達從風披靡，以偽生偽，以怪引怪，直怪不成怪，奇不成奇，特恣肆胡為之群孽爾，籍導其先路，罪誠不赦也。〔註2〕韋政通然之，謂憤激所致，矯情造作，此可鄙者一也；徒愛莊老，不識真如，吝情去留，遂使道家俗化，陷嚴李精髓於頓頹，此可鄙者二也。〔註3〕

〔註1〕　見《世說新語·任誕篇》注引。
〔註2〕　見《才性與玄理》，第八章〈阮籍之莊學與樂論〉，第一節阮籍之風格。
〔註3〕　見〈阮籍的時代和他的思想〉，載於《出版月刊》第十九期。

　　雖然，裴楷於阮籍不嫌以俗輩自居，而舉籍爲方外人；〔註4〕東平太守嵇
叔良誄公碑，〔註5〕無一字非贊美語；而歷代騷客詩人假籍事以興歌者多矣，
其中崖略，亦可得而窺也。顏延之曰：

> 阮公雖淪跡，識密鑒亦洞；沈醉似埋照，寓辭類託諷；長嘯若懷人，
> 越禮自驚眾；物故不可論，途窮能勿慟。〔註6〕

江淹曰：

> 青鳥海上遊，鷽斯蒿下飛；沈浮不相宜，羽翼各有歸；飄颻可終年，
> 沆瀁安是非；朝雲乘變化，光耀世所希；精衛銜木石，誰能測幽微。
>
> 〔註7〕

蘇東坡曰：

> 阮生古狂達，遁世默無言；猶餘胸中氣，長嘯獨軒軒；高情遺萬物，
> 不與世俗論；登臨偶自寫，激越蕩乾坤；醒爲嘯所發，飲爲醉所昏；
> 誰能與之較，亂世足自存。〔註8〕

元遺山曰：

> 縱橫詩筆見高情，何物能澆磈磊平；老阮不狂誰會得，出門一笑大
> 江橫。

又曰：

> 只近浮名不近情，且看不飲竟何成？三杯漸覺紛華近，一斗都澆塊

〔註4〕 《世說新語‧任誕篇》：「阮步兵喪母，裴令公往弔之，阮方醉，散髮坐牀，
　　　　箕踞不哭。裴至，下席於地，哭弔唁畢，便去。或問裴：『凡弔，主人哭，客
　　　　乃爲禮，阮既不哭，君何爲哭？』裴曰：『阮方外之人，故不崇禮制，我輩俗
　　　　中人，故以儀軌自居。』」。

〔註5〕 《全三國文》卷五三收錄嵇叔良〈魏散騎常侍步兵校尉東平相阮嗣宗碑〉，嚴
　　　　可均注曰：「《廣文選》作嵇叔夜，誤。楊愼《丹鉛總錄》以爲東平太守嵇叔
　　　　良撰，未詳何據，文不他見，姑列此備俟攷。」而《全晉文》卷八九，盧播
　　　　〈阮籍銘〉曰翼翼先生云云，其辭全同，注曰見引於《藝文類聚》三十六。
　　　　而劉節《廣文選》，陳仁錫《古文奇賞》，李賓《八代文鈔》，皆引作嵇康撰；
　　　　疑不能明。《學衡》第七十期蕭滌非〈讀阮嗣宗詩札記〉，繫諸叔良。劉師培
　　　　先生《中國中古文學史講義》亦曰：「《廣文選》、楊愼《丹鉛總錄》，以此文
　　　　爲東平太守嵇叔良撰，是也。或作嵇叔夜，非是。」民國65年政大國文研究
　　　　所蕭登福碩士論文《嵇康研究》，亦考訂康死於景元三年，而籍於四年卒，康
　　　　不得爲籍作銘。茲從諸家說。

〔註6〕 見《文選》卷二一，顏延年〈五君詠〉。

〔註7〕 見《文選》卷三一，江淹〈雜體詩〉。

〔註8〕 見《蘇東坡全集》，續集，卷一，古詩〈阮籍嘯臺〉。

墨平。醒復醉，醉復醒，靈均顦顇可憐生，〈離騷〉讀殺渾無味，好
個詩家阮步兵。〔註9〕

王世貞曰：

阮氏籍者，以醉自匿；謔浪天地，陶然眞則；箕踞放曠，見憎禮法；
口無雌黃，眼乃青白；請謚以敖，厥敖在默。〔註10〕

其餘琳琳總總，斯難備載，贊頌其品操，亦悲夫斯人而處斯世也。

噫！南轅北轍，褒貶殊塗。何哉？蓋其韜情浪迹，致爲流俗所曲，寓辭
類託而萬古沈淪，非籍本眞也，矧憂生之嗟，良可浩痛，而阮籍者，乃有甚
於生者也。此固非常人所能識也，故黃節注阮詩允推獨步，自序其《阮步兵
〈詠懷詩〉注》亦曰：

東橋是注〔註11〕爲益詎少，然有附會失實者，有爲舊說所誤者，有
未明嗣宗用古之趣者，荟荟千載，余取而重注之，其視東橋所得幾
何？顧余寧受譏後人，余於此時不重注嗣宗詩，則無以對今之人。

是則黃氏於步兵可謂用心矣。雖然，詩注中仍不免傳統主魏主晉之爭，偶或
罣鉤去取。今覈諸各家陳說，亦泰半各囿偏執，支離割剝以爲臆測，此非作
者之不逮，乃阮籍行事之難明也。茲綜述之，以略見其本性云。

第一節　反對禮法

《晉書》本傳云：「籍嫂嘗歸寧，籍相見與別，或譏之，籍曰：『禮豈爲
我設耶！』」禮既不爲籍設，則其一生行事，固以反對禮法最最激切，細行不
顧而曠放有餘，非獨見讎當時，甚乃詬病後世，顏之推《顏氏家訓·文章篇》
曰：「阮籍無禮敗俗。」〈勉學篇〉又曰：「阮嗣宗沈酒荒迷，乖畏相誡之譬也。」
顏侍郎不辭文煩，諄諄叮囑以示戒子孫，其疾籍殆深。清季宋大樽品騭古今
騷客之於麴蘗者凡六類：曰聖，曰中行，曰狂，曰狷，曰鄉愿，曰下愚不移，
嗣宗位屬鄉愿，唯居山簡一人之上耳；〔註12〕所謂鄉愿也者，德之賊也，其

〔註9〕見《元遺山詩集箋注》，卷一一，〈論詩絕句〉三十首及〈鷓鴣天〉。

〔註10〕見王世貞《弇州山人四部稿》，卷一一一，〈敖士贊〉。

〔註11〕蔣師爚，清仁和人，字慕劉，一字晦之，號東橋，乾隆進士，官兵部主事，
性恬靜，研經證史，寒暑不輟，有《阮步兵詠懷詩注》。

〔註12〕清宋大樽《茗香詩論》：「宜言飲酒者莫如詩，飲、詩人之通趣矣，奈參迹者
殊多焉。〈七月〉言酒者二，惟用之於親親尊上而已，此飲之聖乎？靖節嗜飲
曰：有酒斟酌之。又曰：但恨多謬誤，君當恕罪人。昭明所稱情不在眾事，

鄙籍亦甚已。張亮采《中國風俗史》截然劃分魏晉曰「浮靡時代」，以爲清談浮誇雖啓緒於何晏、王弼之崇尚老莊，而阮籍以不遵禮法繼起風煽，後學取慕，乃至於景附草靡，競相祖述，未足多譽也。〔註13〕錢大昕則謂：「以是咎嵇（康）、阮（籍）則可，以是罪王（弼）、何（晏）則不可。」〔註14〕茲考列典籍載紀嗣宗違禮行事如后：

一、喪葬類

（1）《世說新語・任誕篇》注引鄧粲《晉紀》

籍母將死，與人圍碁如故，對者求止，籍不肯，留與決賭，旣而飲酒三斗，舉聲一號，嘔血數升，廢頓久之。

（2）《世說新語・任誕篇》

阮籍當喪母，蒸一肥豚，飲酒二斗，然後臨訣，直言窮矣，都得一號，因吐血，廢頓久之。

（3）《世說新語・任誕篇》

阮籍遭母喪，在晉文王坐，進酒肉；司隸何曾亦在坐，曰：「明公方以孝治天下，而阮籍以重喪，顯於公坐飲酒食肉，宜流之海外，以正風教。」

（4）《世說新語・任誕篇》

阮步兵喪母，裴令公往弔之，阮方醉，散髮坐牀，箕踞不哭。裴至，下席於地，哭弔唁畢，便去。或問裴：「凡弔，主人哭，客乃爲禮；阮旣不哭，君何爲哭？」裴曰：「阮方外之人，故不崇禮制，我輩俗中人，故以儀軌自居。」時人歎爲兩得其中。

二、嗜酒類

（1）《世說新語・任誕篇》

據眾事以忘情者也，其飲之中行乎？太白則曰：古來聖賢俱寂寞，惟有飲者留其名。放已太甚，殆飲之狂乎？劉阮昏睡，則曰有託而逃，然乖名教者大矣。何曾責阮籍曰：卿縱情背禮，敗俗之人。曾之責，眾皆醉而獨醒者也。顏延之稱劉伶非荒宴，庾信論其未飲酒，反無眞氣，二子蓋餔其糟而歠其醨者也。然則太白猶古之狂也肆，劉伶則今之狂也蕩乎？抑之戒曰：三爵不識，矧敢多又。殆飲之狷乎？嗣宗所云：委曲周旋儀，姿態秋我腸者。其中或有，飲之鄉愿者乎？山簡爲南征將軍，出鎮襄陽，於時朝野危懼，簡惟優游卒歲，惟酒是耽，乃下愚不移者矣。」

〔註13〕詳見《中國風俗史》，第三編〈浮靡時代〉，第一章魏晉南北朝隋，第七節清談。

〔註14〕見《潛研堂文集》，卷二，〈何晏論〉。

步兵校尉缺，廚中有貯酒數百斛，阮籍乃求爲步兵校尉。

（2）《世說新語‧任誕篇》注引載逵《竹林七賢論》

籍與（劉）伶共飲步兵廚中，並醉而死。

（3）《琱玉集》卷一四〈嗜酒篇〉

阮籍，字嗣宗，晉時陳留人也。飲酒至八斗，每鹿車載酒，身居其中，使人椎之，正息之處，輒飲至醉。

（4）《晉書》本傳

（晉）文帝初欲爲武帝求婚於籍，籍醉六十日，不得言而止。鍾會數以時事問之，欲因其可否而致之罪，皆以酣醉獲免。

三、交接類

（1）《世說新語‧簡傲篇》注引《竹林七賢論》

初，籍與（王）戎父渾，俱爲尚書郎，每造渾，坐未安，輒曰：「與卿語，不如與阿戎語。」就戎，必日夕而還。籍長戎二十歲，相得如時輩。

（2）《世說新語‧排調篇》

嵇（康）、阮（籍）、山（濤）、劉（伶）在竹林酣飲，王戎後往，步兵曰：「俗物已復來敗人意。」王笑曰：「卿輩意亦復可敗邪？」

（3）《世說新語‧簡傲篇》

王戎弱冠詣阮籍，時劉公榮在坐，阮謂王曰：「偶有二斗美酒，當與君共飲，彼公榮者無預焉。」二人交觴酬酢，公榮遂不得一桮，而言語談戲，三人無異。或有問之者，阮答曰：「勝公榮者，不得不與飲酒，不如公榮者，不可不與飲酒，唯公榮可不與飲酒。」

（4）《晉書》本傳

籍又能青白眼，見禮俗之士，以白眼對之。及嵇喜來弔，籍作白眼，喜不懌而退。喜弟康聞之，乃齎酒挾琴造焉，籍大悅，乃見青眼。

四、男女類

（1）《世說新語‧任誕篇》

阮籍嫂嘗還家，籍相見與別，或譏之。籍曰：「禮豈爲我輩設耶！」

（2）《世說新語‧任誕篇》

阮公鄰家婦有美色，當壚酤酒，阮與王安豐常從婦飲酒，阮醉，便眠其婦側，夫始殊疑之，伺察終無他意。

（3）《世說新語・任誕篇》注引王隱《晉書》

籍鄰家處子有才色，未嫁而卒，籍與無親，生不相識，往哭，盡哀而去。

（4）《晉書》本傳

兵家女有才色，未嫁而死，籍不識其父兄，徑往哭之，盡哀而還。

按今本《晉書》，唐貞觀年間敕撰，緣太宗之世以《晉史》十有八家，制作雖富，未能盡善，敕史官重修，然多采《語林》、《世說》、《幽明錄》、《搜神記》等，殘叢雜語，小家珍說，碎事綺艷，難脫謬妄，雖然，尚有可觀者〔註15〕若夫十有八家未能盡善，則私人撰述，斟酌抑揚，更不免一己好惡，而劉氏《世說》原屬說部，《四庫全書簡明目錄》子部十二小說家類，評曰：「其書取漢至晉軼事瑣語，分為三十八門。」所謂軼事瑣語，徵引固博，而每多誇大也，洎孝標之注，網羅當時，殆靡孑遺，然書肆說鈴良莠間出，十有八家又在其中矣。若戴逵《竹林七賢論》：「籍與（劉）伶共飲步兵廚中，並醉而死。」乙條，讀者當能辨之，故近人楊勇校箋曰：「此好事者為之言。籍景元中卒，而劉伶太始中猶在。」而繆荃孫曰：「宋人有稱《世說》為晉宋奇談者。」〔註16〕《世說新語・文學篇》亦曰：「袁彥伯作《名士傳》成，見謝公，公笑云：『我嘗與諸人道江北事，特作狡獪耳，彥伯遂以箸書。』」夫才學識三者，得一不易，況兼諸一人之身，史豈易為哉？難乎其難也，故章學誠慨然興「千古多文人而少良史」之慨也。若夫《瑯玉集》，撰人未詳，今

〔註15〕《史通・正史篇》：「皇家貞觀中，有詔以前後《晉史》十有八家，制作雖多，未能盡善，乃勒史官更加纂錄，採正典與雜說數十餘部，兼引偽史十六國書，為紀十，志二十，列傳七十，載記三十，幷敍例目錄，合為百三十二卷。自是言《晉史》者，皆棄其舊本，競從新撰者焉。」按十八家為：晉王隱《晉書》，晉虞預《晉書》，晉朱鳳《晉書》，晉何法盛《晉中興書》，宋謝靈運《晉書》，齊臧榮緒《晉書》，梁蕭子雲《晉書》，梁蕭子顯《晉史草》，晉陸機《晉紀》，晉干寶《晉紀》，晉曹嘉之《晉紀》，晉鄧粲《晉紀》，晉孫盛《晉陽秋》，宋劉謙之《晉紀》，宋王韶之《晉紀》，宋徐廣《晉紀》，宋檀道鸞《續晉陽秋》，宋郭李產《續晉紀》。晁公武《郡齋讀書志》曰：「歷代之史，惟《晉史》叢冗最甚，可以無識，然多采《語林》、《世說》、《幽明錄》、《搜神記》，詭異謬妄之言。」此《晉書》之弊也。而《文藝閣先生全集・純常子枝語》，卷六曰：「阮嗣宗絕代畸人，其〈達莊論〉〈詠懷詩〉，不異伯夷西山之歌也。」而王隱《晉書》云：魏末阮籍有才而嗜酒荒放，作二千石，不治官事，日與伶等共飲酒歌呼，時人或以籍生在魏晉之交，欲佯狂避時，不知籍本性自然也。今《晉書》則云：魏晉之際，天下多故，名士少有全者，籍由是不預世事，遂酣飲為常。此說蓋得其實。」是尚有可觀者。

〔註16〕見《雲自在龕隨筆》，卷四。

據《古逸叢書》本影印，收於叢書集成初編，《經籍訪古志》謂本數十五卷，茲僅存十二、十四兩部分，所引嗣宗嗜酒乙條，自云出《晉鈔》，其書未曾見，而簡敗字訛，缺脫良多。是則千載之外，誣者恐厚，考證取舍得無慎乎？然《全三國文》卷五三收錄〈伏義與嗣宗書〉，曰：

> 聞吾子乃長嘯慷慨，悲涕漣漣，又或拊腹大笑，騰目高視，形性怊張，動與世乖，抗風立矣，蔑若無人。

又曰：

> 又傳吾子雅性博古，篤意文學，積書盈房，無不燭覽，目厭義藻，口飽道潤，俯詠仰歎，術可純儒，然開闔之節不制於禮，動靜之度不羈於俗。

> 或謂吾子英才秀發，邈與世玄，而經緯之氣有塞缺矣。或謂吾子智不出凡，器無隈奧，而陶變以眩流俗。善子者欲斤斷以拒口槤，惡子者欲抽鍵以驚空虛，每承此聲，未嘗不開精斤運，放思天淵，欲爲吾子廣推奧異端，求所安也。

卷四七收錄嵇叔夜〈與山巨源絕交書〉：

> 阮嗣宗口不論人過，吾每師之而未能及，至性過人，與物無傷，唯飲酒過差耳，至爲禮法之士所繩，疾之如讎，幸賴大將軍保持之耳。

籍復嘗游蘇門山，遇隱者孫登，歸著〈大人先生傳〉，謂彼域中君子，服常色，言常度，容貌有則，行儀有式，磬折抱皷，唯法是脩，唯禮是克，心懷寒冰，常居亦不免戰戰兢兢，大人先生不之恥也，故憤曰：「汝君子之禮法，誠天下殘賊亂危死亡之術耳。」又於〈達莊論〉斥儒者爲分處之教，壞道之談，舍棄實質，徒求形式，所謂：「繁稱是非，背質追文者，迷罔之倫也。」〈詠懷詩〉第六十七首云：〔註17〕

> 洪生資制度，被服正有常；尊卑設次序，事物齊紀綱；容飾整顏色，
> 磬折執圭璋；堂上置玄酒，室中盛稻粱；外屬貞素談，户內滅芬芳；
> 放口從衷出，復說道義方；委曲周旋儀，姿態愁我腸。

〈奏記辭蔣太尉〉〔註18〕亦自云：

〔註17〕 按本文所引〈詠懷詩〉稱第若干首者，以《百三家集》及黃節、古直、黃季剛先生諸注本爲據。

〔註18〕 《全三國文》、《百三家集》俱收此文，張溥此篇緊接〈辭蔣太尉辟命奏記〉後，題作「又」。范欽、陳德文校刊本原無此文，而華正書局印行之《阮嗣宗集》補入，題作「奏記詣曹爽」，其說多臆測，茲不取。

違由鄙頓，學行固野，進無和俗崇譽之高，退無靜默恬沖之操。

〈答伏義書〉又云：

> 夫人之立節也，將舒網以籠世，豈樽樽以入罔？方開模以範俗，何
> 瑕毀質以適〔註19〕檢？

然則嗣宗之不帥常檢，怠惰人事，乃至見齟世俗，斯事不假，書傳載記有無失實者，豈可等閒視耶？而社會禮教制度，尊卑次序，事物綱紀，繁文縟節，委曲周詳，乃籍眼中桎梏，其去禮甚者，當必如農夫之務除草萊也。故沈酣兵廚，醉眠婦側，臨喪箕踞，嫂歸與別，凡此種種，則禮真不為籍設也。但溯自周公制禮作樂，聖人則之，禮固吾中華民族文化之大觀，社會良窳之所繫，自古迄今，非禮之言不可言，非禮之行不可行，禮誠有其不可廢者，無乃當世之徒以詆訾聖道、謗毀禮教深疾之。何曾謂晉文帝：「公方以孝治天下，而聽阮籍以重哀，飲酒食肉於公座，宜擯四裔，無令汙染華夏。」〔註20〕正以孝乃禮之大者歟？牟宗三先生《才性與玄理》一書亦曰：

> 阮籍視君子之度皆是虛偽浮文，而大人先生則是生命之解放，君子
> 表面之浮文，固拘拘庸俗而可厭，然其表面之支持點則為道德意識，
> 而阮籍所塑造之大人先生則只是生命之沖向原始之混沌，故與禮法
> 教法為永恒而普遍之衝突。〔註21〕

又曰：

> 沽酒少婦，以及兵家女等事，此皆表示阮籍為一浪漫文人之性格，
> 雖不至有猥褻不潔處，然酒色之情不可掩也。〔註22〕

然細玩籍詩文傳賦，則知違禮任誕固其言行，而謂全然廢棄罔顧，亦違背事實。茲析其所以然之故於后，則見嗣宗反對禮法良有以也。

壹、就世俗禮法言

夫人倫有禮，其法要在崇忠信仁義諸德為本質，《禮・曲禮》曰：「脩身踐言，謂之善行；行脩言道，禮之質也。」故毋不敬，儼若思，安辭安民，主於敬者也，若夫揖讓進退周旋取容，禮之末節也。昔子大叔嘗以問趙簡子，

〔註19〕張溥《百三家集》（以下簡稱張本）作「適」，嚴可均《全三國文》（以下簡稱嚴本）及范欽、陳德文校刊本（以下簡稱范陳本）作「通」。

〔註20〕見《晉書》卷三三〈何曾傳〉。

〔註21〕見《才性與玄理》第八章〈阮籍之莊學與樂論〉，第二節達莊論與〈大人先生傳〉。

〔註22〕同註2。

簡子謂：「是儀也，非禮也。」〔註23〕故《禮‧仲尼燕居》曰：「爾以爲必鋪几筵，升降酌，獻酬酢，然後謂之禮乎？爾以爲必行綴兆，興羽籥，作鐘鼓，然後謂之樂乎？言而履之，禮也；行而樂之，樂也。」賢者知質本而文末，本者若根，末若枝葉，遂爾崇本以抑末。然情竇分智，習染移性，利欲熏心，群僞萌蘖，則物至末而散矣。一至於斯，大道若土崩瓦解，蚩蚩眾氓乃無見於本而競飾末，且直以末爲本也。魏晉之交，去聖曠遠，上古大朴旣析，而姦雄結軌，狡黠盜道，行禮者率爾墜入俗障，其弊最甚矣。曾鞏《元豐類稿》曰：

> 漢承周衰及秦滅學之餘，百氏雜家與夫聖人之道並傳，學者罕能獨觀道德之要，而不牽於俗儒之說。至於治心養性，去就語默之際，能不悖於禮者固希矣，況於魏之濁世哉？〔註24〕

徐幹《中論‧考僞篇》於建安之際曰：

> 仲尼之沒，于今數百年矣。其間聖人不作，唐虞之法微，三代之教息，大道陵遲，人倫之中不定。於是惑世盜名之徒，因夫民離聖教日久也，生邪端，造異術，假先王之遺訓以緣飾之，文同而實違，貌合而情遠，自謂得聖人之真也。各兼說特論，誣謠一世之人，誘以僞成之名，懼以虛至之謗，使人憧憧乎得亡，悒悒而不定，喪其故性，而不自知其迷也。

阮籍深心冷眼，洞見斯弊，故於〈大人先生傳〉描述所謂君子者，其形貌乃：

> 服有常色，貌有常則，言有常度，行有常式，立則磬折，拱若抱鼓，動靜有節，趨步商羽，進退周旋，咸有規矩。心若懷冰，戰戰慄慄，束身脩行，日慎一日，擇地而行，唯恐遺失。誦周孔之遺訓，歎唐虞之道德，唯法是脩，唯禮是克，手執珪璧，足履繩墨，行欲爲目前檢，言欲爲無窮則，少稱鄉閭，長聞邦國。

所謂常則常式，磬折抱鼓，動靜趨步，進退周旋，一一莫非外在儀式，循以行禮，特若緣木而求魚，何所獲焉？是愈求禮而禮愈遠矣。而環顧宇內，滔滔者靡不如此。吁！徒沐猴而冠耳。〈獼猴賦〉：「體多似而匪類，形乖殊而不純，外察慧而內無度兮；故人面而獸心」，此嗣宗〈獼猴賦〉之所爲作者歟！

〔註23〕《左傳》昭公二十五年：「子大叔見趙簡子，簡子問揖讓周旋之禮焉。對曰：是儀也，非禮也。」。

〔註24〕見《元豐類稿》。

斯人也，精誠不至，而強哭強怒強親，則雖悲不哀，雖嚴不威，雖笑不和，木偶具體，其中枵然，陸樹聲所言「無體之禮」〔註25〕豈此之謂乎？至若探討其所以然者，則：

（一）匹夫匹婦，聞見寡淺，承緒風染，匪識真偽，陋習惡俗浸漬同化之過也。

〈東平賦〉曰：

士□惟中，劉王是聚。高危臨城，窮川帶宇。叔氏婚族，實在其湄。背險向水，垢汙多私。是以其州閭鄙邑，莫言或非，殖情庈慮，以殖厥資。其土田則原壤蕪荒，樹藝失時，疇畝不辟，荊棘不治，流潢餘溏，洋溢靡之。東當三齊，西接鄒魯，長塗千里，受茲商旅。力閒為率，師使以輔，驕僕纖邑，于焉斯處。川澤捷徑，洞庭荊楚。遺非過□，〔註26〕是徑是宇。由而紹俗，靡則靡觀。〔註27〕非夷罔式，導斯作殘。是以其唱和矜勢，背理向姦，向氣逐利，因畏惟愆。

〈元父賦〉曰：

不肖群聚，屋空無賢，故其民放散宥亂，藪竄澤居，比跡麋鹿，齊志豪貙。是以其原壤不辟，樹藝希疏，莧葦彌皋，蚊虻慘膚也。於其遠險則右金鄉而左高平，崇陵崔巍，深溪崢嶸，美類不處，熊虎是生。故人民被害嚼齧，禽性獸情。爾之近阻，則鳴鳩麿其前，曲城發其後，鷗梟群翔，狐狸萬口。〔註28〕故其人民狼風豺〔註29〕氣，蠭電無厚。南望春申，東瞻孟嘗，袤界薛邑，境邊山陽，逆旅行舍，姦盜所藏。北臨平陸，齊之西封，捷徑燕趙，逃避〔註30〕逍遙。故其人民側匿頗僻，隱蔽不公，懷私抱詐，爽慝是從，禮義不設，淳化匪同，先誓遺言，有昭有聲。

此「黔首之不淑」之故也。

〔註25〕明陸樹聲《汲古叢語》：「禮之日趨於偽也，煩文縟節，磬折以為恭，擎曲以為敬，而非由中出也，飾外而遺其中焉，譬之以機發木偶，體具而其中枵然無人理也，故曰：有無體之禮。」。

〔註26〕范陳本、嚴本俱缺一字，張本作「焉」。

〔註27〕張本、嚴本作「觀」，范陳本作「覩」。

〔註28〕范陳本、嚴本作「鷗梟群翔之可悼，豈有志於須臾？」張本則作「鷗梟群翔，狐狸萬口」。

〔註29〕張本、嚴本作「豺」，范陳本則缺一字。

〔註30〕張本、嚴本作「遜」，范陳本作「齒」。

　　（二）君子賢士，或身處廟堂之高，權司內外之職，或目飽聖賢之書，口說道義之方，非眞不知古聖大義者也，而至假借禮法，夸毗攀附以希榮，內縱奢而外飾儉，心詐慝而行足恭，則直卑且賤，深可憎也。嗣宗闡述其所以如此行爲者，其因乃在：

> 上欲圖〔註31〕三公，下不失九州牧。（〈大人先生傳〉）

> 觀吾〔註32〕子之趨，欲衒傾城之金，求百錢之售，制造天之禮，儗膚寸之檢，勞王〔註33〕躬以役物，守臊穢以自畢，沈牛迹之泊薄，惛河漢之無根，其陋可愧，其事可悲。（〈答伏義書〉）

利慾熏心，道德喪盡，匹夫匹婦之不若也。嗣宗於此輩小人深疾惡之，文中寫其卑陋行徑者多矣。〈大人先生傳〉曰：

> 外易其貌，內隱其情。懷欲以求多，詐僞以要名。君立而虐興，臣設而賊生。坐制禮法，束縛下民。欺愚誑拙，藏智自神。強者睽〔註34〕而凌暴，弱者憔悴而事人。假廉而成貪，內險而外仁。罪至不悔過，幸遇則自矜。馳此以奏除，故循滯而不振。

〈獼猴賦〉曰：

> 體多似而匪類，形乖殊而不純。外察慧而內無度兮，故人面而獸心。〔註35〕性褊淺而干進兮，似韓非之囚秦。揚眉額而驟眂〔註36〕兮，似巧言而僞眞。藩從後之繁眾兮，猶伐樹而喪鄰。整衣冠而偉服兮，懷項王之思歸。耽嗜慾而眄視兮，有長卿之妍姿。舉頭吻以作態兮，動可增而自新。沐蘭湯而滋穢兮，匪宋朝之媚人。

〈達莊論〉曰：

> 盛僕馬，脩衣裳，美珠玉，飾帷牆，出媚君上，入欺父兄，矯屬才智，競逐縱橫。

〈詠懷詩〉五十三首：

> 如何夸毗子，作邑懷驕腸；乘軒驅良馬，憑几向膏粱；被服纖羅衣，

〔註31〕張本、嚴本作同，范陳本無「圖」字。
〔註32〕張本、范陳本作「吾子」，嚴本作「君子」。
〔註33〕嚴本作「王」，張本、范陳本作「玉」。
〔註34〕各本「睽」下有「眠」字，華正書局印行之《阮嗣宗集》（以下簡稱華正版）則曰：「睽，違也。見玉篇。睽眠不可通。」今據刪「眠」字。
〔註35〕張本、嚴本同，范陳本「心」作「身」。
〔註36〕張本、范陳本作「呻」，嚴本作「眒」。

深榭設閑房。

所謂君子者，其行徑乃至乎此，不啻根拔枝殊，咸失所在，又焉得束身脩行乎？

一世之人，既已違背禮義，而猶繁文縟節，步趨翼翼，如是者，敬禮不由中出，何所希蹤遠慕耶？而細人最樂朋黨，群僞射眞，齗齗笑人，志士仁人縱視當塗，天軌閉塞，気烋盈衢，如何不脫然世網，潔身飛遯？楊龜山《餘杭所聞言》曰：「無誠意而用禮，則禮爲虛文末節者，僞而已，故老子絕滅禮樂，而曰：忠信之薄，亂之首也。」上下千百年，其慨痛如一也。陳祚明《采菽堂古詩選》曰：

> 禮固人生所資，豈可廢乎？自有託禮以文其僞，售其姦者，而禮乃爲天下患，觀此詩（第六十七首），知嗣宗之蕩軼繩檢，有激使然，非其本意也。〔註37〕

黃節亦曰：

> 古之人有自絕於富貴者矣，若自絕於禮法，則以禮已爲奸人所竊，不如絕之。〔註38〕

噫！陳、黃二氏鉤深取極，綦絜籍旨哉！

貳、就禮之大義言

昔皇侃分禮者三，曰理，曰事，曰名，以禮理起於太一，禮事起於遂皇，禮名起於黃帝，〔註39〕後儒繼踵，雖有踦跂，要皆言太古邃遠之世也。《新唐書·禮樂志》曰：「由三代而上，治出於一，而禮樂達於天下。」而孔穎達《禮記》正義，開宗明義便直指天地未分之時，曰：「夫禮者，經天地，理人倫，本其所起，在天地未分之前。」阮籍以禮樂合德，其〈樂論〉論樂亦所以論禮，於禮樂之興，有與《禮記》孔疏適同者，曰：

> 夫樂者，天地之體，萬物之性也。合其體，得其性則和；離其體，失其性則乖。昔者聖人之作樂也，將以順天地之體，成萬物之性也。
> 〔註40〕（〈樂論〉）

〔註37〕見黃節《阮步兵詠懷詩注》第六十七首引。
〔註38〕見黃節《阮步兵詠懷詩注》自敍。
〔註39〕詳見《禮記》卷首，《禮記》正義引皇侃疏。
〔註40〕張本、范陳本同，嚴本作「順天地之性，體萬物之生。」

故阮籍以爲禮樂之道乃自然之道也。夫自然者，大樸無爲之稱也，無外亦無假於造作，譬若九州九野，或低隰，或高平，藪澤丘陵，形勢天生，若鄙其粗疎，制之以德刑，則猶儵忽之倫，務鑿竅而死渾沌也。〈東平賦〉曰：

> 夫九州有方圓，九野有形勢，區域高下，物有其制。開之則通，塞之則否，流之則行，壅之則止，崇之則成丘陵，汙之則爲藪澤，逶迆漫衍，繞以大壑。及至分之國邑，樹之表物，四時儀其象，陰陽暢〔註41〕其氣，傍通迴盪，有刑〔註42〕有德，雲升雷動，一叫一默，或由之安，乃用斯惑。

夫天方地圓，九州斯宅，唯順其自然之勢，成諸百態耳，然一切道理，蘊函具備，此自然之禮也，大聖至人或能知之。逮及後王間出以分別之，使爲都鄙國邑，各立表物，畛界區宇，因消息生殺，取名四時，循陰陽剛柔，造作德刑，此人事之禮所由生焉，乃任吾人之心以應萬變，而人心之異各如面然，面則千萬其人，亦千萬其面矣，而心所不能知者，惑斯興焉，故人事之禮，因人情而利導之，嚴風俗而整飭之，非復自然無爲之謂也。嗣宗〈樂論〉曰：

> 其後聖人不作，道德荒壞，政法不立，智慧擾物，化廢欲行，各有風俗。故造始之教謂之風，習而行之謂之俗。……八方殊風，九州異俗，乖離分背，莫能相通，音異氣別，曲節不齊。故聖人立調適之音，建平和之聲，制便事之節，定順從之容，使天下之爲樂者，莫不儀焉，自上以下，降殺有等，至於庶人，咸皆聞之。

若然，禮名雖一，理事歧塗，孔穎達所謂：「夫禮，必本於太一，是天地未分之前已有禮也。禮者理也，其用於治，則與天地並興。故昭二十六年《左傳》稱晏子云：禮之可以爲國也久矣，與天地並。但于時質略，物生則自然而有尊卑，若羊羔跪乳，鴻鴈飛有行列。豈由教之者哉？」此言自然之禮也。又曰：「〈禮運〉云：夫禮之初，始諸飲食燔黍，捭豚蕢桴而土鼓。又〈明堂位〉云：土鼓蕢簣，伊耆氏之樂。又〈郊特牲〉云：伊耆氏始爲蜡。蜡卽田祭，與種穀相協，土鼓蕢簣又與蕢桴土鼓相當。故熊氏云：伊耆氏卽神農也。既云始諸飲食致敬鬼神，則祭祀吉禮起於神農也。又《史記》云：黃帝與蚩尤戰於涿鹿。則有軍禮也。《易‧繫辭‧黃帝九事章》云：古者葬諸中野。則有凶禮也。又《論語撰考》云：軒知地利，九牧倡教。既有九州之牧，當有

〔註41〕張本、范陳本同，嚴本作「暢」。
〔註42〕嚴本作「刑」，張本、范陳本作「形」。

朝聘，是賓禮也。若然，自伏犧以後至黃帝，吉凶賓軍嘉五禮始具。」〔註43〕
此言人事之禮也。自然之禮，道家特推崇，天理是也；人事之禮，儒者所標
榜，人理是也。黃師錦鋐先生於〈阮籍和他的達莊論〉一文中言：

> 就禮的定義說有兩種不同的內容含義。《禮記》〈仲尼燕居〉說：「禮
> 也者，理也。」然理有天理、有人理的分別。《禮記》〈禮器〉說：「禮
> 也者，合於天時」，這是天理；又說：「合於人心」，這是人理。《春
> 秋》昭公二十五年傳：「夫禮，天之經也，地之義也，民之行也。」
> 可見禮是含天理與人理而言。道家的禮重天理，儒家的禮重人理。
> 天理要合自然，所以率性任眞，不循常軌。人理貴乎實踐，所以養
> 生送死，必盡其禮。這兩種觀點時常有衝突，但也有調和。莊子〈大
> 宗師〉記載一段故事：「子桑戶死，未葬。孔子聞之，使子貢往待事
> 焉。或編曲，或鼓琴，相和而歌曰：『嗟來桑戶乎！嗟來桑戶乎！而
> 已反其眞，而我猶爲人猗！』子貢趨而進曰：『敢問臨尸而歌，禮乎？』
> 二人相視而笑曰：『是惡知禮意！』」……這裏面有兩個禮字，一個
> 是子貢問的「臨尸而歌，禮乎」的禮，一個是孟子反、子琴張回答
> 的「是惡知禮意」的禮。雙方面都提到「禮」，但是因爲立場不同，
> 所以對於「禮」的見解也就不一樣。子貢所說的「禮」，當然是儒家
> 的「禮」，站在儒家的立場，禮是人理的意思。旣然是人理，那朋友
> 死就應盡哀，才合乎禮。子貢看孟子反、子琴張朋友死在高興的唱
> 歌，覺得很奇怪，所以問說：「對朋友屍體唱歌，合乎禮嗎？」孟子
> 反、子琴張守的是道家的禮，站在道家的立場，禮是天理的意思，
> 旣然是天理，那人的死生就像晝夜、春夏秋冬循環一樣，是一種自
> 然現象。我們認爲是死，說不定在另一世界却是生，像東半球是黑
> 夜，西半球却是白天一樣。人死不但不用悲傷，還應該高興才對，
> 因此他們兩個人就唱歌起來，所以反而說子貢不知「禮」的意義。
>
> 〔註44〕

由是觀之，禮有天理、人理二別，人事與自然似判若鴻溝，究區畛界。
雖然，墟墓之間，未施哀於民而民哀，宗廟之中，未施敬於民而民敬，鸞和
佩玉，非辟不入，自然與人事，交相須焉，此不必待聖人而有，亦必待聖人

〔註43〕見《禮記》卷首，《禮記》正義。
〔註44〕見《師大學報》第二十二期。

而彰；羽籥干戚，犧牲辟踊，三年之喪，夫子所訂，然鐘鼓玉帛非禮樂之云，孔門攸慨，其義殆可覩矣。至若後世俗儒經生，蓬心迂曲，或失之附會，則徐生善容、祝史陳辭之儔耳。大抵，自然之禮可慕，而人事節文固不可廢，蓋自有天地以來，必有萬物，自有萬物以來，人類生焉，有人類必有人事，故大聖不以自然妨人事，亦不以人事妨自然，故爾自然無爲則大禮貴簡，自然純一則禮度不求繁縟。嗣宗〈樂論〉曰：

> 乾坤易簡，故雅樂不煩；道德平淡，故五聲無味；〔註45〕不煩則陰陽自通，無味則百物自樂；日遷善成化而不自知，風俗移易而同於是樂。

此契機之論也。無如當世之人堂奧未窺，而繁文縟節，競逐細端，大道之禮遂往而不返。《世說新語·德行篇》載，王戎、和嶠同遭大喪，具以孝稱，王雞骨支牀，和哭泣備禮，晉武帝謂劉仲雄曰：「卿數省王和不？聞和哀苦過禮，使人憂之。」夫居盧啜粥非禮不行，而「哀苦過禮」，既已太甚，又烏知禮之本歟？若何曾閨門整肅，與妻相見，正衣冠，相待如賓，己南向，妻北面，再拜上酒，酬酢畢，便出，一歲如此者不過三，而性奢豪，務華侈，帷帳車服，窮極綺麗，廚膳滋味，過於王者，〔註46〕殊禮之鉅蠹也。浸尋至乎末季，則有大貴孝悌著聲之人，前後居喪，哀毀踰制，而於苫塊之中以巴豆塗臉使成瘡，以示哭泣之過。〔註47〕世衰道微莫此爲甚，其詳說於第三章各節中，茲不贅述。

綜觀上論，則知方籍之世也，聖人之歿久矣，禮義亡失，禮文徒存，巧言亂德者又假借遺訓，文飾姦詐，利口僞善，以此相煽，蔚成風氣。一世之人離本喪眞，恥尙失所，而猶姁姁然以君子賢才自居，上以欺下，下以媚上，上下交征，咸自以爲我眞君子也。而昧昧者猶群起學步，遑遑偊偊，競一時之虛譽，規死後之餘榮，愼耳目之觀聽，惜身意之是非，誦周孔遺訓，歎唐虞道德，行欲爲目前檢，言欲爲無窮則，殊不知唐虞周孔不再，言行準則率離繩墨矣。是仁義禮智飜成權利藉口，金玉其外，敗絮其中，草芥糞壤，不足多惜焉。嘻！禮已非禮，循此非禮之禮，是非眞知禮者也，況抱守殘缺，

〔註45〕嚴本作「無聲無味」，范陳本同，張本作「五聲無味」。
〔註46〕同註20。
〔註47〕《顏氏家訓·名實篇》：「近有大貴，孝弟著聲，前後居喪，哀毀踰制，亦足以高於人矣。而嘗於苫塊之中，以巴豆塗臉，遂使成瘡，表哭泣之過，左右童豎不能掩之，益使外人謂其居處飲食皆爲不信。」

坐圖利祿，則莫若佯狂敗俗，「以非禮示禮之非」也。嗚呼！籍豈無禮哉？禮之要存乎心，常禮自在吾心矣，又何必伋伋然矻矻然，拾糟粕而寶諸佳醅邪？又何必危身遠舉，以清高揚濁流乎？此乃真所謂「禮豈為我設耶」之大義也。昔劉申叔先生於《倫理教科書》中，區天下有自暴、自棄二等不倫人，曰：「自暴之人輕視禮法，崇尚自然，泯善惡之名，以修身為約束，以任情為率性，晉人本之，流為曠達。」〔註48〕觀夫嗣宗〈樂論〉之闡發禮義，豈自暴無恥之徒者歟？齊益壽曰：「阮籍的違背禮法，驚世駭俗，形迹上似乎是反道德的，然而本質上卻正是強烈的道德意識的象徵。」〔註49〕韋政通曰：「放蕩中有莊嚴，嬉戲中有血淚。」〔註50〕則知阮籍一切言行實有「不得已」者在也，禮與非禮，識者知之。

第二節　依違儒道

儒者積極用於世，道家消極以退避，此儒道之大別也。阮籍既「不與世事，遂酣飲為常。」，〔註51〕復著〈達莊〉、〈通老〉、〈大人先生傳〉諸文，亟慕莊周逍遙，神人至清，欲登臨太始之前，觀覽汋漠之初，以道德為心，不以富貴為志，以無為為用，不以人物為事，固純然以道者自詡歟？故後世論家素因此標榜，美其遯志莊老，蠖屈龍伸，絕聖棄智，粃糠堯舜，殆庶幾乎黃神之上，寂寞之鄉者耶？嵇公叔良亦嘗任太守於東平，感阮籍身世，為碑以悼，其辭卻全然一付度外口脗。碑之全文曰：

> 先生諱籍，字嗣宗，陳留尉氏人也。厥遠祖陶化於上世，而先生弘美於後代，詩所載阮國則是族之本也。先生承命世之美，希達節之度，得意忘言，尋妙於萬物之始，窮理盡性，研幾於幽明之極，和光同略，群生莫能屬也。確不可拔，當塗莫能貴也，或出或處，與時升降，或默或語，與時推移。望其形者，猶登嶽涉海，蕩然無以究其高測其深，覽其神者，猶旁璞親珪，肅然無不欽其寶而偉其奇也。不屑夷齊之潔，故其清不可尚也，不履惠連之汙，故其道不可屈也。蓬瑗昇降于卷舒，寧武去就于愚智，顧盼二子，不亦泰如？

〔註48〕見《劉申叔遺書》（四），《倫理教科書》，第八課〈論修身之難易〉。
〔註49〕見〈論阮籍的生命情調〉，載於《幼獅雜誌》第三十七卷第一期第二百四十一號。
〔註50〕同註3。
〔註51〕見《晉書》卷四九，本傳。

危宗廟之犧，安不靈之龜，故無孤憤之逼，而有塗中之廣。觀屈穀
鳴雁，是以處才不才之間，察巨瓠緯帶，是以遊有用之際。〔註52〕
夸大辨而御之以訥，資大白而洿之以辱，爲無爲而名不能累也，事
無事而世不能役也。訪垂天之翼于寂寞之域，投芒刀之穎於有解之
會，固恢恢必有餘地。豈若接輿被張以養生，於陵觀園以求實，齷
齪近步，修軌轍而已哉？尼父議老氏于遊龍，衛賜譬重仞于日月，
揆之先生，其殆庶幾乎？方將攀逸駕于洪涯，邈邆軌于巢州，跨宇
宙以高抃，陵雲霄以優游。享年如干，遘病而卒。于是遠鑒之士，
有識之徒，先生之沒夫，豈不慨然？〔註53〕臨豪傑而存惠子之間，
運斧斷而思郢人之工。乃探頤索隱，以敍雅操，使將來君子，知莊
生之迹。略舉其志，碑之曰：

羕羕先生，天挺無欲；玄虛恬淡，混齊榮辱，盪滌穢累，婆娑山足；
胎胞造化，韜韞光燭；鼓棹滄浪，彈冠嶠岳；頤神大素，簡遇世局；
澄之不清，涸之不濁；翶翔區外，遺物庶俗；隱處巨室，反真歸漢；
汪汪淵源，邁迹圖錄。〔註54〕

雖然，《晉書》本傳謂籍嘗登廣武，觀楚漢戰處，歎曰：「時無英雄，使豎子成
名。」又登武牢山，望京邑而歎，乃賦〈豪傑詩〉。明楊愼《升庵詩話》卷一三
曰：「豈謂沛公爲豎子乎？傷無劉項也，豎子指魏間人耳。」〔註55〕噫！豎子果
正謂漢高耶？夫英雄豪傑，魏晉士人所特重者也，王粲爲之撰《英雄記》八卷，
《隋書・經籍志》載之，惜已亡佚，未能覩其面貌，而劉孔才《人物志・英雄》
第八曰：「聰明者，英之分也；膽力者，雄之分也。」「明能見機，膽能決之，
然後可以爲英；勇能行之，智能斷事，乃可以爲雄。」幷舉劉邦、項羽、張良、
韓信諸人爲例，而籍於時人未之許，其壯氣乃直追劉、項、張、韓矣。〈詠懷詩〉
四言十三首，〔註56〕五言八十二首，上承有漢，下啓魏晉，響逸調遠，興寄無

〔註52〕此處疑有脫文。
〔註53〕同註52。
〔註54〕同註5。
〔註55〕豎子所指大抵二說。胡應麟《丹鉛新錄》二曰：「豎子正謂漢高，晉人見解，
　　　率本莊列，豈容以實求之？」此其一也。楊愼《升菴詩話》卷一三曰：「豈謂
　　　沛公爲豎子乎？傷無劉項也，豎子指魏間人耳。」此其二也。阮籍屬意劉漢，
　　　於沛公當無非薄語，其詳說於本章第三節。
〔註56〕《全三國詩》卷五收阮籍〈詠懷詩〉四言三首，云：「按《讀書敏求記》謂阮
　　　嗣宗〈詠懷詩〉行世本，惟五言詩八十首，朱子儋取家藏舊本，刊於存餘堂，

端，其五言詩開篇鴻號鳥翔，徘徊傷心，掩卷少年歎息，日夕咨嗟，無異於王事靡盬，我心傷悲，志存慷慨憤懣，意在濟世哀時，懷抱殆可見，詩家所謂小雅詩人之志者，此之謂也，故張溥譽諸寺人孟子之疇。〔註57〕由是觀之，阮籍何嘗非儒者用世之士乎？然則取效漆園，放浪形骸，言禮法者深不齒，裴楷以為方外士，司馬昭以為度外人，〔註58〕乃如何行為也耶？茲覽〈伏義與嗣宗書〉，則知籍依違儒道間，已頗詰疑當塗矣。書曰：

> 行來之議又傳吾子雅性博古，篤意文學，積書盈房，無不燭覽，目厭義藻，口飽道潤，俯詠仰歎，術可儒純，然開閩之節不制于禮，動靜之度不羈於俗。凡諮詠善之，則教慈于父兄，惡之，則言醜于讎敵；未有慈其教而不脩其事，醜其言而樂其業者也。古人稱竊簡寫律，踞廁讀書，誦之可悼。……動則不能龍攎虎超，同機伊霍；靜則不能珠潛璧匿，連迹巢光。言無定端，行不純軌，虛盡年時，以自疑外。豈異乎韓子所謂無施之馬，骨體雖美懿，牽縮不隨者哉？……今吾子擢才達德，則無毛遂穎脫之勢；翦迹滅光，則無四皓岳立之高；豐家富屋，則無陶朱貨殖之利；延年益壽，則無松喬蟬蛻之變，總論吾子所歸，義無所出。〔註59〕

魏晉之際，儒家思想式微，而道家學說復興於衰亂間，有志之士，每混同

多四言〈詠懷詩〉十三首云云。余歷訪海上藏書家，都無朱子儋本，今所存四言詩僅三首耳。海內藏書家，其有以指示之。」張溥《百三家集》所收四言詩數與丁氏同。蕭滌非〈讀阮嗣宗詩札記〉：「嗣宗五言〈詠懷詩〉八十二首外，尚有四言〈詠懷詩〉十三首，惟近人丁福保所編《全三國詩》僅有其一，黃節先生出其舊藏潘璁本復為注釋，於是吾人乃得窺嗣宗之全豹。」何蟠飛〈阮籍研究〉：「清代以前〈詠懷詩〉四言必有十三首，前人編總集或因四言不是籍代表作而不錄，或只錄三首，惟朱子儋本大約現已失傳，黃節得潘璁本十三首，其一至三與舊本同，其餘則未見於前人的詩總集，黃氏著有《阮步兵詠懷詩》補注，蓋專注四言十三首。」是各家言四言〈詠懷詩〉本有十三首，唯《叢書集成初編》知不足齋本馮舒《詩記匡謬》云：「阮籍詠懷四言共十四首，江陰朱子儋本尚有之，今竝刪去，何也？」則於十三首外，又多一首，未知何據。

〔註57〕《漢魏六朝百三家集·阮步兵集題辭》曰：「晉王九錫，公卿勸進，嗣宗製詞婉而善諷，司馬氏孤雛人主，豺聲震怒，亦無所加，正言感人，尚愈寺人孟子之詩乎？」

〔註58〕裴楷以為方外士，見註4。《文選·竟陵文宣王行狀》注引干寶《晉紀》：「何曾謂太祖曰：『阮籍如此，何以訓世？』太祖曰：『度外人也，宜共容之。』」

〔註59〕見《全三國文》卷五三。

迹履，求免乎貪暴所擾，徘徊出處，依偉儒道，誠不一而足也。嵇喜之弟康傳，云其家世儒學，寬簡大量，康幷著《春秋左氏傳音》，臨決，太學生三千人請爲師，則嵇康不曾棄太學經術於不顧也；然土木形骸，餌藥服食以求長生，非湯武，薄周孔，七不堪，二不可，與禮相背，與慢相成，何嘗措意於用世哉？向子期天韻拔俗，灌園山陽，而《世說新語・言語篇》引秀別傳，言其：「進止無固必，而造事營生，業亦不異。」故本箕山之志而歲舉到京。阮咸調音律呂，校正雅樂，曰：「夫亡國之音哀以思，其民困，今聲若不雅，懼非德政中和之音。」〔註60〕而身著喪服，騎驢追婢，以大甕盛酒，與豨飲酌，率非儒者行徑。至若王濬沖名位清貴，二十四歲爲吏部郎，咸寧五年（279），以建威將軍出武昌以伐吳，渡江後，綏撫新附，表薦吳光祿勳石偉爲議郎，宣揚威惠，使荊土畏服，以是進封安豐縣侯，增邑六千戶，賜絹六千匹，旋徵拜侍中，二十餘年，自侍中歷光祿勳，吏部尚書，太子太傅，中書令，尚書左僕射，轉司徒，尚書令，蓋汲汲於用世也；然閒乘小馬，從便門出遊，慕蘧伯玉爲人，與時舒卷，無蹇諤之節。山巨源自云仕宦三十餘載；鍾會亂蜀，鄴都後事，一手委斷，典職銓選，奏拔人物，每一推舉無失才；而與嵇、阮皆一面而契若金蘭，與時俯仰，心存事外，晻晻與道合，其深莫可測。縱觀諸子性行，要皆不出公表〔註61〕彀中，然則伏羲之書當遍投七賢，豈唯一阮嗣宗之爲責哉？自初平至建安末，天下分崩，綱紀衰弛，而儒學尤甚，黃初以後雖崇立太學，太學諸生數至千數，然性非解學，多以中外佺儴而詭懷避就，學者有其名而無其實，有其教而無其功，正始年間，嘗詔議圜丘普延學士，京師吏且萬人，而應書與議者略無幾人，朝堂公卿能操筆墨者未有十人，其詳參見第三章。而籍父阮元瑜，少嘗受業於同郡蔡邕，邕曾奏立六經碑文於大學門外，允推一代碩儒，籍雖三歲喪父，影響或不大，但《世說新語・任誕篇》注引戴逵《七賢論》曰：「諸阮前世皆儒學。」則於籍之思想難免牽連。〈詠懷詩〉第十五首曰：

　　　　昔年十四五，志尚好書詩；〔註62〕被褐懷珠玉，顏閔相與期。

籍十四歲，當魏文帝黃初四年（223）；十五歲，當黃初五年（224）；彼時太學固已衰敗，而繼曹操貴尚刑名法術，崇獎跡弛之後，曹丕希蹤漢文帝道家

〔註60〕見《世說新語・術解篇》注引〈晉諸公贊〉。
〔註61〕按伏羲字公表。
〔註62〕黃節《阮步兵詠懷詩》注（以下簡稱黃注），黃季剛先生《阮步兵詠懷詩》箋（以下簡稱黃箋），丁福保《全三國詩》（以下簡稱丁本）暨張本、范陳本同，唯古直《阮嗣宗詩箋》（以下簡稱古箋）「書詩」作「詩書」。

政治，君倡臣和，通達風氣漸漸興起，儒林結駟，談論抑揚，其噓枯吹生已開王（弼）何（晏）正始先路矣。籍處斯世，能以未冠之齡，雅好詩書，不苟從流俗，慨然以經術存志，以顏（淵）、閔（子騫）相期，實堅守儒家道業者也。《太平御覽卷》三〇引《竹林七賢論》曰：「諸阮前世皆儒學，善屋室，內足於財，唯籍一巷尚道業，好酒而貧。」此道業之尚，當後起之事，初非籍本志也。近人何啓民於所撰《竹林七賢研究》一書中亦主此論，曰：

> 按籍父瑀，少受學於蔡邕，邕固奏立六經碑文於太學門外者，是瑀雖不以經學名家，信爲儒學者也。……而籍之尚道業，亦爲後來之事，……明籍十四五以前，猶尚儒學。〔註63〕

阮籍非但以儒者自守，其壯氣雄心亦時時洋溢詩中：

> 壯士何慷慨，志欲威八荒，驅車遠行役，受命念自忘；良弓挾烏號，明甲有精光；臨難不顧生，身死魂飛揚；豈爲全軀士，效命爭戰場；忠爲百世榮，義使令名彰；垂聲謝後世，氣節故有常。（第三十九首）

> 於心懷寸陰，羲陽將欲冥；揮袂撫長劍，仰視浮雲征；雲間有玄鶴，〔註64〕抗志揚哀聲；一飛沖青天，曠世不再鳴；豈與鶉鷃遊，連翩戲中庭。（第二十一首）

> 王業須良輔，建功俟英雄；元凱康哉美，多士頌聲隆。（第四十二首）

> 鴻鵠相隨飛，飛〔註65〕飛適荒裔；雙翮凌長風，須臾〔註66〕萬里逝；……抗身青雲中，網〔註67〕羅孰能制；豈與鄉曲士，攜手共言誓。（第四十三首）

> 少年學擊劍，〔註68〕妙伎過曲城，英風截雲霓，超世發奇聲；揮劍臨沙漠，飲馬九〔註69〕野坰。（第六十一首）

> 月明星稀，天高氣寒；桂旗翠旌，珮玉鳴鸞；濯纓醴泉，被服蕙蘭；思從二女，適彼湘沅；靈幽聽微，誰觀玉顏；灼灼春華，綠葉含丹；

〔註63〕見《竹林七賢研究》，九、綜論，（四）嵇阮向思想之變迹。
〔註64〕各本同，范陳本「鶴」作「鵠」。
〔註65〕各本同，范陳本「飛飛」作「隨飛」。
〔註66〕各本同，古箋本「臾」作「叟」。
〔註67〕各本同，古箋本「網」作「綱」。
〔註68〕各本作「擊刺」，范陳本「刺」作「劍」。
〔註69〕各本同，范陳本「九」作「芄」，華正版則曰：「芄謂荒遠之地，詩小雅小明：『我征徂西，至於芄野』。」

日月逝矣，惜爾繁華。（四言第二首）

清風肅肅，脩夜漫漫；嘯歌傷懷，獨寐寤言；臨觴拊膺，對食忘餐；

世無萱草，令我哀歎；鳴鳥求友，谷風刺愆；重華登庸，帝命凱元；

鮑子傾蓋，〔註70〕仲父佐桓；回濱嗟虞，敢不希顏；志存明規，匪

慕彈冠；我心伊何，其芳若蘭。（四言第三首）

開闔抑揚，英發字表，片言隻語猶足陶鑄壯志，庸詎知籍非有心人哉？王夫之於「月明星稀，天高氣寒」詩下曰：「章法奇絕，興比開合，總以一色成之，遂覺天衣無縫；曹公月明星稀四字，欲空千古，嗣宗以天高氣寒敵之，綽有餘矣，如使相逐中原，英雄孺子，未知定屬阿誰。」〔註71〕吁！儻其人之不假，則人可以情見，情可以文覯，阮公當鴻鵠矯翼，橫絕四海，不拘拘於筆墨間，以翰藻揚聲名於後世耳。

然則阮籍所以舍儒入道，放浪形骸，希慕隱逸，不惜含汙忍垢者，其故安在哉？《晉書》本傳曰：

籍本有濟世志，屬魏晉之際，天下多故，名士少有全者。籍由是不

與世事，遂酣飲為常。

斯語道盡阮公平生委曲矣。《文選‧詠懷詩》顏延之注曰：「阮籍在晉文代，常慮禍患，故發此詠耳。」李善曰：「嗣宗身仕亂朝，恐罹謗遇，因茲發詠，每有憂生之嗟。」又曰：「詠懷者，謂人情懷，籍於魏末晉文之代，常慮禍患及己，故有此詩，多刺時人無故舊之情，逐勢利而已。」《稗史彙編》卷八五〈人事門〉阮籍高識條論之最詳，曰：

世論多以阮籍為放曠不羈之士，守禮者羞言之，蓋以迹觀，而不以心察之也。予見其流離不理，若與世違，然觀楚漢戰場，則曰：「時無英雄，使豎子成名。」豈忘慮於世變哉？口不臧否，然待人以青白眼，豈無意於人物哉？居喪食肉，然慟哭則嘔血數斗，豈忘情於哀戚哉？當其王道不競，強臣擅威，戮大臣如刺犬豕，故張華、衛瓘以清直死，嵇康以高簡死，王衍以清談死，陸機、陸雲以俊才死。至文帝將求婚，鍾會欲詢以時事，而致之罪，而籍終以沈緬避，其察微見遠，寄托保身，非高出數子之上，其能脫屣於禍牢哉？吁！善觀人者，當攷其迹，而逆察其心，乃可也。

〔註70〕各本同，張本「蓋」作「葢」。
〔註71〕見《船山遺書全集》第二十本，《古詩評選》卷二。

茲觀籍所撰〈詠懷詩〉，則知上諸家說法皆探得籍旨，非矯違屈附之論也。前所舉第十五首於「昔年十四五，志尚好書詩；被褐懷珠玉，顏閔相與期」下，又曰：

> 開軒臨四野，登高望所思；丘墓蔽山岡，萬代同一時；千秋萬歲後，
> 榮名安所之；乃悟〔註72〕羨門子，噭噭今自嗤。〔註73〕

何焯曰：

> 此言少時敦悅詩書，期追顏閔，及見世不可爲，乃蔑禮法以自廢，
> 志在逃死，何暇顧身後之榮名哉？因悟安期羨門，亦遭暴秦之代，
> 詭託神仙爾。〔註74〕

第四十二首於「王業須良輔，建功俟英雄；元凱康哉美，多士頌聲隆」下，籍曰：

> 陰陽有舛錯，日月不常融；天時有否泰，人事多盈沖；園綺遯南岳，
> 伯陽隱西戎；保身念道眞，寵耀焉足崇；人誰不善始，尠能尅厥終；
> 休哉上世士，萬載垂清風。

陳祚明曰：

> 使果盛世登庸，豈不甚願？然不可逢也。故知退隱誠非得已，然旣
> 時須隱遯，此念宜堅。〔註75〕

而六十一首「少年學擊劍，妙伎過曲城」云云下，更明揭悔恨之生，曰：

> 旗幟何翩翩，但聞金鼓鳴；軍旅令人悲，烈烈有哀情；念我平常時，
> 悔恨從此生。

陳沆《詩比興箋》曰：

> 悔所學之無用，其志欲何爲哉？

曾國藩《十八家詩鈔》曰：

> 少年欲從軍立功，而晚節悔恨者，念仇敵不在吳蜀，而在堂廉之間也。

職是之故，阮詩多有一首之內，前半娓娓敍來，後段忽然逆轉，蓋傷亂世，嫉細人，瀾翻胸次，忉怛反側，陳祚明《采菽堂古詩選》所謂「如白首狂夫，歌哭道中，輒向亂流欲渡」者，烏足以盡其心腸耶？卽狂首奔流，抑當欲渡

〔註72〕各本同，范陳本「悟」作「誤」。
〔註73〕各本同，張本、范陳本「嗤」作「蚩」。
〔註74〕見黃注第十五首引。
〔註75〕見黃注第四十二首引。

河無船矣。故託言神仙以自肆，詭遁放達以自汙，鬱鬱累累，心灰腸斷，輪轉肺肝，無淚可泣，斯千古一阮嗣宗也。

茲就五言八十二首，可得而說者三。一者：觀夫世道險巇，群小囂囂，覆手翻雲，居心叵測，而仁義信實淪喪略盡，如何君子生處斯邦？故阮籍曰：

二妃遊江濱，逍遙順風翔；交甫懷環珮，〔註76〕婉孌有芬芳；猗靡情歡愛，千載不相忘；傾城迷下蔡，容好結中腸；感激生憂思，萱〔註77〕草樹蘭房；膏沐〔註78〕為誰施，其雨怨朝陽；如何金石交，一旦更離傷。（第二首）

炎暑惟茲夏，三旬將欲移；芳樹垂綠葉，青雲自逶迤；四時更代謝，日月遞差馳；〔註79〕徘徊空堂上，忉怛莫我知；莫覿辛歡好，不見悲別離。（第七首）

灼灼西隤日，餘光照我衣；迴〔註80〕風吹四壁，寒鳥相因依；周周尚銜羽，蛩蛩亦念飢；〔註81〕如何當路子，磬折忘所歸；豈為夸譽名，憔悴使心悲；寧與燕雀翔，不隨黃鵠飛；黃鵠遊四海，中路將安歸。（第八首）

北里多奇舞，濮上有微音；輕薄閒遊子，俯仰乍浮沈；捷徑從狹路，儵忽趨荒淫；焉見王子喬，乘雲翔鄧林；獨有延年術，可以慰吾心。（第十首）

拔劍臨白刃，安能相中傷；但畏工言子，稱我三江旁；飛泉流玉山，懸車栖〔註82〕扶桑；日月徑千里，素風發微霜；勢路有〔註83〕窮達，咨嗟安可長。（第二十五首）

自然有成理，生死道無常；智巧萬端出，大要不易方；如何夸毗子，作色懷驕腸；乘軒驅良馬，憑几向膏粱；被服纖羅衣，深榭設閒房；不見日夕華，翩翩飛路傍。（第五十三首）

〔註76〕各本同，丁本「懷環珮」作「解佩環」。
〔註77〕各本同，丁本「萱」作「蕿」。
〔註78〕各本同，丁本「膏」作「蘭」。
〔註79〕各本同，張本、丁本「差馳」作「參差」。
〔註80〕各本同，古箋本「迴」作「回」。
〔註81〕各本同，張本、丁本「饑」作「飢」。
〔註82〕各本同，張本、丁本、范陳本「栖」作「棲」。
〔註83〕各本同，范陳本「有」作「自」。

貴賤在天命，窮達自有時；婉孌佞邪子，隨利來相欺；孤恩〔註84〕
損惠施，但爲讒夫嗤；〔註85〕鵾鴿鳴雲中，載飛靡所期；焉知傾側
士，一旦不可持。（第五十六首）

人知結交易，交友誠獨難；險路多疑惑，明珠未可干；彼求饗太牢，
我欲幷〔註86〕一餐；損益生怨毒，咄咄復何言。（第六十九首）

修塗馳軒車，長川載輕舟；性命豈自然，勢路有所繇；高名令志惑，
重利使心憂；親昵懷反側，骨肉還相讎；更希毀珠玉，可用登遨遊。
（第七十二首）

梁東有芳草，一朝再三榮；色美艷姿美，光華耀傾城；豈爲明哲士，
妖蠱誆媚生；輕薄在一時，安知百世名；路端便娟子，但恐日月傾；
焉見冥靈木，悠悠竟無形。（第七十五首）

再者：世禍迭至，殺戮無已，雖在箕山穎水之畔，不足爲高，苟一失足，則
身首離析，曾不旋踵。夫廟堂之間，風譎雲詭，有志之士，如何自保？歎此
人命岌岌，危若纍卵，而盛世難再，河清幾時，仰頸聖朝，徘徊衢道，眞不
知何去何從矣。故阮籍復吟曰：

夜中不能寐，起坐彈鳴琴；薄帷鑒明月，清風吹我襟；〔註87〕孤鴻
號外野，翔鳥鳴北林；徘徊將何見，憂思獨傷心。（第一首）

嘉樹下成蹊，東園桃與李；秋風吹飛藿，零落從此始；繁華有憔悴，
堂上生荊杞；驅馬舍之去，去上西山趾；一身不自保，何況戀妻子；
凝霜被野草，歲暮亦云已。（第三首）

步出上東門，北望首陽岑；下有采薇士，上有嘉樹林；良辰在何許，
凝霜霑衣襟；寒風振山岡，玄雲起重陰；鳴雁飛南征，鶗鴃發哀音；
素質游〔註88〕商聲，悽愴傷我心。（第九首）

登高臨四野，北望青山阿；松柏翳岡岑，飛鳥鳴相過；感慨懷辛酸，
怨毒常苦多；李公悲東門，蘇子狹三河；求仁自得仁，豈復歎咨嗟。
（第十三首）

〔註84〕 各本同，張本、丁本、范陳本「恩」作「思」。
〔註85〕 各本同，張本、丁本、范陳本「嗤」作「蚩」。
〔註86〕 各本同，范本「幷」作「足」。
〔註87〕 各本同，張本、《文選》「襟」作「衿」。
〔註88〕 各本同，范陳本「游」作「遊」。

西方有佳人，皎若白日光；被服纖羅衣，左右珮雙璜；修容耀姿美，順風振微芳；登高眺所思，舉袂當〔註89〕朝陽；寄顏雲霄間，揮袖凌虛翔；飄颻恍惚中，流盼顧我旁；悅懌未交接，晤言用感傷。（第十九首）

楊朱泣歧〔註90〕路，墨子悲染絲；揖讓長離別，飄颻難與期；豈徒燕婉情，存亡誠有之；蕭索人所悲，禍釁不可辭；趙女媚中山，謙柔愈見欺；嗟嗟塗上士，何用自保持。（第二十首）

朝陽不再盛，白日忽西幽；去此若俯仰，如何似〔註91〕九秋；人生若塵路，天道竟〔註92〕悠悠；齊景升丘山，涕泣紛交流；孔聖臨長川，惜逝忽若浮；去者余不及，來者吾不留；願登太華山，上與松子遊；漁父知世患，乘流泛輕舟。（第三十二首）

步遊三衢旁，惆悵念所思；豈為今朝見，恍惚誠有之；澤中生喬松，萬世未可期；高鳥摩天飛，凌雲共遊嬉；豈有孤行士，垂涕悲故時。（第四十九首）

驚風振四野，迴雲蔭堂隅；〔註93〕牀帷為誰設，几杖為誰扶；雖非明君子，豈闇桑與榆；世有此聾聵，〔註94〕茫茫將焉如；翩翩從風飛，悠悠去故居；離麾玉山下，遺棄毀與譽。（第五十七首）

寒門〔註95〕不可出，海水焉可浮；朱明不相見，奄昧獨無侯；持瓜思東陵，黃雀誠獨羞；失勢在須臾，帶劍上吾丘；悼彼桑林子，涕下自交流；假乘汧渭間，鞍馬去行遊。（第六十六首）

三者：人生脩短，適寄一世，奄忽而往，倏若飆塵，其間富貴功名，夸榮令譽，不過煙雲過眼，黃粱一夢，奚足多慕？而膏火自煎，多才速禍，則莫若削去俗情，遠遊輕舉，呼吸沆瀣，餐食雲霞，遺其耳目，忘其肝膽，則庶幾乎與松喬比壽，返朴而歸眞。故阮籍復吟曰：

〔註89〕各本同，范陳本「當」作「向」。
〔註90〕各本同，張本、黃注本「歧」作「岐」。
〔註91〕各本同，范陳本「似」作「以」。華正版曰：「以通作已，兩句猶言好像還是眼前的事，怎麼已經九年了。作似不可通。」
〔註92〕各本同，張本、丁本、古箋本「竟」作「邈」。
〔註93〕各本同，范陳本「隅」作「除」。
〔註94〕各本同，張本「聵」作「隤」，丁本、黃注本作「瞶」。
〔註95〕各本同，張本、范陳本、古箋本「寒」作「塞」。

昔聞東陵瓜，近在青門外；連畛距阡陌，子母相鉤帶；五色曜朝日，
嘉賓四面會；膏火自煎熬，多財為患害；布衣可終身，寵祿豈足賴。
（第六首）

若木〔註96〕燿西〔註97〕海，扶桑翳瀛洲；日月經天塗，明暗不相伴；
〔註98〕窮達自有常，得失又何求；豈效路上童，攜手共邀遊；陰陽
有變化，誰云沈不浮；失鼈躍飛泉，夜飛過吳洲；俛仰運天地，再
撫四海流；繫累名利塲，〔註99〕驚駿同一靮；豈若遺耳目，升遐去
殷憂。（第二十八首）

驅車出門去，意欲遠征行；征行安所如，背棄〔註100〕夸與名；夸名
不在己，〔註101〕但願適中情；單帷蔽皓日，高榭隔微聲；讒邪使交
疏，〔註102〕浮雲令晝冥；嬿婉同衣裳，一顧傾人城；從容在一時，
繁華不再榮；晨朝奄復暮，不見所歡形；黃鳥東南飛，寄言謝友生。
（第三十首）

世務何繽紛，人道苦不遑；壯年以時逝，朝露待太陽；願攬〔註103〕
義和轡，白日不移光；天階路殊絕，雲漢邈無梁；濯髮暘谷濱，遠
遊崑岳〔註104〕傍；登彼列仙岨，採此秋蘭芳；時路烏足爭，太極可
翱翔。（第三十五首）

混元生兩儀，四象運衡璣；皦〔註105〕日布炎精，素月垂景輝；〔註
106〕昚度〔註107〕有昭回，哀哉人命微；飄若風塵逝，忽若慶雲晞；
修齡適余願，光寵非己〔註108〕威；安期步天路，松子與世違；焉

〔註96〕各本同，張本、丁本、范陳本「木」作「花」。
〔註97〕各本同，丁本、范陳本「西」作「四」。
〔註98〕各本同，張本、丁本、范陳本「伴」作「讎」。
〔註99〕各本同作「場」，黃注本「場」作「塲」。
〔註100〕各本同，張本「棄」作「弃」。
〔註101〕各本同，張本、古箋本「己」作「已」。
〔註102〕各本同，范陳本「疏」作「流」。
〔註103〕各本同，張本「攬」作「擥」。
〔註104〕各本同，丁本、范陳本「岳」作「嶽」。
〔註105〕各本同，張本「皦」作「皠」，丁本、黃注本作「皦」。
〔註106〕各本同，張本、古箋本「輝」作「暉」。
〔註107〕各本同，古箋本「昚度」作「度昚」。
〔註108〕各本同，張本、古箋本「己」作「已」。

得凌霄翼，飄颻登雲巍；〔註109〕嗟哉尼父志，何爲居九夷。（第四十首）

生命辰安在，憂戚涕沾襟；高鳥翔山岡，燕〔註110〕雀棲下林；青雲蔽前庭，素琴悽我心；崇山有鳴鶴，豈可相追尋。（第四十七首）

十日出暘谷，弭節馳萬里；經〔註111〕天耀四海，倏忽潛濛汜；誰言焱炎久，遊沒何行俟；〔註112〕逝者豈長生，亦去荊與杞；千秋猶崇朝，一餐聊自已；是非得失間，焉足相譏理；計利知術窮，哀情遽能止。（第五十二首）

有悲則有情，無悲亦無思；〔註113〕苟非嬰罔罟，何必萬里畿；翔風拂重霄，慶雲招所晞；灰心寄枯宅，曷顧人間姿；始得忘我難，焉知嘿自遺。（第七十首）

猗歟上世士，恬淡志安貧；季葉道陵遲，馳騖紛垢塵；甯子豈不類，楊〔註114〕歌誰肯殉；栖栖非我偶，徨徨非己〔註115〕倫；咄嗟榮辱事，去來味道眞；道眞信可娛，清潔存精神；巢由抗高節，從此適河濱。（第七十四首）

墓前熒熒者，木槿耀朱華；榮好未終朝，連〔註116〕飇隕其葩；豈若西山草，琅玕與丹禾；垂影〔註117〕臨增〔註118〕城，餘光照九阿；寧微少年子，日夕歡咨嗟。（第八十二首）

以上三因，大抵言：一曰社會因素，二曰政治因素，三曰人命之感。三者交相關聯，洵難強區涇渭，而政治一因尤其關鍵也。各因之時代背景於下章詳說，茲不贅述焉。

　　阮籍雖於忉怛反側之餘，希欲隱逸，每欲託足僊人以超舉，然縱觀歷代

〔註109〕古箋本、黃箋本作「巍」，張本、丁本「巍」作「湄」，范陳本作「眉」。
〔註110〕各本同，張本「燕」作「鷰」。
〔註111〕各本同，范陳本「經」作「遙」。
〔註112〕各本同，范陳本「俟」字缺。
〔註113〕各本同，范陳本、古箋本作「無情亦無悲」。
〔註114〕各本同，丁本「楊」作「揚」。
〔註115〕各本同，張本、古箋本、黃注本「己」作「巳」。
〔註116〕各本同，張本「連」作「車」。
〔註117〕各本同，范陳本「影」作「穎」。
〔註118〕各本同，范陳本「增」作「層」。

神仙之說，穿鑿比附，曾未覩果有蟬蛻化羽之人，捫心撫時，其如自欺欺人何？〈詠懷詩〉第四十一，五十五，七十八首，語之詳矣。詩曰：

> 天網彌四野，六翮掩不舒；隨波〔註119〕紛綸客，汎汎若鳧鷖；生命無期度，朝夕有不虞；列仙停脩齡，養志在沖虛；飄颻雲日間，邈與世路殊；榮名非己寶，〔註120〕聲色焉足娛；採藥無旋返，〔註121〕神仙志不符；過此良可惑，令我久躊躇。（第四十一首）

> 人言願延年，延年欲焉之；黃鵠呼子安，千秋未可期；獨坐山巖中，惻愴懷所思；王子亦何好，猗靡相攜持；悅懌猶今辰，計較在一時；〔註122〕置此明朝事，日夕將見欺。（第五十五首）

> 昔有神仙士，乃處射山阿；乘雲御飛龍，噓喻嘰瓊華；可聞不可見，慷慨嘆咨嗟；自傷非儔〔註123〕類，愁苦來相加；下學而上達，忽忽〔註124〕將何如。（第七十八首）

誠然，專心致力於神僊延年之術，似可脫然塵網，了無羈絆，然吾人焉知乎永生之說，果可得乎？果不可得乎？且壽之長者莫若彭祖，而彭祖之壽顧大椿千秋之齡，不抑渺乎小哉？往昔之論曰：黃帝乘龍登升，其小臣攀附隨往者不下十百，髯拔，墮者亦復不下十百；周靈王太子晉上嵩高山三十餘年，卒於緱氏山嶺騎白鶴數日而去，家人仰望，終不可及。嘻！悠悠千載，其已去者曾不一返，而未去者又不曾一往，如是觀之，吾奚知吾之得與否，既得，何往何適耶？第漢武帝時有東方朔者，智者言歲星日生，容迹皇朝，言談滑稽，行性倡優，然一朝而賣藥五湖，風飄以去。嗚呼！方其未去，如何知其非俗子耶？方其已去，如何知其非僊人耶？如是觀之，吾復奚知吾之與僊儔與非儔歟？是則海上如瓜棗，可聞不可逢，鍊魂魄，去三尸，帝鄉其事癡絕矣。向秀〈難嵇叔夜養生論〉卽曰：「又云：導養得理，以盡性命，上獲千餘歲，下可數百年。未盡善也，若信可然，當有得者，此人何在？目未之見，

〔註119〕各本同，范陳本「波」作「彼」。

〔註120〕各本同，張本、古箋本「己」作「已」。

〔註121〕各本同，古箋本「返」作「還」。

〔註122〕各本同，范陳本「獨坐山巖中，惻愴懷所思；王子亦何好，猗靡相攜持；悅懌猶今辰，計較在一時」，唯作「舊冕安能處，山岩在一時」兩句。又「獨坐山巖中」一句除范陳外各本同，而張本「巖」作「嵓」。

〔註123〕各本同，張本、范陳本「儔」作「疇」。

〔註124〕各本同，范陳本缺一「忽」字。

此殆影響之論，可言而不可得。」〔註125〕故阮公歎曰：「神仙志不符」，「過此良可惑」，「延年將欲之」，「千秋未可期」，「下學而上達，忽忽將如何」；終竟虛擲時月，忽忽蹉跎而已矣。人生至此，無所逃避，可謂百般恨事，千般無奈，萬念俱寂也，是以嗣宗胸臆最爲苦恫，窮塗末路，唯獨長嘯慟哭而已矣。黃晦聞注阮詩曰：「隨波相逐，則生命無常；志在神仙，而採藥又不足信；二者相迫於中，躊躇不能自決，以是良可惑耳。」〔註126〕深乎慨也。

　　由是觀之，則知依違儒道，洵又嗣宗不得已者二也，故竹林名士以劇飲見稱，而〈詠懷詩〉中，絕無飲酒字眼，此點吳喬《圍爐詩話》頗已言之；〔註127〕葉夢得《石林詩話》卷下亦曰：「飲者未必劇飲，醉者未必眞醉也，凡後世不知此，凡溺於酒者，往往以嵇（康）、阮（籍）爲例，濡首腐脅，亦何恨於死邪？」若韓文公之明，初非知阮之醉，及讀〈詠懷詩〉，乃頓然覺悟嗣宗懷抱有爲事物是非相感發，顏氏子操瓢簞，曾參歌聲出金石之比也，儻得與孔聖，則師之汲汲，唯恐不及，其於外也固不暇，尚何麴蘗之託而昏冥之逃邪？〔註128〕故唐獨孤及〈阮公嘯臺頌序〉云：

　　公以全德生於衰世，於時中州多故，大道浸□。缺於用者，知膏火自爍；逃於累者，懼木雁兩傷。公由是內張道機，外隳天毅，土梗聖智，粃糠軒冕。遂登廣武以覽古，望梁臺而寓詞，埋照於竹林，放神於蓬池，德充也爾。其興懷昔遊，故爲東平相；怡情善釀，故受步兵校尉。弛張蓬宵之際，出處夷惠之表；否泰莫得介於靈府，名實不足汨其沖氣。螭蟠龍臥，與道偕隱。所以沈吟志全，慷慨神王，獨立長嘯，遺榮此臺。〔註129〕

明鍾伯敬《史懷》卷一九亦云：

　　嗣宗負濟世之志，而又有其才，無論廣武、武牢之歎，見其英雄本色。所謂閉戶視書，累月不出，登山臨水，經日忘歸，皆是用

〔註125〕見《全晉文》卷七二。
〔註126〕見黃注本第四十一首。
〔註127〕吳喬《圍爐詩話》卷二：「阮公一生長醉，而詩不言酒。」。
〔註128〕《韓昌黎全集》卷二○〈送王秀才序〉：「吾少時讀醉鄉記，私怪隱居者無所累於世，而猶有是言，豈誠旨於味邪？及讀阮籍陶潛詩，乃知彼雖偃蹇，不欲與世接，然猶未能平其心，或爲事物是非相感發，若顏氏子操瓢與簞，曾參歌聲若出金石，彼得聖人而師之汲汲，每若不可及，其於外也不暇，尚何麴蘗之託，而昏冥之逃邪？」。
〔註129〕見《欽定全唐文》卷一六。

世人深心冷眼，有此一種行徑。及見魏晉之際，名士少有全者，
乃始遺落世事，以酣飲爲常。或使人謂狂，或使人謂愼，作用不
同，皆繇全身一念出之，而烈士壯心，終不可已。故其率爾獨行，
不繇徑路，車迹所窮，輒痛哭而反，蓋自傷其時之不可爲，而志
之不能酬也。如醉臥鄰婦之側，乞身步兵之廚，聊以自遣，其窮
途之一哭而已。

近人蕭滌非錄黃晦聞先生之言，亦云：

魏晉之交，老莊之學盛行，嗣宗亦著有達莊通老之論，然嗣宗實一
純粹儒家也。內懷悲天憫人之心，而遭時不可爲之世，於是乃混迹
老莊，以玄虛恬淡，深自韜諱，蓋所謂有託而逃焉者也，非嗣宗之
初心也。此點自來無人見得，嵇叔良碑文銘亦純作道家語以爲稱
頌，此實大謬。假如嗣宗眞如所謂天挺無欲，混齊榮辱，賾神太素，
簡邁時局者，則亦不至蒿目時艱，而徘徊忉怛以作〈詠懷詩〉矣。
卽作，又何至如此之多也。此豈道家絕聖棄智，以文字爲糟粕之旨
哉？〔註130〕

又云：

嗣宗爲一純粹儒家之思想，詩中言及者不一而足，第後人多未細究
耳。如昔年十四五，志尚好書詩，被褐懷珠玉，顏閔相與期（詠懷
其十五）；終身履薄冰，誰知我心焦（其三十三）；豈有明哲士，妖
蠱詔媚生，輕薄在一時，安知百世名（其七十五）；河濱嗟虞，敢不
希顏，志存明規，匪慕彈冠，我心伊何，其芳若蘭（四言詩其三）；……
凡此皆儒家之言也。嗣宗分明是學孔子顏子，而觀其六十一詩，尤
足以見其儒家守禮安貧之風範，孟子所謂富貴不能淫，貧賤不能移，
威武不能屈者是也。

噫！君子者言行殊塗，顯晦不同，然處則振拔踆埃，修名順欲，超然絕俗，
養粹於巖阿，銷聲乎林曲，孔子曰：「道不行，乘桴浮於海。」厥義夐矣。嗣
宗之依違儒道之間，委蛇屈曲，煞費周章，然其中有眞意也。

〔註130〕《學衡》第七十期蕭滌非〈讀阮嗣宗詩札記〉：「余從黃節先生受阮詩，一年
而竟其業。先生窮數載之力，成《阮步兵詠懷詩注》一書，精確詳贍，蒐集
靡遺，而體會入微，尤多獨到之見，發潛德之幽光，實後學之津梁。然先生
平日所講，妙旨精義，往往有超出於文字蹊徑之外，而爲註解所未詳者，茲
特就平素所錄，作爲札記一篇。」故此文所載大抵可繫諸黃節。

第三節 蹭蹬仕途

　　夫學乃國華，忠為令德，譬人倫之有冠冕也，然遭逢匪時，王綱解紐，群豪逐鹿，則道映陵寒，賢人委質，左眄右顧，依歸無所，而惶恐屏營，未知措其手足矣。故《晉書》卷三六〈衛瓘傳〉，史臣贊曰：「忠於亂世，自古為難。」深乎其慨也。自桓靈，歷曹魏，迄司馬，百二十餘年間，閹豎擅權，軍閥割據，曹篡漢統，晉革魏祚，曾不旋踵而變亂紛乘，禍釁沓至，天下分崩離析，生靈水火倒懸，殆吾中華史來之未嘗有者。凡百君子生乎斯時也，去就出處，易生嫌疑，貴與賤幷沒，仕與隱兩難，此上下相疑之時也，雖欲以無嫌待，猶懼未免，誰不悚然自危哉？阮籍不幸，生五十有四年，丁三朝更嬗，而名高速忌，動輒罹咎，漢魏司馬孰附孰離？譬若老狼，跋胡躓尾，進退失據，其於仕宦，心焉切切，勞兮怛怛，百代以下，難以情測，此點自來為論家最爭執也。故高尚者，美諸「儔聲周於三府，英妙軼乎五君」；〔註131〕鄙薄者，詈其「不得為大丈夫」；〔註132〕褒貶異轍，相去不啻百千萬里，而情偽恍惚，莫衷一是者，亦復百餘家，其中除顏延年所謂「說者阮籍在晉文代，常慮禍患，故發此詠耳。」〔註133〕立說不知所指外，茲臚列古今說法，略選六十餘家，成「阮嗣宗政治立場臆測舉隅表」，如次：

	姓　　名	派　系	意　　　見	所見書文	備　考
（1）	沈　約	曹魏	馬氏執國，欲以智計傾皇祚，誅鉏勝己，靡或有遺，玄伯太初之徒並出，嵇生之流，咸已就戮。……阮公才器宏廣，亦非衰世所容，……若率其恆儀，同物俯仰，邁群獨秀，亦不為二馬所安，故毀行廢禮，以穢其德，崎嶇人世，僅然後全。	《七賢論》	《全梁文》卷二九
（2）	張　銑	曹魏	（第二首詩注）晉文王初有輔政之心，為美行佐主有如此者，後遂專權而欲篡位，使我感激而生憂思。	《文選》六臣注	《文選》卷二三
（30）	劉　良	曹魏	（第七首詩注）喻晉篡魏而別離也。	《文選》六臣注	《文選》卷二三

〔註131〕曾運乾〈序〉古直《阮嗣宗詩箋》：「伊昔魏晉嬗代之際，天軌閉塞，群偽射真，仁賢潔身而飛遯，夸毗攀附以希榮，豺氣狼聲，炰然當道，其惟阮生承命世之美，虎亢龍之位，儔聲周於三府，英妙軼乎五君，憑廣武以弔英雄，倚長劍而歌壯士，經緯之氣，濟世之志，瑰傑宏放。」

〔註132〕何焯《義門讀書記》：「勸進者自鄭沖，若嗣宗代草，尚未可擠之亂賊也，畏禍操筆，不得為大丈夫耳。」

〔註133〕見《文選》卷二三，〈詠懷詩〉注。

（4）	呂　向	曹魏	（第一首詩注）孤鴻，喻賢臣孤獨在外。號，痛聲也。翔鳥，鷙鳥，好迴飛，以比權臣在近，則謂晉文王也。	《文選》六臣注	《文選》卷二三
（5）	呂延濟	曹魏	（第十二首詩注）言安陵龍陽以色事楚魏之主，尚猶盡心如此，而晉文王蒙厚恩於魏，不能竭其股肱，而將行篡奪，籍恨之甚，故以刺也。	《文選》六臣注	《文選》卷二三
（6）	李周翰	曹魏	（第五首詩注）喻人素有美行於魏，今失路歸晉者，其於美行，盡以喪矣，將如之何哉？	《文選》六臣注	《文選》卷二三
（7）	劉　履	曹魏	（第二首詩注）初司馬昭以魏氏託任之重，亦自謂能盡忠於國，至是專權僭竊，欲行篡逆，故嗣宗婉其詞以諷刺之。	選詩補注	黃節《阮步兵〈詠懷詩〉注》引
（8）	張　溥	曹魏	晉王九錫，公卿勸進，嗣宗製詞，婉而善諷。司馬氏孤雛人主，豺聲震怒，亦無所加。正言感人，尚愈寺人孟子之詩乎？	《漢魏六朝百三家集·題辭》	
（9）	茅鹿門	曹魏	阮步兵不諱此文（〈勸晉王牋〉），誠有遐慮。乃其布辭蘊義，深合大雅之體，去諛文飾說遠矣。		《漢魏名乘》引
（10）	陳德文	曹魏	今覽其詠懷八十一篇，〔註134〕語莊義密，曲高和寡，脫駕于東陵，寓言乎子晉，怨凝楚婉，心結首陽，惻怛鬱沈，和平婉順，庶幾哀而不傷者。百世之下，信難以情測也。計籍不死，必不勸進晉王，必恥仕司馬氏，乃管幼安、王偉元，其優爲者。	阮嗣宗進牋	《兩漢魏晉十一家文集》
（11）	蔣師爚	曹魏	（第七首詩注）此乃以魏之待山陽公者，望晉以之待常道鄉公，無令成濟之輩，又爲高貴覆轍也。	《阮步兵〈詠懷詩〉注》	黃節《阮步兵〈詠懷詩〉注》引
（12）	陳　沆	曹魏	未九鼎神姦，必寫其情狀，小雅巷伯，必盡其形容，使民知之，不逢不若云爾。典午父子，陰譎險詐，奸而不雄，是以廣武歎豎子之名，詠懷多妾婦之況，嘲笑代其怒詈，此興蹈其刺激。	《詩比興箋》	
（13）	王闓運	曹魏	（第三十二首詩注）言不爲魏死，恥與晉生。	《八代詩選》	
（14）	方東樹	曹魏	（第十一首詩注）此借楚王荒淫無道將亡，以比今日之曹爽，不知司馬氏之同於穰侯，將以調酸鹹耳。	《評古詩選》	
（15）	曾國藩	曹魏	（第五十一首詩注）首四句言曹氏施厚澤於司馬，而遭其反噬。末二句言司馬氏機智可怖。	《求闕齋讀書錄》	

〔註134〕八十一篇疑當作八十二。

（16）	吳汝綸	曹　魏	（第十九首詩注）此首似言司馬氏之於己也，末言彼雖悅懌，吾則未與交接也，然吾終身世之感傷，蓋興亡之感，憂生之嗟，無時可忘。	《古詩鈔》	
（17）	陳祚明	曹　魏	（第二十首詩注）典午竊國深心，初似誠謹，信用之後，權在難除，喪亡孰不悲，而禍釁已成，烏能自保？	《采菽堂古詩選》	黃節《阮步兵〈詠懷詩〉注》引
（18）	楊宗義	曹　魏	（第二首詩注）陳允倩云：悲不能宣力以答曹恩也，嗣宗、元瑜子，故應爾。	《歷代五言詩評選》	
（19）	張宛鄰	曹　魏	（第四首詩注）天馬二句，喻司馬有必興之勢。《春秋》更代，魏祚將移，不能常保。霜露摧殘，自甘醜老，不惜與時乖左也。		《歷代五言詩評選》引
（20）	王有宗	曹　魏	（第六十六首詩注）朱明奄昧，喻魏祚傾頹。東陵黃雀，謂鼎革後失勢諸王公。桑林子，亦謂失勢窮餓之貴冑。帶劍上吾丘，言魏氏諸陵爲人所蹂躪也。	評注《十八家詩鈔》	
（21）	郭象升	曹　魏	阮嗣宗當易代之際，縱酒昏酣，遺落世事，然猶不免當世之譏者，徒以代鄭沖等草勸進牋也，勸進牋意在規切，文章之士多能言之，以余觀之，不惟規切曲當，殆幾於識治矣。	〈書阮籍傳後〉	《郭允叔文鈔》
（22）	黃　節	曹　魏	（第五十一首詩注）言魏以恩澤加於司馬氏，而不能得其丹心，則恩澤失矣。……收言司馬氏不知所以報恩，而反以行篡弒，亦猶儵忽之鑿渾沌竅而已矣。	《阮步兵〈詠懷詩〉注》	
（23）	古　直	曹　魏	（第三首詩注）此詩爲齊王芳發也。《魏志》三〈少帝紀〉：明帝無子，養王及秦王詢，宮省事秘，莫有知其所由來者；故云天馬出西北也。……紀又云：嘉平六年秋九月，司馬景王將謀廢帝，以問白皇太后，甲戌，遣芳歸藩於齊，以避皇位，是日遷居別宮，年二十三；齊王歸藩而不見弒，故云《春秋》非有訖；魏之藩王窮若匹夫，故云富貴焉常保也。	《阮嗣宗詩箋》	
（24）	林　庚	曹　魏	（第十一首詩注）詩中所刺時事，前人立說頗多，以劉履說爲近是：「正元（魏高貴鄉公曹髦年號）元年（254）魏主芳幸平樂觀，大將軍司馬師以其荒淫無度；藝近倡優，乃廢爲齊王，遷之河內群臣送者皆爲流涕。嗣宗此詩亦哀齊王之廢乎？蓋不敢直陳遊幸平樂之事，乃借楚地而言。」	《魏晉南北朝文學史參考資料》	

（25）	顧實	曹魏	其作詠懷八十二首，導源〈離騷〉，資以小雅怨誹而不亂之旨，而所詠者，司馬方逞篡奪之陰謀，魏明帝庸愚暗弱，愈起奸雄覬覦之事實也。然其表面之措辭，何等婉曲，毫無忿世嫉俗之語，而繾綣之情，自在言外，抑何其妙也。	《中國文學史文綱》	
（26）	容肇祖	曹魏	阮籍對於魏室，不無感傷。……正元元年（254）秋，阮籍有〈首陽山賦〉，蓋即爲司馬師廢齊王芳而作的。	〈述阮籍嵇康的思想〉	《魏晉的自然主義》
（27）	劉大杰	曹魏	他雖是連續地在司馬父子的手下做著官，那也只是一種無可奈何的明哲保身的方法，他的心境自然是痛苦的。如果他眞是愛富貴，司馬昭替他兒子司馬炎求親的時候，他何必要爛醉六十天，去裝聾賣啞呢？	《中國文學發達史》	
（28）	繆鉞	曹魏	當魏之末世，司馬昭方謀篡竊，當時人才，願與己合作者，則以官祿籠絡之，不與己合作者，則除去之。阮籍名父之子，少有才譽，既不肯依附司馬，助其篡竊，如再避不出仕，將爲昭所惡，性命難全，然如當官處事，卓著效績，則又必爲昭所忌，故阮籍既求東平相，又求步兵校尉，司馬昭均悅而與之，籍到官後，故爲放縱脫略之行，不以官職政事爲意，則昭以爲如阮籍者，不過一浮華放誕之士，徒有虛名，而無實才，不足畏忌；阮籍私人行爲，任意放蕩，不守禮法，不顧世議，司馬昭反而保護之。	〈清談與魏晉政治〉	《中國文化研究所彙刊》第八卷
（29）	徐高阮	曹魏	竹林七賢並不是一群只愛清談的文人。他們是魏晉之際一個鋒芒很露的朋黨。他們的清極狂放都只是對司馬氏專政謀篡的一種抗議。……不過七賢才性各異，他們在政治上的使命和遭際也彼此不同。嵇康激烈而蒙禍，阮籍至愼以全身。	〈山濤論〉	《中央研究院歷史語言研究所集刊》第四一本第一分
（30）	錢穆	曹魏	當時司馬氏政權，一面籠絡私德很高的賢士，來隱蔽其惡化政治的醜相，一面又不願正人君子干預政治，因此逼得一般學者都意態消極，趨向老莊。……阮籍又是一個不忘情於政治的人，不過目擊何晏夏侯玄諸人受戮，內心灰頹，想作一個明哲保身之士。	〈魏晉玄學與南渡清談〉	《中國學術思想史論叢》（三）
（31）	陳寅恪	曹魏	阮籍雖不及嵇康之始終不屈身司馬氏，然所爲不過「祿仕」而已，依舊保持其放蕩不羈的行爲，所以符合老莊自然之旨，故主張名教身爲司馬氏佐命元勛如何曾之流欲殺之而後快。	〈陶淵明之思想與清談之關係〉	《陳寅恪先生論文集》（上冊）

（32）	沈祖棻	曹魏	嗣宗父元瑜以文學受知於曹操，頗見優禮。(《魏志》卷二一〈王粲傳〉)元瑜雖卒於漢末，嗣宗則長於魏朝，故其出仕，已在漢魏易代之後，忠於曹氏，乃屬當然，乃司馬氏威權日盛，嗣宗遠識，已知事不可爲，故韜晦市朝，苟全性命。	〈阮嗣宗「詠懷」詩初論〉	《國文月刊》第六五期
（33）	蕭滌非	曹魏	嗣宗於魏室，心懷眷戀，而不敢明詆晉室，以招非命，故一出之以隱語，迷離恍惚，莫可究詰。	〈讀阮嗣宗詩札記〉	《學衡》第七十期
（34）	張長弓	曹魏	阮氏生的時代不良，正當司馬氏要篡奪天下的時候，他本與魏室有宗親，眼看著國事日非，而無可奈何，自然要牢騷滿腹，寄之於詩篇了。	《中國文學史新論》	
（35）	王世昭	曹魏	阮氏所詠的故國是已經亡了的魏國。	《中國詩人新論》	
（36）	柳存仁	曹魏	當時正當魏晉之間，司馬氏父子擅權專政，他雖表示不滿，但自己也沒有辦法可想，只好放浪形骸，縱酒自遣了。	《中國文學史》	
（37）	陳鍾凡	曹魏	當魏晉之際，王室孤立，權臣專恣，有身仕亂朝，常恐遇禍，因作詩述者，如阮籍詠懷八十一首〔註135〕是……「嘉樹下成蹊」，「天馬出西北」，「平生少年時」，等皆痛魏室之不振。	《漢魏六朝文學》	
（38）	朱偰	曹魏	籍之父執輩並建安名士；父瑀字元瑜，爲魏丞相掾，知名於時，與北海徐幹，廣陵陳琳，汝南應瑒，東平劉楨，山陽王粲，並見友善，少且受學於蔡邕，其家庭環境，以及幼時所受熏染，多魏初名宿影響，是其衷心向魏，不言可喻。	〈阮籍〈詠懷詩〉之研究〉	《東方雜誌》第四一卷第一期。
（39）	何蟠飛	曹魏	阮籍之代作〈勸晉王牋〉，並非阿諛晉王，而是以大義責晉王。是非曲直，我們一讀原文便可了然。……由此可知籍並非陰附司馬氏，而籍因司馬昭的愛護得保其首領，這是司馬昭的禮賢，而不是阮籍媚司馬氏的結果。	〈阮籍研究〉	《文學年報》第三期
（40）	白簡	曹魏	文學史上的巨匠嵇康阮籍，他們兩人正跨著魏晉之際這一不幸的時代。兩人又都是有學識有思想有政治意識的人，兩人與曹魏都有相當關係，却不願轉向司馬氏。……阮是曹魏建國的勳臣之後，他的父親是阮瑀，瑀以文學襄贊曹操定霸業的，所以阮籍也是傾心於曹魏。	〈魏晉文學思想的述論〉	《文學雜誌》第一卷第四期
（41）	陳延傑	曹魏	阮籍志意超放，遺落世事。又遭晉受魏禪，心懷悲憤，故使氣命詩，足言其志。	〈魏晉詩研究〉	《中國文學研究》

〔註135〕同註134。

（42）	宇野哲人 （日）	曹魏	阮籍原有濟世之志，但當魏晉之際，政局缺少安定，名士全其身者甚少；因此阮籍乃避干世事而隱於酒了。當晉之文帝欲爲其子武帝訂娶其女之時，籍念與武帝訂結婚姻，則恐有背於魏，拒絕婚姻，則又恐遭當時有勢者之怨，而畏禍之及身；於是泥醉六十日，因不得言，說其事遂寢。	《中國哲學概論》	
（43）	阮廷焯	曹魏	《世說新語・文學篇》云：「魏朝封王爲公，備禮九錫，文王固讓不受，公卿將校當詣府敦喻，司空鄭沖馳遣信就籍求文，籍在袁孝尼家，宿醉扶起，書札爲之，無所點定，乃寫付使，時人以爲神筆。」《晉書》本傳記此事略同，而稱其沈醉忘作，則此牋之製，殆欲叚醉而逃者也。《晉書》本傳云：「文帝初欲爲武帝求婚於籍，籍醉六十日，不得言而止，鍾會數以時事問之，欲因其可否而致之罪，皆以酣醉獲免。」此其故智也，今則不得售矣。雖不得已而爲之，猶借支伯許由之事以爲諷。	〈阮籍爲鄭沖〈勸晉王牋〉考辨〉	《大陸雜誌》第三四卷第九期
（44）	梁石	曹魏	眼見司馬氏的統一權勢已成，而他的政治態度上是反對司馬氏的，可是又沒有反抗的力量，在高壓手段之下，更不敢明白表示自己的態度，於是唯有把心中的抑鬱積憤寄託於詩酒之間了。	《中國詩歌發展史》	
（45）	大荒	曹魏	阮籍的「〈首陽山賦〉」是因司馬師強廢齊王芳而寫的。按首陽山乃伯夷叔齊兄弟亡國後採薇的地方，阮籍托古作賦，顯有哀魏之將亡並表示自己將效伯夷叔齊高蹈遠隱的意思。……阮籍的「〈大人先生傳〉」是一篇極受評論的奇文，……「敗絮」一詞之隱喻當時的社會及政治現況，以及「炎丘火流」之隱喻遷祚易代的殺伐。由此可見，「〈大人先生傳〉」是正刺魏國那班虛僞無用的大臣，側哀魏國的亡國了。	《古代作家論》	
（46）	李日剛	曹魏	阮籍目擊司馬氏弑君後，政治濁亂，君子道消，因賦〈詠懷詩〉八十二首，頗得小雅怨誹不亂之旨。	《中國文學史》	
（47）	韓逋仙	曹魏	他對於魏室，不無感傷，而當時大臣如賈充、何曾等，負維持禮教之時譽，實則虛僞成性，拘泥于小節小儀，不但對於舊君情誼，絕不一顧，且常以禮教爲由，傷戮異己。	《中古哲學史要》	

（48）	葉慶炳	曹魏	嵇康阮籍處於魏末衰世，對司馬氏之專權同懷反感。……阮籍爲人，內方外圓，深明保身之道。心雖不滿司馬氏之作爲，但表面上仍虛與委蛇，如自動求爲東平相卽爲顯例。	《中國文學史》	
（49）	齊益壽	曹魏	何以獨在司馬氏門下周旋至死，從不聞有辭退之言？難道這是意謂一種雙面人格，佯斥而實樂與司馬氏同流合汚以享榮華富貴，則何以要大醉六十天以拒絕司馬昭的求婚，對極可能獲至國舅外戚的榮顯地位無動於衷？又何以要把「勸進牋」寫在桌面上而不肯親筆胳在紙上，不去積極爭取求功邀寵的良機？這兩件行爲根本都是在可能的範圍內力求維護清白的一種設計。	〈論阮籍的生命情調〉	《幼獅雜誌》第三七卷第二百四一號
（50）	孫克寬	曹魏	〈詠懷詩〉題旨，應以陳沆箋爲準。〔註136〕	《分體詩選》	
（51）	黃振民	曹魏	（第二首詩注）此似譏刺司馬篡魏之作。詩借朋友爲交不卒，喻司馬晚節不忠。	《歷代詩評解》	
（52）	吳闓生	曹魏	（第十六首詩注）陳沆云：嘉平六年九月甲戌司馬師廢帝爲齊王，乃十九日，師先定謀而後白太后，其在九月十五日相望時乎？	《古今詩範》	
（53）	丁嬰	曹魏	他對於新起的司馬氏政權不願合作，但不像嵇康那樣堅決不仕，而是採取對司馬氏虛與委蛇的態度，縱酒談玄，不問世事，作消極的反抗。	《中國歷代詩選》	
（54）	李直方	曹魏	嗣宗父卽阮瑀，是建安七子之一，曾以文才受知於曹操。嗣宗忠於魏室，是理所當然的。	〈阮籍〈詠懷詩〉論〉	《漢魏六朝詩論稿》
（55）	陳芳基	曹魏	籍父阮瑀以文學受知於曹操，籍自幼失怙，曾受魏文帝之關愛，是其對曹魏自有一分深情，其衷心向魏，不言可喻。	〈阮籍研究〉	《台南家專學報》創刊號
（56）	葉夢得	司馬	籍得全於晉，直是早附司馬師，陰託其庇耳。史言禮法之士嫉之如讎，賴司馬景王全之，以此而言，籍非附司馬氏，未必能脫禍也。今《文選》載蔣濟〈勸進表〉一篇，乃籍所作，籍忍至此，亦何所不可爲？籍著論鄙世俗之士，以爲猶虱處乎褌中，籍委身於司馬氏，猶非褌中乎？	《石林詩話》	
（57）	王士禎	司馬	阮陶二公在典午皆高流，然嗣宗能辭婚司馬氏，而不能不爲公卿作〈勸進表〉，其品遠出陶淵明下矣。	《師友詩傳錄》	

〔註136〕參見「阮嗣宗政治立場臆測舉隅表」（11）陳沆條。

(58)	薛雪	司馬	著作以人品爲先，文章次之，安可將不以人廢爲藉口，昔人云：「阮步兵〈詠懷詩〉寄愁天上，埋憂地下，其胸次非復人間機軸。」而爲諸臣作〈勸進表〉，又不多足矣。	《一瓢詩話》	
(59)	徐昂發	司馬	阮籍雖未仕晉，而勸進一牋，意存黨纂，百喙無詞，載之《晉史》，所以誅心也。	《畏壘筆記》	
(60)	潘德輿	司馬	人之與詩，有宜分別觀者，文人不修小節，其詩不妨節取。若阮籍之黨司馬昭而作勸晉牋，子昂諂武曌，而上書請立武氏九廟，皆事關君國，黨逆賊，名教所不容。吾嘗取籍〈詠懷詩〉八十二首，子昂感遇三十八首，反覆之，皆歸於黃老，其志廓而無稽，其意晦而不明，荒唐隱晦，專爲避禍起見。	《養一齋詩話》	
(61)	陸侃如	司馬	他一登廣武，觀楚漢戰處，嘆道：「時無英雄，遂使豎子成名！」又嘗登武牢山望京邑而嘆。從他這兩次嘆息可知他不能忘情世事，不過魏衰象已見，不願與魏同盡罷了。所以司馬氏二世（懿、師）二次命他做從事郎中，〔註137〕他都沒有辭，而且在司馬師立高貴鄉公時（254），他還做散騎常侍，封關內侯；到司馬昭當權時，他還爲作牋勸受九錫。所以宋人詩話說他有傾向司馬的嫌疑，却也沒有冤枉他。	《中國詩史》	
(62)	何啓民	司馬	按《魏志》高貴鄉公紀曰：「正元元年冬十月甲辰，命有司論廢立定策之功，封爵、增邑、進位，班賜各有差。」籍既封爵進位，將謂籍有廢立定策之大功？尋考諸書，同時封關內侯者，唯得鍾會一人，《魏志》卷二八會傳曰：「高貴鄉公卽尊位，賜爵關內侯。」是但封爵而未能進位，比籍已自不如。鍾會名公之子，司馬氏之親近左右，裴注稱「會歷機密十餘年，頗豫政謀」，然則籍之預謀明甚。	《竹林七賢研究》	
(63)	馮承基	司馬	嗣宗望京邑而歎，遂賦〈豪傑詩〉，其初志蓋與叔夜略同。及曹爽旣誅，嗣宗見機，卽起而歷仕司馬氏父子，與司馬昭尤爲親近，爲之草勸進文，撰魏書一多爲時諱，一味媚於司馬氏，而〈豪傑詩〉，或亦以忌諱不存與？	〈嵇康明膽論測義〉	《書目季刊》第八卷第四期

〔註137〕郎中疑當作中郎。

（64）	黃錦鋐	劉漢	建安二十五年正月曹操卒，曹丕繼位丞相，執掌政權。十月就廢獻帝爲山陽公，自立爲帝。那一年阮籍是十一歲，對於政權的轉移，雖然內幕情形不很瞭解，但以魏晉人士都早熟穎悟的情形看來，對於曹操挾天子以令諸侯，以及曹丕篡位的事實，阮籍是會留下深刻的印象。這種事實，對他的性格產生極深遠的影響。後人對於阮籍爲司馬昭寫勸進文一事有不同的看法，有的人認爲阮籍是忠於曹魏的，因爲在司馬父子的手下做官，寫勸進文是一種無可奈何明哲保身的做法。也有的人則指摘阮籍有傾向司馬氏的嫌疑。假使我們知道他童年所感受的種種經過，就不難瞭解爲什麼他有這兩種不同的心理狀態。他生在漢季衰世，對曹氏父子篡漢的行爲，記憶猶新。對漢朝多少有若干同情的成分存在。然而曹魏代興又是一個事實的問題。從他長大到爲官出仕，可以說都是在魏的年號之下渡過一生。而在晚年又看見司馬重演曹氏的故技，他是有很多的感觸。站在魏室的立場說，他是不應該替司馬出力的，但若回憶到曹氏篡漢的故事，他心中多少是有點袒護漢朝的。當司馬昭封晉公加九錫時，他代公卿百官起草勸進牋，可以說是潛意識報復的一種表現。	〈阮籍和他的〈達莊論〉〉	《師大學報》第二三期。
（65）	王瑤	非曹非馬	站在他們的立場上，如果不這樣消極的話，只有兩條路可走：一條是如晏夏侯玄似地爲魏室來力挽頹殘之局面，一條是如賈充王沈似地爲晉作佐命功臣，建立新貴的地位。但司馬昭之心，路人皆知，何晏爲魏之姻戚，夏侯玄爲宗室，自當知其不可而爲之，竹林諸賢明知其不可爲，而魏的政治情形也並不能滿足他們的理想，那又何必如此呢？	〈中古文人生活〉	《中古文學史論》（二）
（66）	金達凱	非曹非馬	他不滿曹魏政治的嚴苛，而當時的政治實權，又逐漸轉移到司馬之手，司馬氏在進一步專權，面臨篡魏的前夕，對異己的殺戮更加殘酷。……在這險惡的環境裏，阮籍唯有走上消極逃避的路，以圖免禍。	〈漢魏六朝詩的特色〉	《民主評論》第九卷第十一期

以上計六十六家，大抵區分四派，一曰主親曹魏派，凡五十五家；二曰主親司馬派，凡八家；至於近人王瑤、金達凱二君，獨以爲阮公於曹魏、

司馬，俱無親愛，然確切事實，則未闡述，姑列為第三派云爾；吾師　黃錦鋐先生拔新義於眾家之表，以為阮公屬意特在炎漢，此為第四派。茲分述如后：

壹、主親曹魏派

此派聲勢鉅大，始乎六朝，下迄今世，幾成千古定論矣。其恃以立說者二：

（一）〈詠懷詩〉八十二首，剝繭抽絲，務徵史實，殆詩序之遺風餘緒歟？鍾記室〈詩品〉曰：「其源出於〈小雅〉，無雕蟲之功，而〈詠懷〉之作，可以陶性靈，發幽思，言在耳目之內，情寄八荒之表，洋洋乎會乎風雅。」此其唱于前者也，逮六臣注《文選》，繼軌唱喁於後，自是之後，或偶論，或專注，泰半陷斯窠臼，勦襲熟爛，求其興象出新，則尠之又尠。陳沆《詩比興箋》卷二，乃擇錄三十八首，分上中下三章，曰：「〈詠懷詩〉上十二首，皆悼宗國將亡，推本由來，非一日也。〈詠懷詩〉中十首，皆刺權奸，以戒後世也。〈詠懷詩〉下十六首，述己志也，或憂時，或自屬焉。」而皋林楓蘭，秀士朝雲，以視同楚產，起興明帝；共工玄冥，女魃冀州，以翻雲覆雨，主斥典午，比疇（何）晏、（曹）爽；〔註138〕眞乃無嫌於穿鑿也。而蔣君東橋，古君層冰，黃君晦聞等諸阮詩注本，又其次矣。然《晉書》本傳已明指〈詠懷〉之作，乃集阮籍平生吟詠，風什所繫，特非一時一地耳。〔註139〕沈德潛曰：

> 阮公詠懷，反復零亂，興寄無端，和愉哀樂，雜集於中，令讀者莫求歸趣，此其為阮公之詩也，必求時事以實之，則鑿矣。〔註140〕

成倬雲曰：

> 正於不倫不類中，見其塊磊，發洩處，一首只作一首讀，不必於其中求章法貫穿也，斯為得之。若蔣師爚詮次其先後辭旨，以類相從，

〔註138〕陳沆《詩比興箋》卷二，第十一首詩箋：「楓林、皋蘭、秀士、朝雲，同為楚產，故首以起興。楚襄王比明帝，蔡靈侯比曹爽。朱華芬芳謂私取才人為伎樂，高蔡追尋謂兄弟數出宴游。莊辛諫楚襄王，謂黃雀逍遙自得，而不知公子挾彈隨其後，猶爽之不知為懿所圖也。」又第二十九首詩箋：「大梁，寓魏。女魃處共工之台，主旱。應龍沈翼州之野，主雨。故以共工、妖女斥典午，以應龍比玄、爽、晏、範之儔，矜智自負，取忌權奸，而又奢侈荒宴，以取敗亡也。」。

〔註139〕《晉書》卷四九本傳：「籍能屬文，初不留意，作〈詠懷詩〉八十餘篇。」。

〔註140〕見《古詩源》，卷六。

陳沆乃刺取三十八首，分上中下三篇，曰悼宗國將亡，曰刺權奸，
曰述己志，此皆強與區分，無當阮公作詩之旨，竊不敢從。〔註141〕
黃季剛先生曰：

阮公深通玄理，妙識物情，詠懷之詩，包羅萬態，豈僅厝心曹馬興
亡之際乎？跡其痛哭窮路，沈醉連旬，蓋巳等南郭之仰天，類子輿
之鑒井，大哀在懷，非常言所能喻，故一發之於詩歌，顏沈二君，
依文立解，尚無差謬，不搰字以求事，不改文以就己，斯其所長也。
近人解〈詠懷詩〉者，類皆反之，余病之久矣。〔註142〕

觀夫三家其言至為精審，故知據阮詩八十二，以說嗣宗宗曹，既難服人心，
亦難服人口也。

（二）籍父曰瑀，乃建安七子之一，官魏丞相軍謀記室，籍之忠魏，固
理之當然也。肇始斯論者，首推陳祚明，陳氏清錢塘人，字允倩，其《采菽
堂古詩選》，評阮公〈詠懷詩〉頗饒精語，黃（節）、古（直）等注多引述之。
陳氏云：「悲不能宣力以答曹恩也，嗣宗、元瑜子，故應爾。」〔註143〕繼張斯
蠹者，較前則繆鉞、沈祖棻、朱偰、白簡，近則李直方、陳芳基。繹彼等歸
趣，於籍瑀父子相承外，旁證又三：

（1）籍之父執輩並建安名士，瑀少且受學蔡邕，七子俱曹門驥尾，南皮
　　　游讌，情誼篤厚，籍耳目濡染，深感教化於魏初名宿，故爾忠魏。
　　　詳參表之（38）人朱偰條。

（2）籍生於漢末，而實長諸魏朝，易姓以後，正統更移，正下無復劉氏
　　　所有，籍之初仕也，已在漢魏易代之後，是仕於曹，匪仕於漢，若
　　　夫司馬後起叛逆，心懷篡奪，其承祚乃在籍死後二年，不足為阮公
　　　掛齒也，則籍務奉所長所仕，理也，是謂忠君。詳參表之（32）人
　　　沈祖棻條。

（3）籍父元瑜以文學受知曹氏，籍三歲喪父，孤苦悽愴，文帝丕感存遺
　　　孤，關愛優渥，籍由是感念恩德，衷心向魏也。詳參表之（55）人
　　　陳芳基條。

然稽考史實，阮元瑜清高自守，初非厝意於曹瞞也，更無論所謂「曹魏

〔註141〕見黃節《阮步兵詠懷詩注》第一首引。
〔註142〕見《阮步兵詠懷詩箋・序》。
〔註143〕參見「阮嗣宗政治立場臆測舉隅表」（18）楊宗義條意見引。

建國的勳臣」〔註144〕矣。《御覽》卷二四九引《典略》曰：

> 瑀以才自護，曹洪聞其有才，欲使答報書，瑀不肯，榜笞瑀，瑀終
> 不屈。洪以語曹公，公知其無病，使人呼瑀，瑀終怖詣門，公見之
> 曰：「卿不肯爲洪，且爲我作之。」瑀曰：「諾。」遂爲記室。

《三國志》卷二一〈王粲傳〉注引《文士傳》曰：

> 太祖雅聞瑀名，辟之，不應，連見偪促，乃逃入山中。太祖使人焚
> 山，得瑀。

裴松之嘗力辨張騭焚山之說，厚誣來者，其言儻或可信。雖然，魚豢《典略》
文在意存，已足爲元瑜本心證矣，冰炭不言，而冷熱之質自明，以其有實也，
所謂「終怖詣門」，讀者當能深得。故知瑀不仕曹，仕者，不得已也。設籍承
父志，當在斯怡，又焉能反說嗣宗忠魏乎？獻帝建安十七年（212），瑀卒；
二十二年（217），春，王粲從征吳，道死，是年魏大疫流行，徐幹、陳琳、
應瑒、劉楨，一時俱逝，數年之間，建安英俊零落盡矣。七子者，北海孔融
字文舉，乃孔子二十世孫也，少穎慧，有重名，何進客嘗謂進曰：「造怨此人，
四方之士引領而去矣。」董卓亂京，融每因對答有匡正之言，忤卓旨轉官，
曹瞞崛起，融知其「終圖漢室，不欲與同」，曹屠鄴城，以「想當然耳」，譏
丕之私納甄氏，操討烏桓，又嘲曰：「大將軍遠征，蕭條海外，昔肅愼不貢楛
矢。丁零盜蘇武羊，可并案也。」故操枉狀誅之。〔註145〕范曄《後漢書・孔
融傳・論》曰：「孔父正色，不容弒虐之謀；平仲立朝，有紓盜齊之望。若夫
文舉之高志直情，其足以動義槩而忤雄心。故使鼎移之迹，事隔於人存；代
終之規，啓機於身後也。夫嚴氣正性，覆折而已，豈其負園委曲，可以每其
生哉？懍懍焉，皜皜焉，其與琨玉秋霜比質可也。」〔註146〕至若北海徐幹字
偉長，六行修補，聰識洽聞，而輕官忽祿，不耽世榮，建安中曹操特加旌命，
幹則以病休息，除上艾，又稱疾不行。廣陵陳琳字孔璋，意智奧妙，讜言禍
害，洞見何進之敗在不能順天應人；爲袁紹草檄詆魏武，斥其「贅閹遺醜，
本無懿德；獷狡鋒協，好亂樂禍。」〔註147〕世之善罵者，難望項背。東平劉
楨字公幹，辭旨巧妙，時發逸氣，而倨傲鮮腴，平視甄后，致曹操大怒，以

〔註144〕參見「阮嗣宗政治立場臆測舉隅表」（40）白簡條。
〔註145〕詳見《後漢書》卷七○〈孔融傳〉。
〔註146〕同註145。
〔註147〕見《漢魏六朝百三家集》，《陳記室集》，〈爲袁紹檄豫州文〉。

不敬坐輸作。而瑀師蔡邕，邕字伯喈，覃思典籍，韞櫝六經，博學碩儒也。六世祖勳，遭新莽亂漢，受偽敕爲隴西郡厭戎連率，對印綬仰天歎曰：「吾策名漢室，死歸其正，昔曾子不受季孫之賜，況可事二姓哉？」遂攜將家室逃入深山。董卓殘掠洛京，獻帝遷長安，時邕封高陽鄉侯，董卓部曲議尊卓比太公，稱尚父，邕固止之，初平二年（191）地動，邕對卓曰：「地動者，陰盛侵陽，臣下踰制之所致。前春郊天，公奉引車駕，乘金華青蓋，爪畫兩轓，遠近以爲非宜。」卓於是改乘皁蓋車。及王允挾宿恨，追怨司馬子長謗書流後，坐殺邕，鄭玄嘆曰：「漢世之事，誰與正之。」〔註148〕由是觀之，籍果受建安七子及魏初名宿影響者，卽可知其大歸之所萃也。

至若籍三歲失怙，曾受魏文帝關愛事，未見瑀、籍本傳及文帝紀，臆陳君之意，殆指丕之爲〈寡婦賦〉歟？案曹丕〈寡婦賦〉見載於《藝文類聚》卷三四，其〈序〉曰：「陳留阮元瑜早亡，每感存其遺孤，未嘗不愴然傷心，故作斯賦。」又《文選》卷一六潘岳〈寡婦賦〉注亦曰：「魏文帝〈寡婦賦·序〉曰：『陳留阮元瑜與余有舊情，薄命早亡，故作斯賦，以敍其妻子悲苦之情，命王粲等并作之。』」然子桓者，忍人也。建安二十五年（220）春正月庚子，曹操崩洛陽，卽悉取其父宮人自侍。〔註149〕初與子建爭立太子，旣立，抱辛毗頸，喜曰：「辛君知我喜否？」〔註150〕七月甲午，軍次於譙，設伎樂百戲，大饗六軍及譙父老于邑東。〔註151〕縗素絕於至尊，四海散其遏密，人道之紀一旦而廢矣。孫盛深不之恥，曰：「昔者先王之以孝治天下也，內節天性，外施四海。存，盡其敬；亡，極其哀。思慕諒闇，寄政冢宰。故曰，三年之喪，自天子達于庶人。夫然，故在三之義惇，臣子之恩篤；雍熙之化隆，經國之道固。聖人之所以通天地，厚人倫，顯至教，敦風俗。斯萬世不易之典，百王服膺之制也。是故喪禮素冠，郮人著庶見之譏；宰予降慕，仲尼發不仁之歎；子頹忘戚，君子以爲樂禍；魯侯易服，君子知其不終。豈不以墜至痛之誠心，喪哀樂之大節者哉？故雖三季之末，七雄之弊，猶未有廢縗斬于旬

〔註148〕詳見《後漢書》卷六〇〈蔡邕傳〉。

〔註149〕《世說新語·賢媛篇》：「魏武帝崩，文帝悉取武帝宮人自侍。及帝病困，卞后出看疾。太后入戶，見直侍並是昔日所愛幸者。太后問曰：『何時來邪？』云：『正伏魄時過。』因不復前，而歎曰：『狗鼠不食汝餘，死過應爾。』至山陵，亦竟不臨。」

〔註150〕詳見《三國志·魏志》卷二五〈辛毗傳〉。

〔註151〕詳見《三國志·魏志》卷二〈文帝紀〉。

朔之間，釋麻杖於反哭之日者也。……魏王旣漢制，替其大禮。處莫重之哀，而設饗宴之樂；居貽厥之始，而墜王化之基。及至受禪，顯納二女，忘其至恤，以誣先聖之典，天心喪矣，將何以終？」〔註152〕宋王應麟亦曰：「舜禹有天下而不與焉，魏文喜躍於爲嗣之初，大饗於憂服之中，不但以位爲樂而已。其篡漢也，哆然以爲舜禹，可以欺天下乎？」〔註153〕斯人也，大喪罔顧，彝倫攸斁，而煮豆燃豆萁，兄弟相煎，孝弟兩失，大仁所去，更何友朋區區之親愛乎？〈寡婦賦〉特文人一時筆墨興會耳。所謂「古今文人類不護細行」〔註154〕其此之謂乎？《世說新語·任誕篇》云：

> 阮仲容、步兵居道南，諸阮居道北。北阮皆富，南阮貧。

阮氏宿世儒學，亦當時一望族也，儻魏文厝意關愛，以天子之尊，微降恩寵，雖無論華屋絺錦，仰何貧之有哉？而阮籍一巷困甚，遙想其事，豈理之所如此者耶？

夫民國 17 年董眾修《阮步兵年譜》，以籍於廢帝齊王芳正始元年（240）庚申，初出爲郎中，曰：「據〈王粲傳〉注《魏氏春秋》，正始初，阮籍爲郎中。」下復曰：「按今〈王粲傳〉注無。」今本《三國志》注旣無，故諸言步兵事者多不取焉。〔註155〕《晉書》本傳曰：

> 籍嘗隨叔父至東郡，兗州刺史王昶請與相見，終日不關一言，自以不能測。大尉蔣濟聞其有儁才而辟之，籍詣都亭〈奏記〉。……初濟恐籍不至，得記，欣然，遣卒迎之，而籍已去，濟大怒。於是鄉親共喻之，乃就吏，後謝病歸。

臧榮緒《晉書》亦曰：

> 太尉蔣濟聞籍有才儁而倜儻，爲志高。問王默，然後辟之，籍詣都亭〈奏記〉。……初濟恐籍不至，得記，欣然，遣吏卒迎之，而籍已去，濟大怒王默。默懼，與籍書，勸說之，於是鄉親共喻之，籍乃就吏。〔註156〕

〔註152〕見《三國志·魏志》卷二〈文帝紀〉注引。
〔註153〕見《困學紀聞》卷一三〈攷史〉。
〔註154〕見曹丕〈與朝歌令吳質書〉。
〔註155〕案今所見步兵年譜甚少，除董眾《阮步兵年譜》載於《東北叢刊》第三期外，唯朱偰《阮籍年譜》，見載於《東方雜誌》第四十一卷第十一號《阮籍詠懷詩研究》附，暨東海大學靳承振碩士論文《阮步兵詠懷詩研究》附。此二年譜俱無此說。
〔註156〕見董眾《阮步兵年譜》引。

臧書王默事，今本《晉書》不載，此小異也，至其大較則同，是籍初登仕途，爲蔣濟掾屬也。按《三國志‧魏志‧少帝紀》，并《資治通鑑》云：「正始三年（242）七月乙酉，以領軍蔣濟爲太尉。」而阮籍〈奏記〉曰：「開府之日，下走爲首。」則籍初仕當亦正始三年，時行年已三十有三矣。洎建安二十五年（220）冬十月乙卯，獻帝告祠高廟，禪位曹氏，歷黃初、太和、青龍、景初，至是凡二十三載，經文、明、齊王芳三主，而文帝曹丕崩於黃初七年（226），籍值十七歲，明帝曹叡殂於景初三年（239），籍已三十，其間曾不聞有仕魏之志，唯獨「志氣宏放，傲然獨得，任性不羈，而喜怒不形於色，或閉戶視書，累月不出，或登臨山水，經日忘歸。博覽群籍，尤好莊老，嗜酒能嘯，善彈琴，當其得意，忽忘形骸，時人多謂之痴。惟族兄文業每歎服之，以爲勝己，由是咸共稱異。」〔註157〕逮蔣濟辟之，籍不徒非欣然規往，乃〈奏記〉辭召，以致濟大恚恨，因鄉里共勸喻，始勉強就吏，尋稱負薪疲病，卸職而歸，然則籍雖長於魏朝，出仕於漢魏易代之後，與瑀不得已爲曹瞞記室何異乎？

貳、主親司馬派

　　此派立論之大本，在籍之爲〈勸晉王牋〉乙文，見載於史冊，乃《春秋》誅心之大法也，雖未仕晉，而意存黨篡，百喙無辭矣。首張斯說者，宋葉夢得《石林詩話》也。其言曰：「今《文選》載蔣濟〈勸進表〉一篇，乃籍所作，籍忍至此，亦何所不可爲？籍著論鄙世俗之士，以爲猶虱處乎褌中，籍委身於司馬氏，獨非褌中乎？」然詳考《文選》，實無此文，唯卷四〇有「阮嗣宗〈爲鄭沖勸晉王牋〉一首」注引臧榮緒《晉書》曰：

> 鄭沖，字文和，滎陽人也，位至太傅。……魏帝封晉太祖爲晉公，太原等十郡爲邑，進位相國，備禮九錫，太祖讓不受，公卿將校皆詣府勸進，阮籍爲其辭。

《御覽》七百十《竹林七賢論》亦曰：

> 魏朝封，文王固讓，公卿皆當喻旨，司空鄭沖等馳使從阮籍求其文，立待之，籍時在袁孝尼家宿，扶而起，書几板爲文，無所治定，乃寫付信。

〔註157〕同註51。

《世說新語・文學篇》亦曰：

> 魏朝封晉文王爲公，備禮九錫，文王固讓不受，公卿將校當詣府敦
> 喻，司徒鄭沖馳遣信就阮籍求文，籍在袁孝尼家宿，醉扶起，書札
> 爲之，無所點定，乃寫付使，時人以爲神筆。

職是以觀，葉氏所謂「爲蔣濟勸進」，殊無稽矣，未知何所據也

主親司馬者又以爲高貴鄉公之立也，論定策之功，籍封關內侯，增邑進位，然則籍預謀廢帝明甚，其詳參表之第（62）何啓民條。茲考《三國志・魏志》卷四三〈少帝紀〉，青龍三年（235）芳立爲齊王，景初三年（239）丁亥，明帝病篤，乃立爲皇太子，是日卽皇帝位，大將軍曹爽與太尉司馬宣王懿共輔國政，正始十年（249）曹爽誅，尚書丁謐、鄭颺、何晏，司隸校尉畢軌，荊州刺史李勝，大司農桓範，皆坐與爽通姦謀，夷三族，株連極廣，一時魏宗室衰殘，司馬家大權獨攬，高下在心，逮嘉平六年（254）竟成廢立。故爽之伏誅，廢立之關鍵也。夫司馬一家宣、景、文三代，忍而譎，狠而冷，一種陰鷙之性，特無情愛，其機心取天下，乃使兒孫以面覆牀，愧於乍聞，〔註158〕曹爽鼠輩，小試其牛刀之用耳。然爽之爲臣，實有無君之心，以魏室支屬，蒙殊寵，受明帝顧命託孤之任，竟與何晏等人專政肆虐，承勢竊取官物，因緣求欲，作威作福，飲食車服擬於乘輿，尚方珍玩充牣家室，私取曹叡才人及將吏師工鼓吹、良家子女爲伎樂，詐發詔書，遣才人五十七送鄴臺，使先帝倢伃教習爲伎，又擅取太樂樂器、武庫兵，掘窟室，綺疏四周，縱酒戲謔其間；謀立私威於天下，乃大發吏卒六七萬人伐蜀，爭嶮苦戰，致轉輸不能供，牛馬騾驢多死，民夷號泣道路，關右爲之虛耗，四海洶洶，人懷危懼。弟羲深以爲大憂，著書三篇陳驕奢盈溢足致禍敗，不敢直斥，託戒諸弟以見意，而爽不悅，故大臣蔣濟、司馬孚、高柔、孫禮、王觀、許允、陳泰等驟興伐罪之意。《晉書》阮籍本傳曰：

> 及曹爽輔政，召爲參軍，籍因以疾辭，屛於田里，歲餘而爽誅，時
> 人服其遠識。

此實不以君子之察察，藝近小人耳，殊無黨司馬之心也。而懿老謀深算，料定

〔註158〕《世說新語・尤悔篇》：「王導、溫嶠俱見明帝，帝問溫前世所以得天下之由，溫未答，頃，王曰：『溫嶠年少未諳，臣爲陛下陳之。』王迺具敍宣王創業之始，誅夷名族，寵樹同己，及文王之末，高貴鄉公事。明帝聞之，覆面著牀，曰：『若如公言，祚安得長！』」

爽離經叛道，民望已失，遂爾假借情勢，部勒兵馬，策動政變。唯以鼠託於社，薰之燒木，灌之敗塗，司馬氏面目顯露，勢力坐大，務在黨伐異己，以為便宜，狂瀾既成，力挽無力，豈眾人逆料所能及耶？何焯云：「是役也，舊德如蔣濟，人望如陳（泰）、許（允），皆為仲達所欺。」〔註159〕所言是也。司馬伎倆，一面：借重大臣，以為助力。一面：籠絡左右，以卸咎尤。其奏爽曰：

> 昔趙高極意，秦氏以滅；呂霍早斷，漢祚永世。此陛下之大鑒，臣受命之時也。太尉臣（蔣）濟，尚書令臣（司馬）孚等，皆以爽為有無君之心，兄弟不宜典兵宿衛，奏永寧宮，皇太后令敕臣如奏施行。臣輒勅主者及黃門令，罷（曹）爽、（曹）羲，訓吏兵，以候就第，不得逗留，以稽車駕，敢有稽留，便以軍法從事。臣輒力疾將兵屯洛水浮橋，伺察非常。〔註160〕

懿此奏必引蔣濟者，即務在「借重大臣，以為助力；籠絡左右，以卸咎尤」也。此晉公孫宏勸楚王瑋已明言矣。曰：

> 昔宣帝廢曹爽，引太尉蔣濟參乘，以增威重。大王今舉非常事，宜得宿望，鎮厭眾心，司徒王渾宿有威名，為三軍所信服。可請同乘，使物情有憑也。〔註161〕

嗚呼！爽之不殺，則君闇臣昏，忠良疏遠；爽之既殺，適助紂為虐，為虎作倀而已矣。眾臣失察，而千古罵名難逃。尋懿進封諸臣，以蔣濟為都鄉侯，邑七百戶，濟悔恨交集，固辭不許，上疏曰：

> 臣忝寵上司，而爽敢苞藏禍心，此臣之無任也。太傅奮獨斷之策，陛下明其忠節，罪人伏誅，社稷之福也。夫封寵慶賞必加有功，今論謀則臣不先知，語戰則非臣所率，而上失其制，下受其弊，臣備宰司，民所具瞻，臣恐冒賞之漸，自此而興，推讓之風，由此而廢。〔註162〕

是歲（嘉平元年四月，249）發恚卒。王懋竑云：「蔣濟、高柔、孫禮、王觀，皆魏之大臣，激於曹爽之專政，而輔司馬懿以誅爽，爽誅，懿專政，而篡弒之形成矣。濟蓋深悔之，故發病而沒。」〔註163〕孫盛亦云：「蔣濟之辭邑，可

〔註159〕見《三國志‧魏志》卷九〈曹爽傳〉盧弼集解引。
〔註160〕見《三國志‧魏志》卷九〈曹爽傳〉。
〔註161〕見《晉書》卷四二〈王渾傳〉。
〔註162〕見《三國志‧魏志》卷一四〈蔣濟傳〉。
〔註163〕見《三國志‧魏志》卷一四〈蔣濟傳〉集解引。

謂不負心矣。語曰：『不爲利回，不爲義疚。』蔣濟其有焉。」〔註164〕所謂「太傅奮獨斷之策」「論謀則臣不先知，語戰則非臣所率」，其言懇切，所以自明志意也，吾人豈能以封侯封邑，誣巇沮抑，幷濟於懿黨乎？

　　明乎蔣濟不以封侯增邑爲黨懿，則知阮籍亦不以封侯徙爵，率爾親司馬也。何哉？蓋嗣宗雖去蔣濟官司要衝，爲朝廷重臣者遠甚，然竹林遊宴嵇阮爲首，乃名士之領袖也。《晉書・裴頠傳》曰：「頠深患時俗放蕩，不尊儒術，何晏、阮籍素有高名於世，口談浮虛，不遵禮法，尸祿耽寵，仕不事事。至王衍之徒，聲譽太盛，位高勢重，不以物務自嬰，遂相放效，風教陵遲，乃著〈崇有論〉，以釋其蔽。」王隱《晉書》亦曰：「阮瞻、王澄、謝鯤、胡毋輔之之徒，皆祖述於籍，謂得大道之本，故去巾幘，脫衣服，露醜惡，同禽獸。甚者名之爲通，次者名之爲達。」後學取慕，競相祖述，雖棄菁拾穢，屬延其皮毛，流於浮誕，而阮公聲名籍盛，足以鼓動風潮，匯塑習俗，抑於焉可覘也。矧竹林諸賢本非專以放蕩爲宗，徐高阮曰：「竹林七賢並不是一群只愛清談的文人，他們是魏晉之際一個鋒芒很露的朋黨。」〔註165〕足啓人玄思。夫名士之稱，始見諸《禮記》，〔註166〕而名士風流則至東漢乃大興熾，蓋桓靈末造，朝政不綱，宦官擅帝權之功，享分土之榮，跋扈飛揚，財貨公行，競樹黨羽，陷害忠賢，李膺、陳蕃抗節特立，內黜奸慝，外破強虜，爲士林楷模，竟遭刑餘所誣控，終至黨錮禍起，連及數百人，或死或刑，士類爲之彫弊，然「海內希風之士，嚮慕膺等之風節，遂共相標榜，指天下名士爲之稱號，上曰三君，次曰八俊，次曰八顧，次曰八廚，猶古之八元八愷也。」〔註167〕函及魏晉，奸雄猜忌，政治爭鬥轉烈，刑法禁忌大嚴，名士噤口不敢與論世事，乃翻然銜杯漱醪，枕麴藉糟，放達慢世之行，掩却清介高逸之風，雖然，其政治意識洵未嘗滌去，一股清議力量不容忽視。此雄猜渠長每能覘得，故務在挾持，賚以高官厚祿，拑以苛刑極法，嵇康見殺，阮籍封爵，無非當路者強取權位之手段而已，雖死生殊途，乍觀有別，其爲政治控制下之犧牲品則一也。徐高阮曰：

〔註164〕見《三國志・魏志》卷一四〈蔣濟傳〉注引。
〔註165〕見〈山濤論〉，載於《中央研究院歷史語言研究所集刊》第四十一本第一分。
〔註166〕《禮記・月令》，季春三月：「聘名士，禮賢者。」疏：「謂王者勉勸此諸侯，令聘問有名之士。名士者，謂其德行貞絕，道術通明，王者不得臣，而隱居不在位者也。」
〔註167〕見《後漢書》卷九七〈黨錮列傳〉。

司馬昭在執政前也曾想爲他的兒子（炎）求婚於阮籍，這也是爲了求得一個名士的政治支持。〔註168〕

齊益壽曰：

司馬昭對名高一時的阮籍，一直是密切留意的。景元四年十月，司馬昭以伐蜀功高，天子封以晉公，領十郡，方七百里，而昭辭讓不受。於是司空鄭沖出來帶頭勸進，命阮籍作「勸進牋」。到了約定的日期，鄭沖卽派使者向阮籍索取，好帶去將軍府裏。那知使者來時，阮籍方據案醉眠，根本忘了作。等使者告知來意，阮籍這才拿起筆來，就寫在桌面上，使者只好自己謄好帶走。司馬昭當然不會不知道這是阮籍的「傑作」，清流旣已首肯，於是他也就不再辭讓了。

又曰：

阮籍的周旋巨室，實在是至不得已的。蔣濟、曹爽尚有不強人所難的一份雅量，而司馬氏則否，他們要籍羅致時望以收其政治利益，所以不能讓阮籍從他們的掌握中脫走。我們看司馬昭對阮籍的密切留意，就是做了步兵校尉，還要他常遊府內，必與朝宴，這根本是一種無形的軟禁。阮籍那裏還有辭職的自由。〔註169〕

故知賜爵關內侯，徙散騎常侍，自求爲東平相、步兵校尉，乃至爲鄭沖等勸進晉王，在在皆司馬氏「羅致時望」下，強爲枝附之委曲周旋爾。夫同仕而異路，同迹而異心者，其爲黨附不黨附，可不言決矣。

參、主非親曹親司馬派

歷代論家多如前文所敍，或主親曹魏，或主親司馬，二派各持一幟，派剖厘然，而傾輒消長，勢醜力齊，百年難決其勝負。至近人王瑤，於其《中古文人生活》中，首排舊調，興非曹非馬之說，金達凱於《民主評論》第九卷第十期，發表〈漢魏六朝詩的特色〉一文，論同。唯二人具不曾提供有力佐證，故於此處，略不詳敍，可參表之第（65）、（66）王瑤、金達凱條。

肆、主親劉漢派

主親劉漢者，唯　黃師錦鋐先生一人爾，其詳見《師大學報》第二十二

〔註168〕同註165。
〔註169〕見〈論阮籍的生命情調〉，載於《幼獅雜誌》第三十七卷二百四十一號。

期〈阮籍和他的達莊論〉乙文。此說自開戶牖，而阮籍若干矛盾行爲，疑竇紛紜，迷離恍惚者，執此以馭，殆或可迎刃而頓解也耶？文曰：

> 建安二十五年正月曹操卒，曹丕繼位丞相，執掌政權。十月就廢帝爲山陽公，自立爲帝。那一年阮籍是十一歲，對於政權的轉移，雖然內幕情形不很瞭解，但以魏晉人士都早熟穎悟的情形看來，對於曹操挾天子以令諸侯以及曹丕篡位的事實，阮籍是會留下深刻的印象。這種事實，對他的性格產生極深遠的影響。……而在晚年又看見司馬重演曹氏的故技，他是有很多的感觸。站在魏室的立場說，他是不應該替司馬出力的，但若回憶到曹氏篡漢的故事，他心中多少是有點袒護漢朝的。當司馬昭封晉公加九錫時，他代公卿百官起草勸進牋，可以說是潛意識報復的一種表現。

粵稽魏晉，童子奇才，冲齡穎慧，散見於史冊者多矣。王弼年十餘好老氏，通辯能言，未弱冠造裴徽，發論玄遠，眾人莫及，亡時年僅二十四。〔註170〕鍾繇二子，毓年十四爲散騎侍郎，談笑有父風；會四歲授《孝經》，七歲誦《論語》，八歲誦《詩》，十歲誦《尚書》，十一誦《易》，十二誦《春秋左氏傳》、《國語》，十三誦《周禮》、《禮記》，十四誦成侯《易記》，未十五而博通經史。〔註171〕孔文舉年十歲詣李膺，自云：「昔先君仲尼，與君先人伯陽，有師資之尊，是僕與君奕世通好也。」〔註172〕子，大者九歲，小者八歲，融被收時，弈棋端坐，無遽容，曰：「覆巢之下，復有完卵乎？」〔註173〕他如：鄧艾年十二，讀太丘長陳寔碑文，自名爲範，取字士則，以自惕焉。杜安十歲，名稱鄉黨，十三入太學，號曰神童。東萊王伯輿年十七郡召爲吏，山陽滿伯寧年十八爲郡督郵。常林七歲拒拜字父之客，王戎七歲不食道旁之李。魏武十歲擊譙水大蛟，魏文五歲習射，八歲屬文，陳思十歲餘誦詩論及辭賦十萬言。〔註174〕而《御覽》引《魏氏春秋》曰：

〔註170〕見《三國志・魏志》卷二八〈鍾會傳〉注引何劭〈王弼傳〉。

〔註171〕見《三國志・魏志》卷二八〈鍾會傳〉注引會母傳。

〔註172〕見《世說新語・言語篇》。

〔註173〕見《世說新語・言語篇》注引《魏氏春秋》。

〔註174〕鄧艾事詳見《三國志・魏志》卷二八〈鄧艾傳〉。杜安事詳見《三國志・魏志》卷二九〈杜襲傳〉。王伯輿事詳見《三國志・魏志》卷二七〈王基傳〉。滿伯寧事詳見《三國志・魏志》卷二六〈滿寵傳〉。常林事詳見《三國志・魏志》卷二三〈常林傳〉。王戎事詳見《晉書》卷四三〈王戎傳〉。魏武事詳見《三國志・魏志》卷一〈武帝紀〉集解引劉昭〈幼童傳〉。魏文事詳見《三國志・

籍幼有奇才異質，八歲能屬文。性恬靜，兀坐長嘯，以此終日。

籍既「八歲能屬文」、「幼有奇才異質」，蓋亦當時穎悟童子也。魏文登皇極，籍年已十有一，衡諸孔融二子，則人臣篡奪移祚之史實，得無愀然有感乎心哉？

此外，尚有可說者：

（一）阮嗣宗反對禮法，其鉅因乃在眞禮淪喪，僞禮萌生，說已論於本章第一節矣。夫禮教陵遲，雖曰所自來夐矣，顧魏晉之交，則直接啓釁於魏武，建安十五年（210）春，下求賢令曰：

自古受命及中興之君，曷嘗不得賢人君子，與之共治天下者乎？及其得賢也，曾不出閭巷，豈幸相遇哉？上之人不求之耳。今天下尚未定，此特求賢之急時也。孟公綽爲趙魏老則優，不可以爲滕薛大夫。若必廉士而後可用，則齊桓其何以霸世？今天下得無被褐懷玉而釣於渭濱者乎？得無盜嫂受金而未遇無知者乎？二三子其佐我，明揚仄陋，唯才是舉，吾得而用之。〔註175〕

十九年（214）乙未，又令曰：

夫有行之士，未必能進取，進取之士，未必能有行也。陳平豈篤行，蘇秦豈守信邪？而陳平定漢業，蘇秦濟弱燕。由此言之，士有偏短，庸可廢乎？有司明思此義，則士無遺滯，官無廢業矣。〔註176〕

二十二年（217）秋八月，下求逸才令曰：

昔伊摯、傅說，出於賤人；管仲，桓公賊也；皆用之以興。蕭何、曹參，縣吏也；韓信、陳平，負汙辱之名，有見笑之恥，遂能成就王業，聲著千載。吳起貪將，殺妻自信，散金求官，母死不歸，然在魏，秦人不敢東向，在楚，則三晉不敢南謀。今天下得無有至德之人，放在民間，及果勇不顧，臨敵力戰，若文俗之吏，高才異質，或堪爲將守，負汙辱之名，見笑之行，或不仁不孝而有治國用兵之術，其各舉所知，勿有所遺。〔註177〕

觀此三令，專務狡詐，蔑棄廉隅，爲取天下計，急於求能事功者，乃至悍然

魏志》卷二〈文帝紀〉注引《魏書》。陳思事詳見《三國志·魏志》卷一九〈曹植傳〉。

〔註175〕見《三國志·魏志》卷一〈武帝紀〉。

〔註176〕同註175。

〔註177〕見《三國志·魏志》卷一〈武帝紀〉注引《魏書》。

舍禮義於不顧，魏武造端之禍，流弊無窮也。故顧炎武《日知錄》論兩漢風俗云：

> 漢自孝武表章六經之後，師儒雖盛，而大義未明，故新莽居攝，頌德獻符者徧於天下。光武有鑒於此，故尊崇節義，敦厲名實，所舉用者，莫非明經行修之人，而風俗爲之一變。至其末造，朝政昏濁，國事日非，而黨錮之流，獨行之輩，依仁蹈義，舍命不渝，風雨如晦，雞鳴不已，三代以下，風俗之美，無尚於東京者。故范曄之論，以爲桓靈之間，君道秕僻，朝綱日陵，國隙屢啓，自中智以下，靡不審其崩離，而權強之臣，息其闚盜之謀，豪俊之夫，屈於鄙生之議，所以傾而未頹，決而未潰，皆仁人君子心力之爲；可謂知言者矣。使後代之主，循而弗革，卽流風至今，亦何不可？而孟德旣有冀州，崇獎跅弛之士，觀其下令再三，至於求負缺汙辱之名，見笑之行，不仁不孝，而有治國用兵之術者，于是權詐迭進，姦逆萌生。故董昭太和之疏，已謂當今年少，不復以學問爲本，專更以交游爲業，國士不以孝悌清修爲首，乃以趨勢求利爲先。至正始之際，而一二浮誕之徒，騁其智識，蔑周孔之書，習老莊之教，風俗又爲之一變。夫以經術之治，節義之防，光武、明、章數世爲之而未足，毀方敗常之俗，孟德一人變之而有餘。〔註178〕

何焯亦曰：

> 如此則所得者不過從亂如歸之徒，雖取濟一時，東漢二百年之善俗，俄焉盡矣。由此篡亂相循，神州左袵，豈非中國禮教信義爲操所斲喪而然邪？〔註179〕

降及司馬，此風未寢，石苞好色薄行，而景帝師曰：

> 苞雖細行不足，而有經國才略。夫貞廉之士，未必能經濟世務，是以齊桓忘管仲之奢僭，而錄其匡合之大謀，漢高捨陳平之汙行，而取其六奇之妙算。苞雖未可以上儔二子，亦今日之選也。〔註180〕

則直與魏武詔令同出一轍也。

夫三代世盛，唐堯、虞舜更相禪位，禮之郅備者也，禹、湯、文、武，

〔註178〕見《日知錄》卷一三。
〔註179〕見《三國志・魏志》卷一〈武帝紀〉集解引。
〔註180〕見《晉書》卷三三〈石苞傳〉。

天祚率土，道統之紀也，其後遺慶漸斲，曾未覩至德大道之復興於後王也。
而曹魏、司馬問鼎天下，乃竊三代遜讓之美，固辭再三，忝順天應人之嘉名，
成其篡奪之實也。丕受漢禪，登壇燎祭，曰：

> 皇帝臣丕，敢用玄牡，昭告于皇皇后帝。漢歷世二十有四，踐年四
> 百二十有六，四海困窮，三綱不立，五緯錯行，靈祥並見，推術數
> 者慮之古道，咸以為天之歷數，運終茲世，凡諸嘉祥，民神之意，
> 比昭有漢數終之極，魏家受命之符。漢主以神器宜授於臣，憲章有
> 虞，致位于丕。丕震畏天命，雖休勿休，群公庶尹六事之人，外及
> 將士，洎于蠻夷君長，僉曰：「天命不可以辭拒，神器不可以久曠，
> 群臣不可以無主，萬機不可以無統。」丕祇承皇象，敢不欽承，卜
> 之守龜，兆有大橫，筮之三易，兆有革兆，謹擇元日，與群僚登壇
> 受帝璽綬，告類于爾大神。〔註181〕

晉武受魏禪，亦設壇南郊，告類上帝，曰：

> 皇帝臣炎，敢用玄牡，明告于皇皇后帝。魏帝稽協皇運，紹天明命
> 以命炎，昔者唐堯熙隆大道，禪位虞舜，舜又以禪禹，邁德垂訓，
> 多歷年載，暨漢德既衰，太祖武皇帝撥亂濟時，扶翼劉氏，又用受
> 命于漢，粵在魏室，仍世多故，幾于顛墜，實賴有晉匡拯之德，用
> 獲保厥肆祀，弘濟于艱難，此則晉之有大造于魏也。誕惟四方，周
> 不祇順，廓清梁岷，包懷揚越，八紘同軌，祥瑞屢臻，天人協應，
> 無思不服，肆予憲章三后，用集大命于茲。炎維德不嗣，辭不獲命，
> 於是群公卿士，百辟庶僚，黎獻陪隸，暨于百蠻君長，僉曰：「皇天
> 鑒下，求人之瘼，既有成命，固非克讓所得距違，天序不可以無統，
> 人神不可以曠主。」炎虔奉皇運，寅畏天威，敬簡元辰，升壇受禪，
> 告類上帝，永答眾望。〔註182〕

噫！堯舜以禪讓帝，湯武以征伐王，曹魏、司馬是德之不脩，崎嶇詭譎，陰賊
險狠，而以上古聖王自處，將誰欺哉？欺天乎？欺人乎？直以媚辭，寫其穢醜，
開兩晉、南北朝、隋、唐、五代，七百餘年人臣篡奪之陋習，故後世論奸雄之
首，則魏與晉幷，隋恭帝欲加唐高祖九錫，唐高祖不恥禪讓之偽行，曰：「此諂
諛者所為耳，孤秉大政，而自加寵錫，可乎？必若循魏晉之迹，彼皆繁文偽飾，

〔註181〕見《三國志・魏志》卷二〈文帝紀〉注引〈獻帝傳〉。
〔註182〕見《晉書》卷三〈武帝紀〉。

欺天罔人，考其實不及五霸，而求名欲過三王，此孤常所非笑，竊亦恥之。」
〔註183〕清周壽昌所謂「仁義禮讓者，不過引作開宗話頭」，〔註184〕此二家伎倆
也。職是以觀，曹魏、司馬特一丘之貉爾，嗣宗何所私愛乎？

（二）勸進牋起興於伊尹、周公、呂尚，以譬晉文，歷計西征靈州，北
伐沙漠，東誅諸葛瑾，南平三越，翼輔魏室，功蓋寰宇也。挹美之辭，琳瑯
滿紙，故論者每因文而曰黨附。此實不然，嗣宗之意，蓋陽予而陰擠之也。
何哉？郭象升〈書阮籍傳後〉申之盡矣，曰：

> 夫篡弒之端，必起於功名之士，其情未有不俗者也。匹夫而羨台鼎，
> 知道者曰鄙夫也，懷利者曰豪傑也。俄焉而台鼎矣，彼且樂受懷利者
> 豪傑之頌揚，而擯知道為不足與議。夫袞冕之視台鼎也，猶台鼎之視
> 匹夫也。匹夫可以台鼎，則台鼎可以袞冕，豈顧問哉？悲夫！篡弒之
> 事，天下所指為大惡也，而或謂非豪傑之士不能為之，烏知一俗人為
> 之而有餘哉？一命之士，耀車服於鄉里，馬醫夏畦之子，望塵而拜者
> 相屬，未嘗不意氣揚揚也。馬醫夏畦之不足為世輕重也明矣，而人猶
> 樂之，浸假而遂為帝王，亦樂此馬醫夏畦之企羨而已。〔註185〕

吁！彼篡弒者役役畢生而不厭者，以為富貴權勢之外，無所謂事業也，惜乎
司馬昭之不足聞此。夫真人之論，必獻諸明聖之主，若司馬者乃昔之魏武侯
耳，雖橫說以詩書禮樂，縱說以金版六韜，彼且昏昏然欲睡，必也相狗馬而
后乃大悅也，此固徐无鬼之鍼砭，嗣宗之所明識也。故牋又曰：

> 今大魏之德，光于唐虞；明公盛勳，超於桓文；然後臨滄海而謝支
> 伯，登箕山而揖許由。豈不盛乎？至公至平，誰與為鄰？何必勤勤
> 小讓也哉？〔註186〕

夫司馬氏，篡弒之匹夫，悅相狗馬之魏武侯，至言大道之不足與聞也。至若
彼曹氏者，抑何嘗非如是耶？俱據馬醫夏畦管窺之視，則無優劣高下，軒輊
之分也。故錄庸則「大魏之德，光于唐虞；明公盛勳，超於桓文」，語真則「臨
滄海而謝支伯，登箕山而揖許由」，此兩平之論也。

以上所論，嗣宗政治立場之大歸也。如其不然，則何以「文帝初欲為武

〔註183〕見《資治通鑑》卷一八五。
〔註184〕見《三國志證遺》卷一。
〔註185〕見《郭允叔文鈔》。
〔註186〕牋文詳見第一章「阮籍之家世與傳略」，第二節傳略。

帝求婚於籍，籍大醉六十日，不得言而止」？〔註187〕何以「公卿將勸進，使籍爲其辭，籍沈醉忘作」？〔註188〕此乃棄勸進邀寵之玄功爲不急之務，視國舅外戚之殊榮同草芥，無動於衷也。又何以辭蔣濟、曹爽之辟，反出爲晉宣王從事中郎，景帝大司馬從事中郎，封爵徙侯，恆遊大將軍府，朝宴必與焉，周旋於司馬氏父子之間達十餘載，曾不聞有辭退之言耶？必也以大漢早覆，梧木已伐，天下不復眞主，無一枝堪棲其鳳凰之姿，而迫於時局，則以羽爲巢，以髮編之，雖葦苕敗柳，聊爲一繫而已矣，非其質異乎前，時然也，則曹魏可，司馬可，亦所以兩皆不可也。

〔註187〕同註 51。
〔註188〕同註 51。

第三章　阮籍行為思想產生之間接因素

第一節　時代背景

　　漢自高祖斬蛇起義，創業垂基四百餘載，洎桓、靈末葉，主勢降乎上，黨羽成乎下，假國柄於奄豎，開邸舍以鬻爵，火德衰竭，奸臣賊子妄調鼎鼐，黃巾、董卓啓亂於先，群雄割據承敝於後，中原板蕩，宗室焚如。其後三國分土，爭戰無已，曹操挾獻帝，令諸侯，曹丕借禪讓，竊神器，元惡未除，而司馬又銜其後矣。其間天下雲擾，干戈四興，百姓有流離之苦，不遑寧處，而朝廷之際，嫌忌最甚，狡兔搏噬，慘毒膚漬，雖在鼎鑊，蔑如也。或異姓侵伐，或同族操戈，其於阮籍思想行為影響鉅大者，可得而說也。

壹、奸雄虛詐，陰謀竊國

　　博矣哉！堯舜張禪讓之大義，不私天下也。至於後世，瞻仰之望雖在，而復行古道者絕矣。享天爵，據萬有，無論賢愚，子孫胤嗣，期於億兆，故改朝必曰易姓也。夫亡國之主，未必昏愚，而朝綱不競，四海鼎沸則一；是時也，五侯九伯無非問鼎之徒，四岳十連皆無蓄君之迹，所謂：「人之云亡，邦國殄瘁，漢室滅矣，未知瞻烏爰止於誰之屋與？」〔註1〕直言其事也。漢末，董卓誅宦官，謀廢立，以為劉氏種不足復遺，袁本初勃然橫刀，長揖徑出，與弟術、冀州牧韓馥、豫州刺史孔伷、兗州刺史劉岱等，合兵數萬，互結盟約，人人莫不以勤王室、討董卓為名，然馥云：「助袁氏乎？助董氏乎？」致

─────────────

〔註1〕見《後漢書》卷六八〈郭太傅〉集解引。

治中劉惠忿曰：「興兵爲國，安問袁、董！」〔註2〕其後，沮授對袁紹有「西迎大駕，卽宮鄴都」之議，亦云：「今朝廷播越，宗廟殘毀，觀諸州郡，雖外託義兵，內實相圖，未有憂存社稷，卹人之意。」〔註3〕紹僚郭圖、淳于瓊雖倡異說，反沮授之謀，但亦非意在天子也。云：「漢室陵遲，爲日久矣，今欲興之，不亦難乎？且英雄並起，各據州郡，連徒聚眾，動有萬計，所謂秦失其鹿，先得者王。」〔註4〕吁！「外託義兵，內實相謀」「秦失其鹿，先得者王」，則藉口勤王，而人人思爲天尊，家家意在符命矣。時群雄之志，率同乎此也。董卓挾獻帝，都長安，築萬歲塢，積穀爲三十年儲，自云：

> 事成，雄據天下；不成，守此，足以畢老。〔註5〕

公孫瓚以戰不利，曰：

> 今吾諸營，樓櫓千里，積穀三百萬斛，食此，足以待天下之變。〔註6〕

建安二年（117），袁術僭號，自稱仲家，置公卿百官，郊祀天地。四年（119），敗，歸帝號於兄紹，曰：

> 祿去漢室久矣，天下提挈，政在家門，豪雄角逐，分割疆宇，此與周末七國無異，唯彊者兼之耳。袁氏受命當王，符瑞炳然，今君擁四州，人戶百萬，以彊則莫與爭大，以位則無所比高。曹操雖欲扶衰獎微，安能續絕運，起已滅乎？謹歸大命，君其興之。〔註7〕

孫策臨終，謂諸將曰：

> 中國方亂，夫以吳越之眾，三江之固，足以觀成敗，公等善相吾弟。
> 〔註8〕

劉備自云漢室苗裔，以匡復爲召，但遣諸葛亮連吳擊曹，亦志在「並爭天下」，曰：

> 海內大亂，將軍起兵，據有江東。劉豫州亦收眾漢南，與曹操並爭天下。〔註9〕

至於曹孟德者，袁紹勸其殺太尉楊彪時，操曰：

〔註2〕　見《後漢書》卷七四上〈袁紹傳〉上。
〔註3〕　同註2。
〔註4〕　同註2。
〔註5〕　見《後漢書》卷七二〈董卓傳〉。
〔註6〕　見《後漢書》卷七三〈公孫瓚傳〉。
〔註7〕　見《後漢書》卷七五〈袁術傳〉。
〔註8〕　見《三國志‧吳志》卷一〈孫策傳〉。
〔註9〕　見《三國志‧蜀志》卷五〈諸葛亮傳〉。

當今天下，土崩瓦解，雄豪並起，輔相君長，人懷怏怏，各有自爲之心，此上下相疑之秋也。〔註10〕

《三國志・魏志》卷一〈武紀〉亦曰：

初紹與公共起兵，紹問公曰：「若事不輯，則方面何所可據？」公曰：「足下意以爲何如？」紹曰：「吾南據河，北阻燕代，兼戎狄之眾，南向以爭天下，庶可濟乎？」公曰：「吾任天下之智力，以道御之，無何不可。」

則操之野心亦覬矣。建安六年（201），操以獻帝都許昌，自是「挾天子以令諸侯」，贊拜不名，入朝不趨，爲丞相，封魏公，廢黜伏后，自加九錫，窮凶惡極，千古未有。尤以廢后一事居最，《魏志・武紀》注引〈曹瞞傳〉云：

公遣華歆勒兵入宮收后，后閉戶匿壁中，歆壞戶發壁牽后出。帝時與御史大夫郗慮坐，后被髮徒跣過，執帝手曰：「不能相活邪？」帝曰：「我亦不自知命在何時也。」帝謂慮曰：「郗公！天下寧有是邪？」遂將后殺之，完及宗族，死者數百人。

「我亦不自知命在何時也」，己身之不知，何況念妻子邪？名曰天尊，實唯寄命。奈何！逮及司馬擅權，其事復同，封公加錫，辭讓再三，而竟以禪篡，乃曹魏之再見耳。

唯曹馬二家，詭詐特甚，挾主，禪代，多其節目，開後輩陋習，所以然者，藉上古聖王令譽，以飾其豺狼貪暴，用賴繫結群黎歸往之心，杜諸侯討逆之口耳。夫挾主者，沮授勸紹迎帝所謂：「挾天子而令諸侯，稽士馬以討不庭，誰能禦之？」〔註11〕《左傳》所謂：「求諸侯，莫如勤王，諸侯信之，且義大也。」〔註12〕禪代者，求其如劉越石所謂：「億兆攸歸，曾無與二，天祚大晉，必將有主，主晉祀者，非陛下而誰？是以邇無異言，遠無異望，謳歌者無不吟詠徽猷，獄訟者無不思于聖德，天地之際既交，華裔之情允洽。」〔註13〕如此，既逃「不臣之罪」，且有「順天命，從民望」之美。雖然，斯人也，必多內狠戾而外順柔，內陰酷而外慈和，可泣可喜，忽卑忽亢，行性反覆，近優孟倡家戲者之儔也，此抑曹馬之所以爲奸雄之選者也。故曹孟德既威號天下，乃曰：

〔註10〕見《三國志・魏志》卷一〈武帝紀〉注引《魏書》。
〔註11〕同註2。
〔註12〕見《左傳》僖公二十五年四月。
〔註13〕見《文選》卷三七劉越石〈勸進表〉。

更欲爲國家討賊立功，欲望封侯，作征西將軍，然後題墓道，言漢故征西將軍曹侯之墓，此其志也。而遭值董卓之難，興舉義兵，是時合兵能多得耳，然常自損，不欲多之，所以然者，多兵意盛，與彊敵爭，倘更爲禍始，故汴水之戰數千，後還到揚州，更募亦復不過三千人，此其本志有限也。……或者人見孤彊盛，又性不信天命之事，恐私心相評，言有不遜之志，妄相忖度，每用耿耿。齊桓、晉文所以垂稱至今日者，以其兵勢廣大，猶能奉事周室也。《論語》云：「三分天下有其二，以服事殷，周之德可謂至德矣。」夫能以小事大也。昔樂毅走趙，趙王欲與之圖燕，樂毅伏而垂泣，對曰：「臣事昭王，猶事大王，臣若獲戾，放在他國，沒世然後已，不忍謀趙之徒隸，況燕後嗣乎？」胡亥之殺蒙恬也，恬曰：「自吾先人及至子孫，積信于秦，三世矣。今臣將兵三十餘萬，其勢足以背叛，然自知必死而守義者，不敢辱先人之教，以忘先王也。」孤每讀此二人書，未嘗不愴然流涕也。孤祖父以至孤身，皆當親重之任，可謂見信者矣，以及子植兄弟，過于三世矣。孤非徒對諸君說此也，常以語妻妾，皆令深知此意，孤謂之言：「顧我萬年之後，汝曹皆當出嫁，欲令傳道我心，使他人皆知之。」孤此言皆肝鬲之要也。〔註14〕

其與袁紹爭鋒河北，既劇且烈，建安九年（204），圍紹子尙、譚於鄴，決漳水灌城，百姓死亡殆盡，陳琳乞降，不許，爲圍益急，既下，乃臨祀紹墓，哭之流涕，慰勞紹妻，還其家人寶物，賜雜繒絮廩食之。嘻！儻恤其憂苦，則何發兵必勝邪？何敵已乞降，而不容喘息邪？故《三國志·魏志·武紀》注引孫盛譏之，云：

昔先王之爲誅賞也，將以懲惡勸善，永彰鑒戒。紹因世艱危，遂懷逆謀，上議神器，下干國紀。薦社汙宅，古之制也，而乃盡哀於逆臣之冢，加恩於饕餮之室，爲政之道，於斯蹟矣。夫匿怨友人，前哲所恥，稅驂舊館，義無虛涕，苟道乖好絕，何哭之有？昔漢高失之於項氏，魏武遵謬於此舉，豈非百慮之一失也？

又建安七年（202）春正月，操令曰：

吾起義兵，爲天下除暴亂，舊土人民死喪略盡，國中終日行，不見所識，使吾悽愴傷懷，其舉義兵以來，將士絕無後者，求其親戚以

〔註14〕見《全三國文》卷二魏武帝〈讓縣自明本志令〉。

後之，授土田，官給耕牛，置學師以教之，爲存者立廟，使祀其先

人，魂而有靈，吾百年之後，何恨哉？〔註15〕

觀此令，操眞乃愛民如子，仁德之主也。然稽考史實，洵不然矣。初平四年（193），以陶謙部卒劫父嵩於徐州，〔註16〕攻之，屠其男女十萬，泗水爲之不流，自是數縣人無行迹；興平元年（194），復征謙，拔五城，略地至東海，所過多所殘戮；建安三年（198），東征呂布，屠彭城，老少皆死。追憤私讎，殺人斷水，爭城以戰，斬首盈野，奈何祀其一二而戮其八九？其如徐、彭諸鬼何？至若誅名士之多且易，則不過視諸切草萊耳，持法峻刻，諸將有計劃勝出己者，隨以法誅之，及故人舊怨亦皆無餘，其所刑殺，輒對之垂涕嗟痛，終無所活，孔融、許攸、婁圭、崔琰、楊脩等人，皆以不虔誅，爲世所歎息也。

　　若夫司馬家者，懿於孫權遣使上表曹操，稱臣乞降，陳說天命時，對操曰：「漢運垂終，殿下十分天下，而有其九，以服事之，權之稱臣，天下之意也。虞夏殷商不以謙讓者，畏天命也。」〔註17〕微以不謙讓相諫，然則啓曹氏禪代竊國者，懿亦陰爲作俑也。青龍年間（233～236），與諸葛亮對兵積石原，拒不出戰，亮遺巾幗婦人之飾，懿佯怒，請明帝允決戰，帝乃遣辛毗杖節爲軍師以制之，蜀將姜維聞毗至，謂亮曰：「辛毗杖節而至，賊不復出矣。」亮曰：「彼本無戰心，所以固請者，以示武于其眾耳。將在軍，君命有所不受，苟能制吾，豈千里而請戰邪？」〔註18〕諸葛之言直探本心，懿何所遁誘哉？討公孫淵，城平，立兩標以別新舊，凡男年十五已上七千餘人，皆殺之，以爲京觀，公卿已下幷誅之，又戮淵將軍畢盛等二千餘人，而令曰：「古之伐國，誅其鯨鯢而已，諸爲文懿所註誤者，皆原之。」〔註19〕既戮人萬數，乃稱誅鯨鯢而已，所宥者誰人乎？嘉平元年（249），謀誅曹爽，而帝曹芳與爽偕，懿懼爽挾天子幸許昌，移檄天下兵，乃詐侍中許允、尙書陳泰、太尉蔣濟、校尉尹大目等，以事止免官，使諭爽，諸人盡信其言，爽降，竟殺之，凡所牽連，幷夷三族，魏宗室由是傾頹。師繼立，黜皇后張氏，廢魏主曹芳。及

〔註15〕見《三國志》卷一〈武帝紀〉。

〔註16〕《三國志・魏志》卷一〈武帝紀〉注引韋曜《吳書》：「太祖迎嵩，輕重百餘兩，陶謙遣都尉張闓將騎二百衛送，闓於華山費間，殺嵩，取其財物，因奔淮南，太祖歸咎於陶謙。」

〔註17〕見《晉書》卷一〈宣帝紀〉。

〔註18〕同註17。

〔註19〕同註17。

昭之身，終成弒君。景元元年（260），昭黨賈充陰使成濟抽戈犯蹕，刺殺高貴鄉公曹髦，既而召百寮謀其故，干寶《晉紀》載其事，曰：

> 高貴鄉公之殺，司馬文王會朝臣謀其故，太常陳泰不至，使其舅荀顗召之，顗至，告以可否。泰曰：「世之論者，以泰方於舅，今舅不如泰也。」子弟內外咸共逼之，垂涕而入。王待之曲室，謂曰：「玄伯！卿何以處我？」對曰：「誅賈充以謝天下。」文王曰：「爲我更思其次。」泰曰：「泰言惟有進於此，不知其次。」〔註20〕

昭不語，弗納，竟收成濟家屬付廷尉以塞之，上表僞自譴，欲卸咎責，杜天下輿論。表曰：

> 故高貴鄉公帥從駕人兵，拔刃鳴鼓向臣所，臣懼，兵刃相接，卽勅將士，不得有所傷害，違令者以軍法從事。騎督成倅弟太子舍人濟，入兵陣，傷公至隕。臣聞人臣之節，有死無貳，事上之義，不敢逃難。前者，變故卒至，禍同發機，誠欲委身守死，惟命所裁。然惟本謀，乃欲上危皇太后，傾覆宗廟。臣忝當元輔，義在安國，卽駱驛申勅，不得迫近輿輦，而濟妄入陣間，以致大變，哀怛痛恨，五內摧裂。濟干國亂紀，罪不容誅，輒收濟家屬付廷尉。〔註21〕

夫君之伐臣，爲人臣者何所逃死？矧伐臣而崩乎？陳泰以誅賈充謝天下對，已思其次矣，更何其次可思耶？昭豈眞討賊歟？故《晉書》校文一曰：「文帝借濟以掩人耳目，非眞討賊也。」〔註22〕

　　彼曹孟德、司馬懿，翻雲覆雨，僞仁假義，雖早萌無君之心，猶尙有所顧忌。浸至形勢已成，魏文、晉武竟以禪代篡，爲壇祀天，昭告天下，儼然以堯舜自居，其事已說於第二章第三節，略不重敍。然曹魏、司馬，奸雄蹈迹，一亡一興，甚可哀也。夫禪代者，尙古美事，以德不以力也，非君與臣可私相授受，《孟子‧萬章篇》上曰：

> 萬章曰：「堯以天下與舜，有諸？」孟子曰：「否，天子不能以天下與人。……天子能薦人於天，不能使天與之天下；諸侯能薦人於天子，不能使天子與之諸侯；大夫能薦人於諸侯，不能使諸侯與之大夫。昔者，堯薦舜於天而天受之，暴之於民而民受之，……使之主

〔註20〕見《三國志‧魏志》卷二二〈陳泰傳〉注引。
〔註21〕見《晉書》卷二〈文帝紀〉。
〔註22〕見《晉書》卷二〈文帝紀〉集解引。

祭而百神享之，是天受之；使之主事而事治，百姓安之，是民受之
也。天與之，人與之，故曰：天子不能以天下與人。」

又曰：

匹夫而有天下者，德必若舜禹，而又有天子薦之者。

昔者，成湯放桀，猶懼尚有慚德，恐來世以爲口實，彼山陽、曹髦，非有桀
紂之暴虐，而相偪若是，而魏文乃自謂：「堯舜之事吾知之矣。」〔註23〕晉武
自謂：「肆魏氏弘鑒于古訓，儀刑于唐虞，疇咨群后，爰輯大命于朕身，予一
人畏天之命，用不敢違。」〔註24〕豈不誣哉？故魏晉禪代最爲口實也。郝經
曰：

堯舜以禪讓帝，湯武以征伐王，桓文以力而伯，羿莽以盜而篡，此
自昔有天下國家之大端也。桓靈之際，天下已無漢矣，操之機神權
略不世出，戡定禍亂，康濟斯民，慨然自爲。豈不足王？乃崎嶇詭
譎，陰賊險狠，以西伯自處，使其子爲舜禹之事，將誰欺哉？爲盜
而惡盜名，則又羿莽之不若也。嗚呼！世衰道微，自晉而下十餘代，
千有餘年，往往有湯武之仁義，桓文之功烈，而終用操竊國之術，
自以爲得，而不知其非。悲夫！〔註25〕

陳沆曰：

典午蔑君臣之分，欺孤寡之朝，乃外談貞屬，口說道義。王莽誦六
藝，燕噲師唐虞，世豈果可欺乎？〔註26〕

此魏晉政治之一大穢醜也。

貳、骨肉相迫，名士殺戮

夫兩堯不能相王，兩桀不能相亡，而秦失其鹿，四海洶洶共逐之矣。何
則？彼天子者，一人之尊也，衣綺繡，食甘旨，龍驤虎步，高下在心，擅威
勢，專賞罰，《書》所謂：「惟辟作福，惟辟作威，惟辟玉食，臣無有作福、
作威、玉食。」〔註27〕人誰不羨哉？故自古鼎移，必須廢立，而勢鈞位偪，

〔註23〕《三國志・魏志》卷二〈文帝紀〉注引《魏氏春秋》：「帝升壇禮畢，顧謂群
　　　　臣曰：『舜禹之事，吾知之矣。』」
〔註24〕見《晉書》卷三〈武帝紀〉。
〔註25〕見《三國志・魏志》卷一〈武帝紀〉集解引。
〔註26〕見《詩比興箋》卷二。
〔註27〕見《尚書・洪範》。

雖同產之親，不能無相傾奪。司馬遷曰：「張耳、陳餘，世傳所謂賢者，其賓客廝役，莫非天下俊傑，所居國無不取卿相者，然張耳、陳餘始居約時，相然信以死，豈顧問哉？及其據國爭權，卒相滅亡。」〔註28〕哀哉！其德不足相愛歟？亦勢使之然也。故秦二十六年（前221），平天下，據九有，翩然改轍，廢五等爵，易封建爲郡縣，去井田，開阡陌，雖外無諸侯以爲藩衛，內無宗子以自毘輔，而始皇必如此者，以李斯之言曰：「周文、武所封子弟同姓甚眾，然後屬疏遠，轉相攻擊如仇讎，諸侯更相誅伐，周天子弗能禁止。」〔註29〕漢興，鑒秦失策，大封子弟，以非劉氏而王者，天下可共擊之，然吳楚倡謀，七國從風，干戈起於蕭牆，奸逆肇乎公室。夫公室者，君之同產也，自先君子孫可以爲君，禮地兼隆，勢侔人主，坐擁財兵，覬覦反覆之心易生也。有國有家者覩乎此，莫不心寒悼慄，制治刑法，以爲禁防，太子儲君無外交之義，而藩王不可私通賓客；及其弊也，上下懸隔，子弟皆如仇敵矣。

子桓以篡弒得天下，中心常恐人之復以篡弒取之，而弟陳思王植，文才富艷，足以自通後葉，銅雀一賦，援筆立成，每承魏武問難，應聲而對，特見寵愛，《魏志》植傳言太祖狐疑幾爲太子者數矣，丕不自安，矯情自飾，御之以術，左右並爲之說，故遂定爲嗣。丕既即王位，深銜恨之，初丁儀、丁廙爲植羽翼，至是并誅之，籍其男口，絕其世也；登皇極，貶植爲安鄉侯，改封爲鄄城侯，徙雍丘，植致意再三，而終其身無所用焉。牽連及諸王，任城王彰力猛志大，嘗橫行燕代，威慴北胡，而以問璽綬，疑其將有異志，來朝不見，彰忿怒暴卒於邸。〔註30〕致使宋臨川劉義慶撰《世說新語》，有啖棗中毒之說，〈尤悔篇〉云：

> 魏文帝忌弟任城王驍壯，因在卞太后閤共圍棊，並啖棗，文帝以毒置諸棗蒂中，自選可食者而進。王弗悟，遂雜進之，既中毒，太后索水救之。帝預敕左右毀缾罐，太后徒跣趨井，無以汲，須臾，遂卒。復欲害東阿，太后曰：「汝已殺我任城，不得復殺我東阿。」

故魏諸王公，徒具名義，實無權柄，不僅封地狹小，所給兵人徒役寥寥百餘，又率屬年老殘羸，不堪任事。《三國志‧魏志‧陳思王傳》曰：「時法制待藩

〔註28〕 見《史記》卷八九〈張耳陳餘列傳〉。

〔註29〕 見《史記》卷六〈秦始皇本紀〉。

〔註30〕 《三國志‧魏志》卷一九〈任城王傳〉注引《魏氏春秋》：「初彰問璽綬，將有異志，故來朝不卽得見，彰忿怒暴薨。」

王既自峻迫，寮屬皆賈豎下才，兵人給其殘老，大數不過二百人。」可見崖略。袁準《正書·經國篇》云：

> 魏興，以新承大亂之後，民人損減，不可則以古治，于是封建侯王皆使寄地，空名而無其實，王國使有老兵百餘人，以衛其國。雖有王侯之號，而力儕于匹夫，縣隔千里之外，無朝聘之儀，鄰國無會同之制，諸侯遊獵不得過三十里，又爲設防輔監國之官，以司察之。王侯皆思爲布衣而不能得，既違宗國蕃屏之義，又虧親戚骨肉之恩。〔註31〕

太和元年（231），曹植陳〈求通親親表〉，懇請存問親戚，曰：

> 至於臣者，人道絕緒，禁固明時，臣竊自傷也。不敢乃望交氣類，脩人事，敍人倫。近且婚媾不通，兄弟永絕，吉凶之問塞，慶弔之禮廢，恩紀之違，甚於路人，隔閡之異，殊於胡越。今臣以一切之制，永無朝覲之望，至於注心皇極，情結紫闥，神明知之矣。然天寔爲之，謂之何哉？退省諸王，常有戚戚具爾之心，願陛下沛然垂詔，使諸國慶問，四節得展，以敍骨肉之歡恩，全怡怡之篤義，妃妾之家，膏沐之遺，歲得再通，齊義於貴宗，等惠於百司，如此則古人之所歎，風雅之所詠，復存於聖世矣。〔註32〕

夫公室空名寄地，骨肉恩義斷阻，則凡所輔弼皆非我姓，不啻通存問遺匪至，而求其事君死國，運籌效力，其可得哉？至於論功無功，論權無權，乃使異姓之家承隙以進，遠近相推，充斥皇朝，并司佐職，秉政專國，鼎革之事，兆發於此，豈不哀哉？曹植〈求通親親表〉又曰：

> 臣伏自惟省，無錐刀之用，及觀陛下之所拔授，若以臣爲異姓，竊自料度不後於朝士矣。若得辭遠遊，戴武弁，解朱組，佩青紱，駙馬奉車，趣得一號，安宅京室，執鞭珥筆，出從華蓋，入侍輦轂，承答聖問，拾遺左右，乃臣丹情之至願，不離於夢想者也。遠慕鹿鳴君臣之宴，中詠常棣匪他之誠，下思伐木友生之義，終懷蓼莪罔極之哀。每四節之會，塊然獨處，左右惟僕隸，所對惟妻子，高談無所與陳，發義無所與展，未嘗不聞樂而拊心，臨觴而歎息也。

噫！所謂「若以臣爲異姓，竊自料度不後於朝士矣」，思之悽梗。《魏氏春秋》

〔註31〕見《全晉文》卷五五。
〔註32〕見《文選》卷三七曹子建〈求通親親表〉。

載宗室曹冏上書，其言大同，曰：

> 今魏尊尊之法雖明，親親之道未備。詩不云乎？「鶺鴒在原，兄弟急難」；以斯言之，明兄弟相救於喪亂之際，同心於憂禍之間，雖有閱牆之忿，不忘禦侮之事。何則？憂患同也。今則不然，或任而不重，或釋而不任。一旦疆場稱警，關門反拒，股肱不服，胸心無衛，臣竊惟此，寢不安席。〔註33〕

故冏撰〈六代論〉，陳夏、殷、商、周、秦、漢以及魏代，封建郡縣之利弊，深以為國家之存亡，唯繫乎公室之彊弱，凡天命之微而得緒者，賴宗室以存，凡排擯公族，使衣食租稅，不豫政事者，亡國之法。若夫漢哀平之際，王莽假周公之事，行田常之亂，高拱而竊天位，宗室乃有解印綬，為臣妾，甚至為符命，頌功德，其故非宗室之不足據也，乃「徒以權輕勢弱，不能有定耳」，此實心有餘而力未足也。是以秦皇立郡縣，同姓疏遠，祚終二世；漢武下推恩，子孫陵遲，母黨專政。魏承衰亂之法，前軌不易，如是，則又難免矣。然則欲魏之盛，舍彊公族，無他策矣。曰：

> 大魏之興，于今二十有四年矣，觀五代之存亡，而不用其長策，觀前車之傾覆，而不改其轍迹。子弟王空虛之地，君有不使之民，宗室竄於閭閻，不聞邦國之政，權均匹夫，勢齊凡庶，內無深根不拔之固，外無盤石宗盟之助，非所以安社稷，為萬代之業也。且今之州牧郡守，古之方伯諸侯，皆跨有千里之土，兼軍武之任，或比國數人，或兄弟並據，而宗室子弟曾無一人間廁其間，相與維持，非所以強幹弱枝，備萬一之慮也。今之用賢，或超為名都之主，或為偏師之帥，而宗室有文者，必限以小縣之宰，有武者，必置於百人之上，使夫廉高之士，畢志於衡軛之內，才能之人，恥與非類為伍，非所以勸進賢能，褒異宗族之禮也。夫泉竭則流涸，根朽則葉枯，枝繁者蔭根，條落者本孤，故語曰：「百足之蟲，至死不僵，扶之者眾也。」此言雖小，可以譬大。且墉基不可倉卒而成，威名不可一朝而立，皆為之有漸，建之有素，譬之種樹，久則深固其根本，茂盛其枝葉，若造次徙於山林之中，植於宮闕之下，雖壅之以黑墳，暖之以春日，猶不救於枯槁，何暇繁育哉？夫樹猶親戚，土猶士民，建置不久，則輕下慢上，平居猶懼其離叛，危急將如之何？是聖王

〔註33〕見《三國志‧魏志》卷二〇〈武文世王公傳〉注引《魏氏春秋》。

安而不逸，以慮危也，存而設備，以懼亡也，故疾風卒至，而無摧
拔之憂，天下有變，而無傾危之患。〔註34〕

然魏竟因此亡國，百官志臣昭曰：「父子，首足也；昆弟，四肢也。當使筋骨髓
血，動靜足以相勝，長短大小，骹用足以相衛。豈有割脛致腹，取骨肉以增頭，
劌背露骨，剝膏腴以裨領，而謂顱顥魁岸可得比壽松喬，喉咽擁腫必能長生久
視哉？漢氏得之微，猶能四百載，魏人失之甚，不滿數十年。」〔註35〕豈非宗
室猜忌，骨肉叛離之罪歟？悲夫！

夫同產相迫，尚猶如是酷烈，其於朝臣名士，誅伐殺戮若屠牲羊，更何
所惜哉？《三國志》卷五七《吳志・虞翻傳》曰：

（孫）權既為吳王，歡宴之末，自起行酒，翻伏地陽醉不持，權去，
翻起坐。權於是大怒，手劍欲擊之，侍者莫不逴遽，惟大司農劉基
起抱權，諫曰：「大王以三爵之後，手殺善士，雖翻有罪，天下孰知
之？且大王以能容賢畜眾，故海內望風，今一朝棄之，可乎？」權
曰：「曹孟德尚殺孔文舉，孤於虞翻何有哉？」基曰：「孟德輕害士
人，天下非之，大王躬行德義，欲與堯舜比隆，何得自喻於彼乎？」

干寶〈晉紀總論〉曰：

宣、景遭多難之時，務伐英雄，誅庶桀，為便事，不及修公劉、太
王之仁也。〔註36〕

亦可覘知大略矣。故吾國史上，名士無辜而罹禍難者，舍魏晉，無以復加矣。
其死曹魏、司馬，見載於史冊者，不可勝計。《後漢書》卷八二下〈方術列傳〉
言華佗之誅，曰：

為人性惡難，得意，且恥以醫見業，又去家思歸，乃就操求還取
方，因託妻疾，數期不反。操累書呼之，又敕郡縣發遣，佗恃能
厭事，猶不肯至，操大怒，使人廉之，知妻詐疾，乃收付獄。……
竟殺之。

卷七〇〈孔融、荀彧傳〉，載二人之誅，曰：

融聞人之善，若出諸己，言有可采，必演而成之，面告其短，而退
稱所長，薦達賢士，多所獎進，知而言，以好己過，故海內英俊皆

〔註34〕見《文選》卷五二曹元首〈六代論〉。
〔註35〕見《三國志・魏志》卷二〇〈武文世王公傳〉集解引趙一清。
〔註36〕見《文選》卷四九干令升〈晉紀總論〉。

信服之。曹操旣積嫌忌，而郤慮復搆成其罪，遂令丞相軍謀祭酒路粹枉狀奏融。……下獄棄市，時年五十六，妻子皆被誅。

（建安）十七年（212），董昭等欲共進操爵國公，九錫備物，密以訪彧。或曰：「曹公本興義兵，以匡振漢朝，雖勳庸崇著，猶秉忠貞之節，君子愛人以德，不宜如此。」事遂寢，操心不能平。……彧病留壽春，操饋之食，發視，乃空器也，於是飲藥而卒。

卷五四〈楊修傳〉，載修之誅，曰：

及操自平漢中，欲因討劉備而不得進，欲守之，又難爲功，護軍，不知進止何依，於是出教唯曰雞肋而已。外曹莫能曉，修獨曰曰：「夫雞肋，食之則無所得，棄之則如可惜，公歸計決矣。」乃令外白稍嚴，操於此迴師，修之幾決多有此類。修又嘗出行，籌操有問外事，乃逆爲答記，敕守舍兒：「若有令出，依次通之。」旣而果然，如是者三，操怪其速，使廉之，知狀，於此忌修。且以袁術之甥，慮爲後患，遂因事殺之。

《三國志‧魏志》卷一二〈崔琰傳〉，載琰之死，曰：

琰嘗薦鉅鹿楊訓：「雖才好不足，而清貞守道。」太祖卽禮辟之。後太祖爲魏王，訓發表，稱讚功伐，褒述盛德，時人或笑訓希世浮僞，謂琰爲失所舉。琰從訓取表章，視之，與訓書曰：「省表事佳耳，時乎時乎，會當有變時。」琰本意譏論者好譴呵而不尋情理也。有白琰此書傲世怨謗者，太祖怒曰：「諺言：『生女耳。』耳非佳語，會當有變時，意指不遜。」於是罰琰爲徒隸。使人視之，辭色不撓，太祖令曰：「琰雖見刑，而通賓客，門若市人，對賓客虬鬚直視，若有所瞋。」遂賜琰死。

《晉書》卷四九〈嵇康傳〉，載康及呂安之死，曰：

初康居貧，嘗與向秀共鍛於大樹之下，以自贍給。潁川鍾會，貴公子也，精練有才辯，故往造焉，康不爲之禮，而鍛不輟。良久，會去，康謂曰：「何所聞而來，何所見而去？」會曰：「聞所聞而來，見所見而去。」會以此憾之。及是，言於（晉）文帝曰：「嵇康臥龍也，不可起，公無憂天下，顧以康爲慮耳。」……康、安等言論放蕩，非毀典謨，帝王者所不宜容，宜因釁除之，以淳風俗。」帝旣昵聽信會，遂幷害之。

近人張仁青先生於其《魏晉南北文學思想史》，成魏晉南北朝罹難名士表一，〔註37〕載記該時代中死於非命之名士，合魏、兩晉、宋、齊、梁、陳、北魏、北齊、北周，都二百有九人，茲中戮於曹魏及司馬懿父子者，已佔其五十一。茲摘迻於后，可詳見一斑。

國號	姓名	歲數	罹難時間		迫害之者	罹難原因	備考
			中國紀元	西元			
魏	華佗				曹操	不爲曹操所用。	《後漢書‧方術傳》
	董承		建安五年	200	曹操	受漢獻帝密詔，令劉備誅曹操。	《後漢書‧獻帝紀》
	孔融	56	建安十三年	208	曹操	兀傲不馴，爲曹操所忌。	《後漢書》本傳
	荀彧	50	建安十七年	212	曹操	不同意曹操進爵魏公，自殺。	《後漢書》本傳
	路粹		建安十九年	214	曹操	坐違禁罪。	《三國志‧王粲傳》
	崔琰	58	建安二一年	216	曹操	有人誣其傲世怨謗。	《三國志》本傳
	許攸				曹操	自恃破袁紹有功，出言不遜。	《三國志‧崔琰傳》
	婁圭				曹操	恃舊不虔，曹操以爲有腹誹意。	《三國志‧崔琰傳》
	吉本		建安二三年	218	曹操	見曹操將篡漢，乃聯合起兵伐操。	《三國志‧魏武帝紀》
	吉邈		建安二三年	218	曹操	見曹操將篡漢，乃聯合起兵伐操。	《三國志‧魏武帝紀》
	耿紀		建安二三年	218	曹操	見曹操將篡漢，乃聯合起兵伐操。	《後漢書‧獻帝紀》
	韋晃		建安二三年	218	曹操	見曹操將篡漢，乃聯合起兵伐操。	《後漢書‧獻帝紀》
	楊修	45	建安二四年	219	曹操	楊修爲袁紹之甥，慮有後患。	《三國志‧陳思王傳》
	魏諷		建安二四年	219	曹操	與陳禕共謀襲鄴，攻曹操。	《三國志‧魏武帝紀》注引《世語》
	劉偉		建安二四年	219	曹操		《三國志‧劉廙傳》注引廙別傳
	丁儀		黃初元年	220	曹丕	黨於曹植。	《三國志‧陳思王傳》

〔註37〕見《魏晉南北朝文學思想史》，第三章〈魏晉南北朝文學思想之內因外緣〉（一），第三節「政治環境」。

丁廙		黃初元年	220	曹丕	黨於曹植。	《三國志‧陳思王傳》
曹爽		嘉平元年	249	司馬懿	與司馬懿爭權，失敗。	《三國志》本傳
曹羲		嘉平元年	249	司馬懿	曹爽之難。	《三國志‧曹爽傳》
曹訓		嘉平元年	249	司馬懿	曹爽之難。	《三國志‧曹爽傳》
何晏	60	嘉平元年	249	司馬懿	曹爽之難。	《三國志‧曹爽傳》
鄧颺		嘉平元年	249	司馬懿	曹爽之難。	《三國志‧曹爽傳》
丁謐		嘉平元年	249	司馬懿	曹爽之難。	《三國志‧曹爽傳》
畢軌		嘉平元年	249	司馬懿	曹爽之難。	《三國志‧曹爽傳》
李勝		嘉平元年	249	司馬懿	曹爽之難。	《三國志‧曹爽傳》
張當		嘉平元年	249	司馬懿	曹爽之難。	《三國志‧曹爽傳》
桓範		嘉平元年	249	司馬懿	曹爽之難。	《三國志‧曹爽傳》
王淩	80	嘉平三年	251	司馬懿	惡司馬懿不臣，且齊王不任天位，欲謀廢立，事洩自殺。	《三國志》本傳
曹彪		嘉平三年	251	司馬懿	王淩謀立彪卽位許昌，事敗自殺。	《三國志》本傳
王廣		嘉平三年	251	司馬懿	惡司馬懿不臣，欲與父淩謀廢立。	《三國志‧王淩傳》
勞精		嘉平三年	251	司馬懿	王淩之難。	《三國志‧王淩傳》
單固		嘉平三年	251	司馬懿	王淩之難。	《三國志‧王淩傳》
楊康		嘉平三年	251	司馬懿	王淩之難。	《三國志‧王淩傳》
杜恕		嘉平四年	252	司馬懿	爲幽州刺史，鮮卑寇邊，無表言上，爲陳喜劾奏。	《三國志‧杜畿傳》
李豐		嘉平六年	254	司馬師	惡司馬師專政，欲聯合夏侯玄、張緝共誅之，事洩。	《三國志‧夏侯玄傳》

李　翼		嘉平六年	254	司馬師	李豐之難。	《三國志‧夏侯玄傳》
李　韜		嘉平六年	254	司馬師	李豐之難。	《三國志‧夏侯玄傳》
夏侯玄	46	嘉平六年	254	司馬師	惡司馬師專權，與李豐、張緝共謀誅之，事敗。	《三國志‧夏侯玄傳》
張　緝		嘉平六年	254	司馬師	惡司馬師專權，與李豐、夏侯玄共謀誅之，事敗。	《三國志‧夏侯玄傳》
樂　敦		嘉平六年	254	司馬師	李豐之難。	《三國志‧夏侯玄傳》
劉　賢		嘉平六年	254	司馬師	李豐之難。	《三國志‧夏侯玄傳》
許　允		嘉平六年	254	司馬師	李豐之難。	《三國志‧夏侯玄傳》
毌丘儉		正元二年	255	司馬師	感明帝顧命，舉兵討司馬師，失敗。	《三國志》本傳
毌丘甸		正元二年	255	司馬師	毌丘儉之難。	《三國志‧毌丘儉傳》
諸葛誕		甘露二年	257	司馬昭	見王淩、毌丘儉累見夷滅，懼不自安，遂據壽春反。	《三國志》本傳
曹　髦	20	景元元年	260	司馬昭	以討司馬昭不克，被弒。	《三國志‧高貴鄉公髦紀》
王　經		景元元年	260	司馬昭	高貴鄉公之難。	《三國志‧高貴鄉公髦紀》
嵇　康	40	景元三年	262	司馬昭	以呂安事件，為鍾會所譖。	《晉書》本傳
呂　安		景元三年	262	司馬昭	兄巽誣其不孝。	《晉書‧嵇康傳》
鄧　艾		咸熙元年	264	司馬昭	為鍾會所構。	《三國志》本傳
鍾　會		咸熙元年	264	司馬昭	謀反。	《三國志》本傳

　　案張先生此表，必見諸史冊而後錄之，其或史料殘缺，無法遽爾認定者，仍未計及，然則死事之慘，當十百倍於此也。噫！上天猶有好生之德，魏晉權奸殺伐如斯，良堪浩歎。

第二節　社會背景

　　自黃巾作亂，董卓興戎，歷群雄競起，割據爭彊，民生之凋敝，可謂纂

甚，加以天災兵禍，與夫暴君侈靡，污吏貪贓，刻剝之餘，百姓益不堪。劉廙云：「夫飢寒切於肌膚，固人之所難也，其甚又將使其父不父，子不子，兄不兄，弟不弟，夫不夫，婦不婦矣。貪則仁義狹而怨望之心篤。」〔註38〕故天下紛紛，奔逐末業，以苟活為要，不以名節為高，稍有安輯，復競趨奢侈，縱欲肆樂，為一時享受計。是以恥尚失所，風俗頹墮者，魏晉社會之大歸也。

壹、時亂民剽，競崇奢侈

漢末大亂，兵燹迭至，百姓棄家園，離鄉井，田疇荒蕪，農殖俱廢，輾轉溝壑，死者不可勝數。《晉書·食貨志》曰：「漢自董卓之亂，百姓流離，穀石至五十餘萬，人多相食。」《後漢書·獻帝紀》亦載興平元年（194）：「穀一斛五十萬，豆麥一斛二十萬，人相食啖，白骨委積。」斯時，上自天子百官，下迄軍兵黎庶，莫不受困。建安元年（196），獻帝逃死回抵洛陽，宮室燒盡，百官披荊棘，依牆壁間，群僚飢乏，自出採稆，或餓死牆間，或為兵士所殺。袁紹在河北，軍人仰食桑椹，袁術在江淮，取給蒲蠃；名都空曠，州郡蕭條，百里無人迹者，比比有之；萬里懸乏，農桑失業，首尾難救，兆民呼嗟於天，慘絕人寰，不忍倅紋。三國初，人口之寡，合魏、蜀、吳，竟去東漢五仟六萬六仟八百五十口，僅得七百六十三萬三仟八百八十一口耳。〔註39〕時蔣濟、陳群言喪亂之後，人民至少，比漢文、景時不過一大郡；杜恕言不如往昔一州之民。〔註40〕故《後漢書·地理志》注引《帝王世紀》曰：「魏武皇帝尅平天下，文帝受禪，人眾之損，萬有一存。」而昊天不恤，天災頻仍，重加罷弊，從獻帝建安元年（196）起，迄魏常道鄉公景元四年（263）阮籍卒，其間災變眾多，有如下表所記者：

發生年代	西元	災情	備考
（獻帝） 建安二年	197	1. 夏五月，蝗。 2. 秋九月，漢水溢，是歲飢，江淮間民相食。	《後漢書·獻帝紀》
建安十二年	207	秋七月，大水，傍海道不通。	《三國志·魏志·武帝紀》
建安十三年	208	大疫，吏士多死者。	《三國志·魏志·武帝紀》

〔註38〕見《全三國文》卷三四劉廙〈政論〉。
〔註39〕采梁啓超「中國史上人口之統計」說，見《飲冰室文集》第四冊。
〔註40〕詳見《三國會要》卷二〇〈庶政〉上。

建安十四年	209	冬十月，荊州地震。	《後漢書・獻帝紀》
建安十七年	212	1. 秋七月，洵水、潁水溢。 2. 螟。	《後漢書・獻帝紀》
建安十八年	213	1. 夏五月，大雨水。 2. 六月，大水。 3. 七月，大水，上親避正殿，八月，以雨不止，且還殿。	《後漢書・獻帝紀》，《後漢書・五行志》，《後漢書・五行志》注引《獻帝起居注》
建安十九年	214	1. 夏四月，旱。 2. 五月，雨水。	《後漢書・獻帝紀》
建安二十二年	217	1. 是歲大疫。 2. 陳思王常說疫氣云：「家家有殭尸之痛，室室有號泣之哀，或闔門而殪，或族而喪者。」	《後漢書・獻帝紀》，《後漢書・五行志注》
建安二十四年	219	八月，漢水溢，流害人民。	《後漢書・五行志》
（魏文帝）黃初三年	222	七月，冀州大蝗，人飢。	《晉書・五行志》
黃初四年	223	1. 三月，宛許大疫，死者數萬。 2. 六月，大雨霖，伊洛溢，至津陽城門，漂數千家，殺人。 3. 六月，大雨，伊洛溢，殺人民，壞廬宅。 4. 六月二十四日辛巳，大出水，舉高四丈五尺。	《宋書・五行志》，《宋書・五行志》，《三國志・魏志・文紀》，《三國志・魏志・文紀》注引趙一清
黃初六年	225	是歲大寒，水道冰。	《三國志・魏志・文紀》
（明帝）太和元年	227	秋，數大雨，多暴卒，電電非常，至殺鳥雀。	《晉書・五行志》
太和二年	228	五月，大旱。	《晉書・五行志》
太和四年	230	1. 八月，大雨霖三十餘日，伊洛河漢皆溢，歲以凶饑。 2. 九月，大雨，伊洛河漢水溢。	《晉書・五行志》，《三國志・魏志・明帝紀》
青龍二年	234	十一月，京都地震，從東南來，隱隱有聲，搖動屋瓦。	《三國志・魏志・明帝紀》
青龍三年	235	三月，京都大疫。	《三國志・魏志・明帝紀》
景初元年	237	1. 六月戊申，京都地震。 2. 秋七月，連雨十日，遼水漲。 3. 九月，淫雨，冀兗徐豫四州水出，沒溺殺人，漂失財產。	《三國志・魏志・明帝紀》，《晉書・五行志》

（齊王芳） 正始元年	240	1. 商風大起數十日，發屋拔樹，動太極東閣。 2. 二月，自去冬至此月，不雨。	《三國志·魏志·少帝紀》集解引《魏略》，《文獻通考》卷三〇四
正始二年	241	冬十二月，南安郡地震。	《三國志·魏志·少帝紀》
正始三年	242	1. 秋七月甲申，南安郡地震。 2. 冬十二月，魏郡地震。	《三國志·魏志·少帝紀》
正始六年	245	春二月丁卯，南安郡地震。	《三國志·魏志·少帝紀》
正始九年	248	1. 冬十二月，大風，發屋折樹。 2. 十二月戊午晦，尤甚，動太極東閣。	《三國志·魏志·少帝紀》，《晉書·五行志》
嘉平元年	249	正月壬辰朔，西北大風，發屋折樹木，昏塵蔽天。	《晉書·五行志》
（高貴鄉公髦） 正元二年	255	正月戊戌，大風，行者皆頓伏。	《晉書·五行志》
甘露三年	258	正月，自去秋至此月，旱。	《晉書·五行志》

　　短短六十有八載，天變年數竟達百分之二十六，尤以建安、黃初、太和為甚，建安十二至十四（207～209），暨十七至十九（212～214），蟲害、水旱，比年迭至。如此兵荒馬亂，因頓顛沛之秋，又重病以頻臨之水火災變，生民苦恫殆非筆墨可盡也。

　　夫民戶銳減，崩散瓦解，饑則寇掠，飽則棄餘，此乃群雄用兵之大忌，蓋人力寡淺則兵源斷絕，民輕去就則眾難統馭。曹操既志在以武威取天下，卽以為定國之行，要在強兵足食，急農屯田皆先代良式，足可取效於今日，故亟圖興利袪患，用濟其事。建安元年（196），棗祗、韓浩等議屯田，於是始興屯田，置典農中郎將、典農都尉、典農校尉，以主其事，務植畜養民，其後州郡例置田官，不數年，所在積穀，吏民歡悅，而征伐四方，無運糧之勞，操之得以兼并群雄，克平河北者，多賴乎此。故操嘗盛稱棗祗之功曰：「豐足軍用，摧滅群逆，克定天下，以隆王室，祗興其功。」〔註41〕毛玠亦語操曰：

> 今天下分崩，國主遷移，生民廢業，饑饉流亡，公家無經歲之儲，
> 百姓無安固之志，難以持久。今袁紹、劉表雖士民眾疆，皆無經遠
> 之慮，未有樹基建本者也。夫兵義者勝，守位以財，宜奉天子以令

〔註41〕見《三國志·魏志》卷一六〈任峻傳〉注引《魏武故事》。

不臣。修耕植蓄，軍資如此，則霸王之業可成也。〔註42〕
建安十九年（214）、二十一年（216），操親耕藉田，以爲倡率，又使謝奇屯皖田鄉，朱光屯皖，大開稻田；而諸將劉馥、蘇則、杜襲、倉慈、毋丘儉、梁習、國淵、鄭渾等，亦皆身當民先，極力倡導。既起屯田，操復行授土之法，幷講求水利。授土者，蓋源於大亂之後，人口離散，地業無主，時司馬朗議復井田，制無主之地爲公田，操雖未納，亦深感啓曠實地，洵欲成就霸業者所當急務，故建安七年（202）令授土，由官給耕牛。〔註43〕若夫水利之興，主於灌沃壠畝，以利農利，而運漕轉糧，其便多矣，故屯田幷啓水利；建安九年（204），於淇水口下枋木以成堰，遏淇水，使東入白溝；十九年（214），自呼沱河入泒水，鑿平虜渠，又從泃河，入潞河，鑿泉州渠入海。已行三事，比年大收，頃畝歲增，而租入倍蓰矣。

夫曹操之重農，雖自爲軍利計，然嗷嗷蒼生亦幸資其利矣，故瘡痍之際，魏地安輯，倉廩豐實，漸至富庶。唯久經擾攘，人命危淺，顚沛造次，死生之期難卜，故民性輕剽，競趨浮靡，家無儋石之儲，出有綺綾之服，百工作無益之器，婦人爲靡麗之飾，繡文黼黻，轉相倣效，婚姻葬送，傾家竭產，所謂「民貧俗奢」者，此之謂也。而舍本業，逐末利，百姓囂然，商事浸盛，農桑遂衰，傅玄於晉武帝時上疏，言魏際風尚曰：「農工之業多廢，或逐淫利而離其事。」〔註44〕故魏武、魏文諸帝屢下詔，禁厚葬，禁非禮之祭，禁吏著巾幘，禁淫祀云云，用藥說俗之鄙吝也。建安十年（205），操令曰：

　　禁厚葬，皆一之於法。〔註45〕

建安二十四年（219）六月，復令曰：

　　古之葬者，必居瘠薄之地，其規西門豹祠西原上爲壽陵，因高爲基，

　　不封不樹。〔註46〕

《宋書‧禮樂志》亦曰：

　　漢以後，天下送死奢侈，多作石室、石獸、碑、銘等物。建安十年

〔註42〕見《三國志‧魏志》卷一二〈毛玠傳〉。
〔註43〕《三國志‧魏志》卷一〈武帝紀〉：「七年春正月，公軍譙。令曰：『吾起義兵，
　　　　爲天下除暴亂，舊土人民死喪略盡，國中終日行，不見所識，使吾悽愴傷懷。
　　　　其舉義兵以來，將士絕無後者，求其親戚以後之，授土田，官給耕牛，置學
　　　　師以教之。』」
〔註44〕見《晉書》卷四七〈傅玄傳〉。
〔註45〕同註15。
〔註46〕同註15。

（205），魏武以天下雕弊，下令不得厚葬，又禁立碑。

黃初三年（222）冬十月，丕表首陽山東爲陵，作〈終制〉曰：

> 夫葬也者，藏也；欲人之不得見也，骨無痛癢之知，冢非棲神之宅，禮不墓祭，欲存亡之不黷也。爲棺槨足以朽骨，衣衾足以朽肉而已，故吾營此丘墟不食之地，欲使易代之後，不知其處。無施葦炭，無藏金銀銅鐵，一以瓦器，合古塗車芻靈之義。……自古及今，未有不亡之國，亦無不堀之墓也。喪亂以來，漢氏諸陵無不發堀，至乃燒取玉匣金縷，骸骨并盡，是焚如之刑也。豈不重痛哉？禍由乎厚葬封樹，桑霍爲我戒，不亦明乎？〔註47〕

黃初五年（224），詔：

> 叔氏衰亂，崇信巫史，至乃宮殿之內，戶牖之間，無不沃酹，甚矣，其惑也。自今敢設非祀之祭，巫祝之言，皆以執左道論，著于令典。〔註48〕

明帝青龍元年（233），亦令不得淫祀曰：

> 郡國山川，不在祀典者，勿祠。〔註49〕

《晉書・禮志》上載晉武帝之〈禁淫祀詔〉，曰：

> 昔聖帝明王，脩五嶽四瀆，名山川澤，各有定制，所以報陰陽之功，而當幽冥之道故也。然以道涖天下者，其鬼不神，其神不傷人也，故祝史薦而無媿辭，是以其人敬慎幽冥，而淫祀不作。末世信道不篤，僭禮瀆神，縱欲祈請，曾不敬而遠之，徒偷以求幸，妖妄相煽，舍正爲邪，故魏朝疾之。其按舊禮，具爲之制，使功著於人者，必有其報，而袄淫之鬼不亂其間。

雖然，奢侈之習仍未少戢，而淫靡之風彌熾，究其大因，舍兵連禍結，性命難保，民性競趨輕剽外。（一）漢末土地兼幷，豪富之家，奢侈成習，魏晉承敝，雖經荒亂，積習已然，浸假難返矣。王符《潛夫論・浮侈篇》曰：「今京師貴戚，郡縣豪家，生不極養，死乃崇喪，或至刻金鏤玉，檽梓梗柟，良家造壟，黃壤致藏，多埋珍寶，偶人車馬，造起大塚，廣種松柏，廬舍祠堂，崇侈上僭，寵臣貴戚，州郡世家，每有喪亂，都官屬縣，各當遣吏齎奉，

〔註47〕見《全三國文》卷八魏文帝〈終制〉。
〔註48〕見《三國志・魏志》卷二〈文帝紀〉。
〔註49〕見《全三國文》卷八魏文帝〈禁淫祀詔〉。

車馬帷帳，貸假待客之具，競爲華觀。」可見其來有自也。（二）魏諸帝雖獎勵樸實，詔令再三，然營建宮室極其華偉，縱欲佚樂侔於漢季。曹植箜篌引自寫其貴族放浪曰：「置酒高殿上，親友從我遊；中廚辦豐膳，烹羊宰肥牛；秦箏何慷慨，齊瑟和且柔；陽阿奏奇舞，京洛出名謳；樂飲過三爵，緩帶傾庶羞；主稱千金壽，賓奉萬年酬。」〔註50〕建安十五年（210），曹操築銅爵臺於鄴縣，高門嵯峨，飛閣相貫，復作金虎台、水井台，複道樓閣，號稱三台，遺命死後妾與伎人皆著銅爵台，每月十五輒向總帳前作伎。晉陸劌《鄴中記》載其台曰：「銅爵台，因城爲基址，高一十丈，有屋一百二十間，周圍彌覆。」〔註51〕黃初元年（220），曹丕營洛陽宮，三年（222）作靈芝池，五年（224）作天淵池，七年（226）築九華、畢昴台。至明帝曹叡卽位，更大興土功，起殿觀無數，《三國志・魏志・明帝紀》注引《魏略》曰：

> 是年（青龍三年，235），起太極諸殿，築總章觀，高十餘丈，建翔
> 鳳于其上。又於芳林園中起陂池，楫櫂越歌。又於列殿之北立八坊，
> 諸才人以次序處其中，貴人、夫人以上，轉南附焉，其秩石擬百官
> 之數。帝常游宴在內，乃選女子知書可付信者六人，以爲女尚書，
> 使典省外奏事，處當畫可，自貴人以下至尚保，及給掖庭灑掃習伎
> 歌者，各有千數。通引穀水，過九龍前，爲玉井綺欄，蟾蜍含受，
> 神龍吐出，使博士馬均作司南車，水轉百戲，歲首建巨獸，魚龍曼
> 延，弄馬倒騎，備如漢西京之制。

《拾遺記》亦曰：

> 魏明帝起凌雲台，躬自掘土，群臣皆負畚鍤，天陰凍寒，死者相枕，
> 洛鄴諸鼎皆夜震自移，又聞宮中地下有怨歎之聲。高堂隆等上表諫
> 曰：「王者宜靜以養民，今嗟歎之聲形於人鬼，願省薄奢費以敦儉朴。」
> 帝猶不止，廣求瑰異，珍賂是聚，飾台榭，累年而畢。

陳壽《三國志・魏志・明帝紀》評曰：

> 于時百姓雕弊，四海分崩，不先卹修顯祖，闡拓洪基，而遽追秦皇、
> 漢武，宮館是營，格之遠猷，其殆疾乎？

夫民德若草，君行如此於其上，未有不向風披靡者也，故魏晉窮奢，曾不以衰敗爭戰而稍歛，此老臣所以觸目悼心也；故韓暨臨終，遺言必以儉救俗奢，

〔註50〕見《文選》卷二七曹子建〈箜篌引〉。
〔註51〕見《三國志・魏志》卷一九〈陳思王傳〉集解引《鄴中記》。

〔註 52〕夏侯玄答太傅司馬宣王問，亦以爲世俗彌文，宜大改之，禁除末俗華麗之事，使不復有錦錡之飾，兼采之服，織巧之物；〔註 53〕皆於世風奢侈，痛下鍼砭也。

貳、禮教淪胥，恥尙失所

夫奕世兵亂，禍變紛紜，人方處於困頓，救死不及，未遑文治，而學校荒蕪，仁義不講，戶口流失，考覈無準，是以一時道禮虧缺，名節委頓，人倫之際，至於父子相讎，兄弟相殘，風教凋薄，莫甚乎此也。魏武鑒於斯，乃於建安八年（203），十年（205），下脩學、整齊風俗諸令，裨有所拯救也。〈脩學令〉曰：

> 喪亂以來，十有五年，後生者不見仁義禮讓之風，吾甚傷之。其令郡國各脩文學，縣滿五百戶置校官，選其鄉之俊造而教學之，庶幾先王之道不廢，而有益于天下。〔註 54〕

〈整齊風俗令〉曰：

> 阿黨比周，先聖所疾也。聞冀州俗，父子異部，更相毀譽。昔直不疑無兄，世人謂之盜嫂；第五伯魚三娶孤女，謂之撾婦翁；王鳳擅權，谷永比之申伯；王商忠議，張匡謂之左道；此皆以白爲黑，欺天罔君者也。吾欲整齊風俗，四者不除，吾以爲羞。〔註 55〕

觀此二令，可窺其大貌矣。

兩漢仕宦泰半出自選舉，而選舉之道取決輿論，月旦品評，臧否人物，於焉鼎盛，其或沾染清議，則終身不齒，君子有懷刑之懼，小人存恥格之風，教成於下而上不嚴，論定於鄉而民不犯。察舉者，曰賢良，曰方正，曰孝廉，曰

〔註 52〕《三國志·魏志》卷二四〈韓暨傳〉注引《楚國先賢傳》：「暨臨終，遺言曰：『夫俗奢者示之以儉，儉則節之以禮，歷見前代送終過制，失之甚矣。若爾曹敬聽吾言，斂以時服，葬以土藏，穿畢便葬，送以瓦器，慎勿有增益。』」

〔註 53〕《三國志·魏志》卷九〈夏侯玄傳〉：「大傅司馬宣王問以時事，玄議以爲……今承百王之末，秦漢餘流，世俗彌文，宜大改之。……欲使市不鬻華麗之色，商不通難得之貨，工不作雕刻之物。……禁除末俗華麗之事，使幹朝之家，有位之室，不復有錦綺之飾，無兼采之服，織巧之物，自上以下，至于樸素之差，亦有等級而已。」

〔註 54〕同註 15。

〔註 55〕同註 15。

茂材，曰孝弟，曰直言極諫，名目雖煩，視道德爲規範則一，故士重獨行，莫不砥礪節操，依仁蹈義。泊乎末流也，不免弊竇叢生，嗜利之士，虛短以要名，阿世以沽譽，更相濫舉，竊名僞服，鑽營奔競。徐幹《中論・考僞篇》曰：「父盜子名，兄竊弟譽，骨肉相紿，朋友相詐。」故桓、靈之世，人爲之謠曰：「舉秀才，不知書；舉孝廉，父別居；寒素清白濁如泥，高第良將怯如黽。」〔註56〕哀哉！曹操既起顚覆，深以爲察舉於時計，有不便者：

（一）察舉重德行，須考之鄉里，而喪亂之秋，士流移徙，戶籍紊淆，考詳無地，不能徵集行實。

（二）察舉重鄉評，則在野名流主持節目，操縱輿論之權，往往左右社會，製造朋黨，成一特殊勢力。

（三）察舉重操守，而有行之士未必進取，進取之士未必有行，若必廉士而後可用，則伊尹、管仲、蘇秦、張儀之流，當遺珠草莽，其於王業危害最甚，由是觀，察舉反杜才能，無濟治道。

曹操既審乎此，故於建安十五年（210）、十九年（214）、二十二年（217），累頒求賢令，反覆申明，用彰其意，凡負污辱之名，見笑之行，或不仁不孝而有治國用兵之術者，明揚仄陋，唯才是舉，皆得而用之，不以清議爲可取，惟求堪任事耳。斯風既起，朝野披靡，轉資私利，權詐迭進，姦逆萌生，怙惡無恥，相率放縱。是以顧亭林忿曰：「夫以經術之治，節義之防，光武明章數世爲之而未足，毀方敗常之俗，孟德一人變之而有餘。」其詳已說於第二章第三節，此處略不復述。

至魏文帝時，司空陳群以天台選用不盡人才，擇州之才優有昭鑒者，除爲中正，自拔人才，倣班固《漢書》序先代賢智以九條之法，銓定生人，定爲九品，曰上上、上中、上下、中上、中中、中下、下上、下中、下下，以爲等差，於是歷魏晉南北朝，沿襲不革而弊端叢生之「九品官人法」生焉。《通典》卷一四〈選舉典〉載其事曰：

> 魏文帝爲魏王時，三方鼎立，士流播遷，四人錯雜，詳覈無所。延康元年（220），吏部尚書陳群以天朝選用，不盡人才，乃立九品官人之法，州郡皆置中正，以定其選，擇州郡之賢有識鑒者，爲之區別人物，第其高下。

夫九品中正制，起源於離亂，原具有政治作用，能收權宜之效，近人陳致平

〔註56〕見《全漢詩》卷五〈雜歌謠辭〉。

《三國史話》以爲凡三大作用：「第一是打破舊門伐舊秩序。第二是打破過去純以品德爲主的選舉標準，而才德兼重。第三是把過去的鄉評之權，收歸政府，由中央政府來統制人才，藉以掃除私人的勢力。」〔註57〕蓋中正之權唯在品評德行，若夫任用人才，則中央爲司徒、吏部尚書，州爲主簿，郡爲功曹。然，既司品評，則入仕必由其題薦，而現職百官三年清定，其事復在中正，從爾以來，升降黜陟又經其手矣。行之既久，權限偏頗，銓衡侵越，尚書、司徒徒具考功之名，實無考功之權，爲官者不得不奔走本郡中正，謟媚阿諛，夤緣勢力，公行賄賂，恥尚失所矣。故夏侯玄以爲必嚴中正職限，以絕眾意，其議曰：

> 夫欲清教審選，在明其分敍，使不相涉而已。何者？上過其分，則恐所由之不本，而干勢馳騖之路開。下踰其敍，則恐天爵之外通，而機權之門多矣。夫天爵下通，是庶人議柄也，機權多門，是紛亂之原也。自州郡中正品度官才之來，有年載矣，緬緬紛紛，未聞整齊，豈非分敍參錯，各失其要之所由哉？若令中正但考行倫輩，倫輩當行，均斯可官矣。……奚必使中正干銓衡之機於下，而執柄者有所委仗於上，上下交侵以生紛錯哉？且台閣臨下，考功校否，眾職之屬，各有長官，旦夕相考，莫究於此，閭閻之議，以意裁處，而使匠宰失位，眾人驅駭，欲風俗清靜，其可得乎？天台縣遠，眾所絕意，所得至者，更在側近，孰不脩飾以要求？所求有路，則脩己家門者，已不如自達於鄉黨矣，自達鄉黨者，已不如自求之於州邦矣。苟開之有路，而患其飾眞離本，雖復責中正，督以刑罰，猶無益也。〔註58〕

中正權柄既重，於是賣望於鄉里，主案舞墨於上台，知而不糾，才而不舉，空辨姓氏，隨事俯仰，遂使英德罕升，司務多滯。甚者，挾怨報讎，以私害公，貪贓枉法，不遑枚舉。《晉書·何曾傳》載，曾子劭死，子岐嗣，劭初亡，袁粲弔岐，岐辭以疾，粲出，哭曰：「今年決下婢子品。」王銓謂曰：「知死弔死，何必見生？岐前多罪，爾時不下，何公新亡，便下岐品，人謂中正畏彊易弱。」直書其事也。晉武帝雖嘗令中正以六傑舉淹滯，一曰忠恪匪躬，二曰孝敬盡禮，三曰友于兄弟，四曰潔身勞謙，五曰信義可復，六曰學以爲

〔註57〕見《三國史話》第四講〈曹丕篡漢〉。
〔註58〕見《三國志·魏志》卷九〈夏侯玄傳〉。

己。〔註 59〕然弊端早生，斯難杜防矣。其於世風影響鉅大，可於下諸人論說覘之。衛瓘曰：

> 魏氏承顛覆之運，起喪亂之後，人士流移，考詳無地，故立九品之制，粗且為一時選用之本耳。其始造也，鄉邑清議，不拘爵位，褒貶所加，足以勸勵，猶有鄉論餘風。中間漸染，遂計資定品，使天下觀望，唯以居位為貴人，棄德而忽道業，爭多少於錐刀之末，傷損風俗，其弊不細。〔註 60〕

劉毅曰：

> 今立中正，定九品，高下任意，榮辱在手，操人主之威福，奪天朝之權勢，愛憎決於心，情偽由於己，公無考校之負，私無告訐之忌。用心百態，求者萬端，廉讓之風滅，苟且之俗成。天下訩訩，但爭品位，不聞推讓，竊為聖朝恥之。……今之九品，所下不彰其罪，所上不列其善，廢褒貶之義，任愛憎之斷。清濁同流，以植其私。故反違前品，大其形勢，以驅動眾人，使必歸己。進者無功以表勸，退者無惡以成懲，懲勸不明，則風俗汙濁，天下人焉得不解德行而銳人事？〔註 61〕

李重曰：

> 九品始於喪亂，軍中之政，誠非經國不刊之法也。且其檢防轉碎，徵刑失實，故朝野之論，僉謂驅動風俗，為獎已甚。〔註 62〕

上諸人條析其弊，一無所遺也。於是禮教禁防日趨弛墜，士人節操漸次隳壞，魏晉風尚，淪胥盡矣。

第三節　學術變遷

夫國運有興廢，學術有沿革，夏忠，殷敬，周文，三代相循，而隨時不同，此非聖賢之異，蓋世變使之然耳。梁啟超先生曰：「學術思想與歷史上之大勢，其關係常密切，上古之歷史，至黃帝而一變，至夏禹而一變，至周初而一變，至《春秋》而一變，故文明精神之發達，亦緣之以為界焉。」〔註 63〕

〔註 59〕同註 24。
〔註 60〕見《晉書》卷三六〈衛瓘傳〉。
〔註 61〕見《晉書》卷四五〈劉毅傳〉。
〔註 62〕見《晉書》卷四六〈李重傳〉。
〔註 63〕見《中國學術思想變遷之大勢》，〈胚胎時代〉。

推乎此例，則秦、漢、魏、晉，更迭易鼎，當亦爛然各具體貌矣。覈言之，魏之初霸，武好法術，文慕通達，自是以往，天下聞風改觀，刑名為骨幹，莊老為營魄，以校練成家，用玄遠取勝，連踵繼軌，儒學式微。《文心雕龍·論說篇》曰：「魏之初霸，術兼名法，傅嘏、王粲校練名理。迄至正始，務欲守文，何晏之徒，始盛玄論，於是周聃當道，與尼父爭塗矣。」中肯之論也。茲分述於后：

壹、儒道合流

自始皇三十四年（前 213），李斯議以宇內已定，法令出一，諸生學古不師今，各以其學非謗朝廷，令書非秦紀，天下敢藏詩書百家語者，悉詣守尉雜燒之。〔註 64〕其後經籍散佚，學術淪幽，洎有漢孝武帝興，罷黜百家，表彰六經，廣開獻書之路，建藏書之策，置寫書之官，百餘年間，圖籍增多，而諸生乃得復覩先王之道也。無如燼餘之書，脫訛殘缺，句讀難析，於是漢儒紛紛，率爾致力訓詁，訓詁之弊，至於煩瑣細碎，大義隱晦，日漸泥滯，經學反為世人詬病矣。《漢書·藝文志·六藝略·敍》曰：

> 古之學者耕且養，三年而通一藝，存其大體，玩經文而已，是故用日少而畜德多，三十而五經立也，後世經傳既已乖離，博學者又不思多聞闕疑之義，而碎義逃難，便辭巧說，破壞形體，說五字之文，至於二三萬言。後進彌以馳逐，故幼童而守一藝，白首而後能言，安其所習，毀所不見，終以自蔽，此學者之大患也。

《後漢書·鄭玄傳·論》亦曰：

> 自秦焚六經，聖文埃滅。漢興，諸儒頗修藝文，及東京，學者亦各名家，而守文之徒，滯固所稟，異端紛紜，互相詭激，遂令經有數家，家有數說，章句多者或迺百餘萬言，學徒勞而少功，後生疑而莫正。

經學正義既已乖背於章句訓詁，而利祿之塗又使學者呶呶，大失先聖研讀之恉，據《史記》所載，兩漢登賢，咸資經術，學子能通一藝者，補文學掌故，高第者任為郎，〔註 65〕故士病不明經術，經術苟明，其取青紫，易如拾芥也。職是

〔註64〕詳見《史記》卷六〈秦始皇本紀〉。

〔註65〕《史記·儒林傳》：「博士平等議曰：『……請因舊官而興焉，為博士官，置弟子五十人，復其身，太常擇民年十八已上，儀狀端正者，補博士弟子。郡國道邑有好文學，敬長上，肅政教，順鄉里，出入不悖所聞者，令相長丞上屬所二千石，二千石謹察可者，當與計偕，詣太常，得受業如弟子，一歲皆輒

之故，儒道雖通，亦因之亡矣。班固《漢書‧儒林傳‧贊》，喟歎負負，曰：

> 自武帝立五經博士，開弟子員，設科射策，勸以官祿，迄於元始，
> 百有餘年，傳業者寖盛，枝葉蕃滋，一經說至百餘萬言，大師眾至
> 千餘人，蓋利祿之路然也。

儒學中衰，於焉已甚，奈何圖錄讖緯，復大啓漢季，於是《易》有陰陽，《詩》
有五際，《春秋》有災異，穿鑿比附，離經叛道，方術之言，充塞內外，折服
人主，領袖群倫。泊王莽之世，篤好符命，光武中興，取資為憑，俗儒趨時，
益為其事，言五經者，皆憑讖為學，其有反調，如桓譚、鄭興，竟因不善斯
術，忤患時主，良可哀也。《後漢書‧桓譚傳》曰：

> 是時（光武）帝方信讖，多以決定嫌疑，又醻賞少薄，天下不時安
> 定，譚復上疏曰：「……臣譚伏聞陛下窮折方士黃白之術，甚為明矣，
> 而乃欲聽納讖記，又何誤也。其事雖有時合，譬猶卜數隻偶之類，
> 陛下宜垂明聽，發聖意，屏群小之曲說，述五經之正義，略靁同之
> 俗語，詳通人之雅謀。」……帝省奏，愈不悅。其後，有詔會議靈
> 臺所處，帝謂譚曰：「吾欲讖決之，如何？」譚默良久，曰：「臣不
> 讀讖。」帝問其故，譚復極言讖之非經，帝大怒，曰：「桓譚非聖無
> 法。」將下斬之，譚叩頭流血，良久乃得解，出為六安郡丞。

〈鄭興傳〉曰：

> （光武）帝嘗問興郊祀事，曰：「吾欲以讖斷之，何如？」興對曰：
> 「臣不為讖。」帝怒曰：「卿之不為讖，非之邪？」興惶恐，曰：「臣
> 於書有所未學，而無所非也。」帝意迺解。

悲矣哉！世主之因此論學也。民志皇皇，相承妖妄，實亂中庸之典也。

　　魏晉承此，世風因之大變，儒學掃地，而道家之言猖披，其後遂衍成清
談，此皆經學破碎之反動也。干寶《晉記‧總論》所謂：「學者以莊老為宗，
而黜六經。」《文心雕龍‧論說篇》所謂：「周聃當道，與尼父爭塗。」要不
失實也。唯其時雖號稱莊老復活，玄風大暢，然莊老精神亦已迥異於先秦周
李面目矣。黃季剛先生曰：「嵇（康）、阮（籍）、王弼諸人，本原老莊以立論，
既異漢季儒生之固，亦與黃老不同，此道家之一變也。」〔註66〕近人勞思光

試，能通一藝以上，補文學掌故缺，其高第可以為郎者，太常籍奏，即有秀
才異等，輒以名聞。……』制曰：『可。』」
〔註66〕見黃侃《論學雜著》，〈漢唐玄學論〉。

《中國哲學史》，更考溯漢世，以爲繼乎秦火煨燼之餘，圖籍喪失，道家本義質變已早，文曰：

> 道家思想至漢以後分裂爲三部份：第一爲尋求超越之思想，此一部
> 分遭受歪曲，而成爲求長生之道教。第二爲其否定禮制之思想，此
> 一部份被人襲取其皮相，而逐漸形成漢末魏初之放誕思想，其後遂
> 發展而成爲魏晉清談。第三爲其「守柔」之技術觀念，此一部份成
> 爲政治上之權術思想。〔註67〕

由是觀之，魏晉清談，洵有其歷史承繼，決非平地霤響。其初期也，踵武漢緒，經學雖不能施之世務，厭足人心，儒者有陸沈盲瞽之譏，而自武皇帝獨尊其術，兩漢近四百年，五經已如江河行地，日月經天，無所容其瑕疵矣。故以魏武之崇尚法術，魏文之雅慕通達，亦汲汲於修庠序，復太學也。建安八年（203）秋七月，操下〈修學令〉，曰：

> 喪亂已來十有五年，後生者不見仁義禮讓之風，吾甚傷之，其令郡
> 國各修文學，縣滿五百戶，置學校官，選其鄉之俊造而教學之，庶
> 幾先王之道不廢，而有以益於天下。〔註68〕

黃初二年（221），丕亦令曰：

> 昔仲尼資大聖之才，懷帝王之器，當衰周之末，無受命之運，在
> 魯衛之朝，教化乎洙泗之上，悽悽焉，遑遑焉，欲屈己以存道，
> 貶身以救世。於時王公終莫能用之，乃退考五代之禮，脩素王之
> 事，因魯史而制《春秋》，就太師而正雅頌，俾千載之後，莫不宗
> 其文以述作，仰其聖以成謀。咨，可謂命世之大聖，億載之師表
> 者也。遭天下大亂，百祀墮壞，舊居之廟，毀而不脩，褒成之後，
> 絕而莫繼，闕里不聞講頌之聲，四時不覩蒸嘗之位，斯豈所謂崇
> 禮報功，盛德百世必祀者哉？其以議郎孔羨爲宗聖侯，邑百戶，
> 奉孔子祀。〔註69〕

故玄談早期，初不敢摒棄經學，率多暗援道家思想，明釋儒家典籍，務在協調二者，如劉大杰所謂：「建安以後，儒家的權威雖是倒了，但那些玄學家們並沒有輕視孔子，對於經學也還沒有完全放棄。他們努力把老莊的學說，灌

〔註67〕見《中國哲學史》，第二卷，第一章〈漢代哲學〉。
〔註68〕同註15。
〔註69〕同註48。

到經學內去，把儒道二家的思想，加以溝通和調和。」〔註70〕應於時務，經學遂爾玄化。晉袁宏著《名士傳》，分渡江以前清談名士凡三朝，正始第一：何本叔、王輔嗣等人屬之，竹林七賢第二：阮籍、嵇康等人屬之，中朝第三：王衍、樂彥輔等人屬之。〔註71〕正始談風以老易爲主幹，卽極力於疏通孔老。

《三國志・魏志・鍾會傳》注引何劭〈王弼傳〉曰：

> 時裴徽爲吏部郎，弼未弱冠，往造焉。徽一見而異之，問弼曰：「夫無者，誠萬物之所資也，然聖人莫肯致言，而老子申之無已者何？」弼曰：「聖人體無，無又不可以訓，故不說也。老子是有者也，故恆言無，所不足。」

《世說新語・文學篇》注引《文章敘錄》曰：

> 自儒者以老子非聖人，絕禮棄學，（何）晏說與聖人同，著論行於世。

王輔嗣注《老》，注《易》，撰《論語釋疑》；何平叔著《道德論》、《無名論》，成《論語集解》。〔註72〕觀其大體，言語簡約，名物制度，略而勿講，專以老莊之旨，發聖人玄意也。釋疑於「志於道」，曰：

> 道者，無之稱也。無不通也，無不由也，況之曰道。寂然無體，不可爲象，是道不可爲體，故但志慕而已。〔註73〕

於「大哉堯之爲君也。巍巍乎，唯天爲大，唯堯則之。蕩蕩乎，民無能名焉」，曰：

> 蕩蕩，無形無名之稱也。夫名所名者，於善有所章，而惠有所存，善惡相須，而名分形焉。若夫大愛無私，惠將安在？至美無偏，名將何生？故則天成化，道同自然，不私其子而君其臣，惡者自罰，善者自功，功成而不立其譽，罰加而不任其刑，百姓日用而不知所以然，夫又何可名也？〔註74〕

集解於「志於道」，曰：

〔註70〕見《魏晉思想論》，第二章〈魏晉學術思想界的新傾向〉。

〔註71〕《世說新語・文學篇》注：「宏以夏侯太初、何平叔、王輔嗣爲正始名士，阮嗣宗、嵇叔夜、山巨源、向子期、劉伯倫、阮仲容、王濬沖爲竹林名士，裴叔則、樂彥輔、王夷甫、庾子嵩、王安期、阮千里、衛叔寶、謝幼興爲中朝名士。」

〔註72〕王弼《論語釋疑》，《唐書・藝文志》云二卷，今僅存馬國翰《輯佚》一卷。何晏《道德論》、《無名論》見張湛《列子注》引：《論語集解》見皇侃義疏引。

〔註73〕見《論語・述而篇》邢昺正義引。

〔註74〕見《論語・泰伯篇》邢昺正義引。

志，慕也。道不可體，故志之而已。〔註75〕

於「回也其庶乎，屢空，賜不受命，而貨殖焉，億則屢中」，曰：

> 空，猶虛中也。以聖人之善道，教數子之庶幾，猶不至於知道者，
> 各內有此害。其於庶幾每能虛中者，唯回懷道深遠，不虛心不能知
> 道。子貢雖無數子之病，然亦不知道者，雖不窮理而幸中，雖非天
> 命而偶富，亦所以不虛心也。〔註76〕

《無名論》亦曰：

> 仲尼稱堯「蕩蕩無能名焉」，下云「巍巍成功」，則彊爲之名，取世
> 所知而稱耳，豈有名而更當云無能名焉者邪？夫唯無名，故可得徧
> 以天下之名名之，然豈其名也哉？〔註77〕

諸如此類，皆彊以道者言論灌注於儒家經典，以老子與孔子幷列其地位也，故曰儒道合流，此魏晉學術者之一時代性也。

貳、儒法幷用

儒者以德教民，法者以法治民。漢初，天下罷弊，百姓新免毒痛，人欲得安養，爲政者從民之欲，躬修玄默，而刑罰用希，黃老無爲之治行焉，其後孝武皇帝罷黜百家，進用儒生，四宇彬彬，文教昌隆。是以論者每以爲兩漢之世，法有偃息，至魏武秉權，始變易前代，綜覈名實，擎申商之術，因才授器，一繩之以法，刑名法術於焉中興；此實不然也。《漢書‧〈刑法志〉》曰：「漢興，高祖初入關，約法三章，曰：『殺人者死，傷人及盜抵罪。』蠲削煩苛，兆民大說。其後四夷未附，兵革未息，三章之法不足以禦姦，於是相國蕭何攈摭秦法，取其宜於時者，作律九章。」秦法嚴苛，世所共知，漢律既捃秦舊，緩急亦可知矣。文景郅治，史稱刑錯，而馮唐對文帝曰：「愚知陛下法太明，賞太輕，罰太重。」〔註78〕良有以也。夫君人之道，仁義爲主，彼刑法者，必不得已而用之，聽訟雖明，不若臻乎無訟也。公孫弘於武帝曰：「法不遠義，則民服而不離；和不遠禮，則民親而不暴；故法之所罰，義之所去也；和之所賞，禮之所取也。禮義者，民之所服也，而賞罰順之，則民

〔註75〕見《論語‧述而篇》皇侃《義疏》引。
〔註76〕見《論語‧先進篇》皇侃《義疏》引。
〔註77〕見《列子‧仲尼篇》注引。
〔註78〕見《漢書》卷五〇〈馮唐傳〉。

不犯禁矣。」〔註79〕章帝時尙書陳寵上疏曰：「禮之所去，刑之所取，失禮卽入刑，相爲表裏者也。」〔註80〕皆足以發明其義。《晉書・〈刑法志〉》云：「政失禮微，獄成刑起。」其理正同。有漢揭櫫儒教，是以人君多外儒而內法，用諱德亡之惡，是以孝武重用公孫弘者，乃「察其行愼厚，辯論有餘，習文法吏事。」〔註81〕著《公孫子》，言刑名事，字直百金；〔註82〕故弘於武帝雖曰：「法之所罰，義之所去。」而於治國之本輒言有四，仁、愛、禮、智是也，所謂智者，非聰明睿智，乃「術之原」也，曰：

> 仁者愛也，義者宜也，禮者所履也，智者術之原也。致利除害，兼愛無私，謂之仁；明是非，立可否，謂之義；進退有度，尊卑有分，謂之禮；擅殺生之柄，通塞之塗，權輕重之數，論得失之道，使遠近情僞，必見於上，謂之術。凡此四者，治之本，道之用也，皆當設施，不可廢也。得其要則天下安樂，法設而不用，不得其術，則主蔽於上，官亂於下，此事之情，屬統垂業之本也。〔註83〕

弘之重法術可覘也。故《漢書・汲黯傳》載黯評孝武曰：「陛下內多欲，而外施仁義，奈何欲效唐虞之治乎？」先是，孝文時，淳于公坐法當刑，女緹縈上書天子，極言死者不可復生，刑者不可復屬，願入官婢，以贖父罪，帝感其孝心，令去肉刑，改黥爲髡鉗，劓爲笞三百，刖則左趾爲笞五百，刖右趾爲棄市，一時號曰仁政，千古稱道，然刖右爲棄市，是活罪反成死罪，笞三百五百，其數多，往往笞未竟人已死，《漢書》嘗鄙其「外有輕刑之名，內實殺人」，〈刑法志〉說之詳矣。云：

> （文帝）卽位十三年，齊太倉令淳于公有罪當刑，詔獄逮繫長安，淳于公無男，有五女，當行會逮，罵其女曰：「生子不生男，緩急非有益也。」其少女緹縈自傷悲泣，乃隨其父至長安，上書曰：「妾父爲吏，齊中皆稱其廉平，今坐法當刑，妾傷夫死者不可復生，刑者不可復屬，雖欲改過自新，其道亡繇也，妾願沒入爲官婢，以贖父刑罪，使得自新。」書奏天子，天子悲憐其意，遂下令曰：「制

〔註79〕見《漢書》卷五八〈公孫弘傳〉。
〔註80〕見《晉書》卷三十〈刑法志〉。
〔註81〕同註79。
〔註82〕《漢書》卷五八〈公孫弘傳〉補注引沈欽韓：「《西京雜記》：公孫弘著《公孫子》，言刑名事，謂字直百金。」
〔註83〕同註79。

詔御史，蓋聞有虞氏之時，畫衣冠異章服以爲戮，而民弗犯，何治之至也！今法有肉刑三，而姦不止，其咎安在？非乃朕德之薄而教不明與？吾甚自愧，故夫訓道不純而愚民陷焉，詩曰：『愷弟君子，民之父母。』今人有過，教未施而刑已加焉，或欲改行爲善，而道亡繇至，朕甚憐之。夫刑至斷支體，刻肌膚，終身不息，何刑之痛而不德也！豈稱爲民父母之意哉？其除肉刑，有以易之，及令罪人各以輕重，不亡逃，有年而免，具爲令。」丞相張蒼、御史大夫馮敬奏言曰：「肉刑所以禁姦，所由來者久矣，陛下明詔，憐萬民之一有過被刑者，終身不息，及罪人欲改行爲善而道亡繇至，於盛德，臣等所不及也。臣謹議請定律曰：『諸當完者，完爲城旦舂。當黥者，髡鉗爲城旦舂。當劓者，笞三百。當斬左止者，笞五百。當斬右止及殺人先自告，及吏坐受賕枉法，守縣官財物而卽盜之，已論命復有笞罪者，皆棄市。』……」制曰：「可。」是後外有輕刑之名，內實殺人，斬右止者又當死，斬左止者笞五百，當劓者笞三百，率多死。

以其至重，故景帝減五百曰三百，三百曰二百，猶尚不全，又減三百曰二百，二百曰一百，制笞箠長五尺，本大一寸，竹末薄半寸，節皆平，當笞者笞臀，行笞者毋得更人，自是笞者乃得苟全。由是觀之，文景仁政，不過爾爾，漢法重矣。時律令凡三百五十九章，大辟四百九條，千八百八十二事，死罪決事比萬三千四百七十二事，文書盈於几閣，典者不能徧睹。〔註84〕悲夫！

又漢吏出身都得二派；一曰文吏，二曰儒生。文吏出自掾吏，明習法令，擅長刀筆，乃秦政之餘，所謂治獄之吏是也，務析律貳端，妄生端緒，以出入人罪。宣帝時路溫舒上〈尚德緩刑疏〉，於刀筆訟師之警訐書之盡也，曰：

臣聞秦有十失，其一尚存，治獄之吏是也。……夫獄者天下之大命也，死者不可復生，斷者不可復屬，書曰：「與其殺不辜，寧失不經。」今治獄吏則不然，上下相敺，以刻爲明，深者獲公名，平者多後患，故治獄之吏皆欲人死，非憎人也，自安之道在人之死，是以死人之血流離於市，被刑之徒比肩而立，大辟之計歲以萬數。……夫人情安則樂生，痛則思死，棰楚之下，何求而不得？故囚人不勝痛，則飾辭以視之，吏治利其然，則指道以明之，上奏畏卻，則鍛練而周

〔註84〕見《漢書》卷二三〈刑法志〉。

內之，蓋奏當之成，雖咎繇聽之，猶以爲死有餘辜。何則？成練者
眾，文致之罪明也，是以獄吏專爲深刻，殘賊而亡極，嬺爲一切，
不顧國患，此世之大賊也。故俗語曰：「畫地爲獄，議不入；刻木爲
吏，期不對。」此皆疾吏之風，悲痛之辭也。〔註85〕

儒生者，乃武帝黜百家，尊儒術後，經生仕宦者也，第此批儒生，專采儒家
之名，而不取儒家之實，及其進用，假借經說，舞文弄法，號曰：「引經決獄」，
最著者乃董仲舒「《春秋》折獄」，《漢書・藝文志》有〈公羊董仲舒治獄〉十
六篇，宋時已佚，後世或稱春秋折獄，春秋決事，春秋決事比，其大概如下，
《太平御覽》六百四十：

甲父乙與丙爭言相鬥，丙以佩刀刺乙，甲卽以杖擊丙，誤傷乙。甲
當何論？或曰：毆父也，當梟首。論曰：臣愚以爲父子至親也，聞
其鬥，莫不有怵悵之心，扶杖救之，非所以欲詬父也。《春秋》之義：
許止父病，進藥於其父而卒。君子原心，赦而不誅。甲非律所謂毆
父，不當坐。

甲夫乙將船，會海風盛，船沒，溺流死亡不得葬。四月，甲母丙卽嫁
甲，欲當何論？或曰：甲夫死未葬，法無許嫁，以私爲人妻，當垂市。
議曰：臣愚以爲《春秋》之義：言夫人歸於齊。言夫死無男，有更嫁
之道也。婦人無專制擅恣之行，聽從爲順。嫁之者歸也。甲又尊者所
嫁，無淫行之心，非私爲人妻也。明於決事，皆無罪名，不當坐。

夫文吏者習于令律者也，有故例可循，不得以己意爲出入，逮儒生爲治，高
言經術，掇類似之詞，曲相附合，高下在心，法律以歧，反便利酷吏之反覆
也。且風氣一開，經生多兼習法律，斷獄專斷更甚文吏，而大儒如馬融、鄭
玄，於注疏經典外，復別章句律法。程樹德《九朝律考》言：「叔孫宣、郭令
卿、馬融、鄭玄諸儒章句十有餘家，家數十萬言，凡斷罪所當由用者，合二
萬二千六百七十二條，七百七十三萬二千二百餘言。」儒術至此又一變也。
馬敍倫〈孔氏政治學發微〉論之綦詳，曰：

漢興之初，蕭、曹出於刀筆吏，張蒼起于柱下史，而法令章程，鬭
書計籍，均定於蕭、張之手，而當世之巨□，亦大抵屬于吏史。……
及百家罷黜，儒術日昌，由是取士之道，別有儒術之一途，而儒與

〔註85〕見《漢書》卷五一路溫舒傳。

吏分，……由是于法令以外，別立禮義德教之名，自是以降，以吏
進身者，侈言法令，而以儒進身者，則侈言禮義德教。及董仲舒對
策大廷，謂王者承天意以從事，任德教而不任刑，又謂教化立則姦
邪皆止，揆其意旨，不外黜法而崇儒，及考其所著書，則又援公羊
以傳今律，名曰引經決獄，實則便于酷吏之舞文。時公孫弘亦治《春
秋》，所對之策，尚德緩刑，約符仲舒之旨，然諳習文法吏事，緣飾
儒術，外寬內深，睚眥必報，此則外避法吏之名，內行法吏之實，
以儒術輔法吏，自此始矣。〔註86〕

其後欲全身固位，必藉經術以自輔，以法吏見全，亦必由經生爲吏，卽否則卽
以法吏而兼習經術，如龔遂、黃霸、于定國者流是也。此皆劉申叔先生所謂：
「采儒家之名，而不取儒家之實，取法家之實，而又避法家之名」；「外託儒
家之名，而陰行法家之實」〔註87〕者也。

魏晉接履兩漢，故初期建安諸賢，每持儒以論法。仲長統《昌言》重法
治，論功利，以爲時代遷易，非刑不足以懲暴，力主恢復肉刑，然其書侈言
德教，指曰人君之常任，而肉刑之復，合乎中道之行也。《昌言》曰：

德教者，人君之常任也，而刑罰爲之佐助焉。古之聖帝明王所以能
親百姓，訓五品，和萬邦，蕃黎民，召天地之嘉應，降鬼神之吉靈
者，實德是爲，而非刑之攸致也。至于革命之期運，非征伐用兵則
不能定其業，姦宄之成群，非嚴刑峻法則不能破其黨，時勢不同，
所用之數亦宜異也。〔註88〕

肉刑之廢，輕重無品，下死則得髡鉗，下髡鉗則得鞭笞，死者不可
復生，而髡者無傷于人，髡笞不足以懲中罪，安得不至于死哉？夫
雞狗之攘竊，男女之淫奔，酒醴之賂遺，謬誤之傷害，皆非值于死
者也，殺之則甚重，髡之則甚輕，不制中刑以稱其罪，則法令安得
不參差，殺生安得不過謬乎？今患刑輕之不足以懲惡，則假臧貨以
成罪，託疾病以諱殺，科條無所準；名實不相應，恐非帝王之通法，
聖人之良制也。〔註89〕

〔註86〕見《國粹學報》第二十九期。
〔註87〕見《國粹學報》第三十五期，〈儒學法學分歧論〉。
〔註88〕見《全後漢文》卷八八仲長統《昌言》上，首篇缺篇名。
〔註89〕見《全後漢文》卷八八仲長統《昌言》上〈損益篇〉。

荀悅《申鑒》,《隋書‧經籍志》列諸子部儒家類,開宗明義揭仁義二字,以為政治根本,明申鑒者,乃申述先王仁義之道,為後世鑒也。曰:

> 夫道之大本,仁義而已矣。五典以經之,群籍以緯之,詠之詞之,絃之舞之,前鑒既明,後復申之,故古之聖王,其於仁義也,申重無已,篤序無疆,謂之申鑒。〔註90〕

故建安思想,首推荀悅為儒家正統,然觀其論人性三品,因品為之限,則重刑之意見矣。曰:

> 或曰:善惡皆性也,則法教何施?曰:性雖善,待教而成,性雖惡,待法而消。唯上智下愚不移,其次善惡交爭。於是教扶其善,法抑其惡。得施之九品,從教者半,畏刑者四分之三,其不移大數,九分之一也,一分之中,又有微移者矣。然則法教之於化民也,幾盡之矣,及法教之失也,其為亂亦如之。〔註91〕

> 君子以情用,小人以刑用,榮辱者,賞罰之精華也。故禮教榮辱以加君子,化其情也;桎梏鞭朴以加小人,治其刑也。君子不犯辱,況於刑乎?小人不忌刑,況於辱乎?若夫中人之倫,則刑禮兼焉。教化之廢,推中人而墜於小人之域;教化之行,引中人而納於君子之途,是謂章化。〔註92〕

徐幹《中論》,曾鞏言其上考六藝,推仲尼、孟軻之旨,〔註93〕隋志亦與《申鑒》并入儒類,然〈貴驗〉、〈覈辨〉、〈考偽〉諸篇,大抵辨章名實,實近名法,又〈賞罰篇〉以為政之大綱有二,賞罰是也;〈亡國篇〉以為國之云亡,唯在賢與法不用故也,此皆雜名法之論也。曰:

> 政之大綱有二,二者何也?賞罰之謂也。人君明乎賞罰之道,則治不難矣。夫賞罰者不在乎必重,而在於必行,必行則雖不用而民□,不行則雖重而民怠,故先王務賞罰之必行。……聖人不敢以親戚之恩而廢刑罰,不敢以怨讎之忿而廢慶賞,夫何故哉?將以有救也。故司馬法曰:「賞罰不踰時,欲使民速見善惡之報也。」踰時且猶不

〔註90〕見《申鑒‧政體篇》。
〔註91〕見《申鑒‧雜言篇》下。
〔註92〕同註90。
〔註93〕曾鞏《元豐類稿‧徐幹中論目錄序》:「幹獨能考六藝,推仲尼、孟軻之旨,述而論之,求其辭旨若有小失者,要其歸不合道者少矣。」

可，而況廢之者乎？〔註94〕

凡亡國之君，其朝未嘗無政治之臣也，其府未嘗無先王之書也，然
而不免乎亡者何也？其賢不用，其法不行也。苟書法而不行其事，
爵賢而不用其道，則法無異乎路說，而賢無異乎木主也。〔註95〕

故魏晉學術，率攙揉不純，或如上節所言合儒道為一體，則如此段所說，并
儒法兼用之，時勢然也。

〔註94〕見《中論・賞罰篇》。

〔註95〕見《中論・亡國篇》。

第四章　阮籍之思想

　　曹魏有晉儒道衝激，自王（弼）、何（晏）而后，取轍調和，阮籍亦不去籠罩，〈達莊論〉、〈大人先生傳〉諸文，固多鄙薄經術語，然〈樂論〉重在安上治民、移風易俗，自云：「昔者孔子著其都乎，且未舉其略也，今將爲子論其凡，而子自備詳焉。」故〈樂論〉實從孔子啓端緒也。然〈通老論〉曰：「道者法自然而爲化，侯王能守之，萬物將自化。易謂之太極，《春秋》謂之元，老子謂之道。」孔子誄曰：「養徒三千，升堂七十，潛神演思，因史作書，[註1] 考混元於無形，本造化於太初。」此皆何異於「聖人體無，無又不可以訓」乎？雖然，嗣宗思想究以莊周爲其大歸，其宇宙論、人生觀、無政府論，大體從漆園來而系統之。茲分述於如后：

第一節　宇宙論

　　魏晉之際，莊老復興，故時人論宇宙生生之本源，率由道家出。唯炎漢之世，大抵黃老幷稱，莊學不過老氏附庸爾。俞正燮《癸已存稿》、《文選》張景陽〈七命〉注，曾引《莊子后解》、《莊子要略》二書，亡佚既久，內容難窺，而淮南所載，殆以援莊解老爲大宗，[註2] 其間有解莊之義者，泰半與

〔註1〕　范欽、陳德文校刊本（以下簡稱「范、陳本」），嚴可均《全三國文》（以下簡稱「嚴本」）同，張溥《漢魏六朝百三家集》（以下簡稱「張本」）「史」作「使」。

〔註2〕　如〈道應訓〉：「仲尼遽然曰：『何謂坐忘？』顏回曰：『墮支體，黜聰明，離形去知，洞於化通，是謂坐忘。』仲尼曰：『洞則無善也，化則無常矣，而夫子薦賢，丘請從之後。』故《老子》曰：『載營魄抱一，能無離乎？專氣至柔，能如嬰兒乎？』」此引〈人間世〉以證老氏之義。

莊子本趣不盡契合。清談初期，踵武漢遺，莊學仍附《易》、《老》以流播。
老子之宇宙本體，自言不知其名，彊字之日道，道也者，獨立不改，周行不
殆，先天地萬物生，而生天地萬物，總一切變化之開端也。《老子》曰：

> 道生一，一生二，二生三，三生萬物。萬物負陰而抱陽，沖氣以爲
> 和。〔註3〕

又曰：

> 反者道之動，弱者道之用，天下萬物生於有，有生於無。〔註4〕

乍觀斯語，「道」當即「無」是也，然《老子》復言：

> 道之爲物，惟恍惟惚。惚兮恍兮，其中有象；恍兮惚兮，其中有物；
> 窈兮冥兮，其中有精；其精甚眞，其中有信。〔註5〕

> 視之不見名曰夷，聽之不聞名曰希，搏之不得名曰微，此三者不可
> 致詰，故混而爲一。其上不皦，其下不昧，繩繩不可名，復歸於無
> 物，是謂無狀之狀，無象之象，是謂惚恍。〔註6〕

則道中之尚保其「有象」、「有物」、「有精」、「有狀」，第特不得具體可見之形
相而已矣。故《老子》之論道，首章開宗明義，即兼「有」「無」兩者而幷述
之，言曰：

> 道可道，非常道；名可名，非常名。無，名天地之始；有，名萬物
> 之母。故常無欲以觀其妙，常有欲以觀其徼；此兩者，同出而異名，
> 同謂之玄，玄之又玄，眾妙之門。

正始名士如何晏、王弼，莫不祖述老氏以論道，而於「有」「無」，則獨取「無」。
何晏〈無爲論〉曰：

> 天地萬物皆以無爲爲本。無也者，開物成務，無往不存者也。陰陽
> 恃以化生，萬物恃以成形，賢者恃以成德，不肖恃以免身。故無之
> 爲用，無爵而貴矣。〔註7〕

《列子・天瑞篇》注引晏〈道論〉曰：

> 有之爲有，待無以生，事而爲事，由無以成。夫道之而無語，名之

〔註3〕 見《老子》第四十二章。
〔註4〕 見《老子》第四十章。
〔註5〕 見《老子》第二十一章。
〔註6〕 見《老子》第十四章。
〔註7〕 見《全三國文》卷三九，本出《晉書》〈王衍傳〉，嚴可均擇歸何晏，幷題曰
〈無爲論〉。

　　而無名，視之而無形，聽之而無聲，則道全焉。

又〈仲尼篇〉注引晏〈無名論〉曰：

　　夫道者，惟無所有者也。自天地已來，皆有所有矣，然猶謂之道者，
　　以其能復用無所有也。

王弼《老子指略》曰：

　　夫物之所以生，功之所以成，必生乎無形，由乎無名。無形無名者，
　　萬物之宗也。〔註8〕

《老子》第一章注亦曰：

　　凡有皆始於無，故未形無名之時，則爲萬物之始，及其有形有名之
　　時，則長之育之，亭之毒之，爲其母也。言道以無形無名，始成萬
　　物，萬物以始以成，而不知其所以然，玄之又玄也。

《論語釋疑》曰：

　　道者，無之稱也。無不由也，況之曰道，寂然無體，不可爲象。〔註9〕

凡此，皆據老學以論道，而宗於有無之辨也。其間雖亦不廢莊惔，但固引老
聃者多，述莊周者少，靡非以柱下爲主，以漆園爲輔，曾未覩《莊子》之著
述也。逮阮籍〈達莊論〉一文出，莊子二字乃得見諸筆墨也。　黃師錦鋐先
生曰：「魏晉闡發莊子之學，初見於著述者，爲阮籍〈達莊論〉。」〔註10〕韋
政通亦曰：「莊子出現在魏《晉史》上，始於阮籍。」〔註11〕自茲以後，莊學
便脫離《易》、《老》附庸，而蔚爲大國，成爲清談主題，逮及支道林佛理格
義，引莊連類，漆園風尚更獨佔鼇頭，遮掩一切，《易》、《老》轉成強弩之末，
悄然銷聲矣。繆鉞曰：「正始名士，只談老易，而竹林名士則兼重莊子。」〔註
12〕李源登曰：「此在學術思想上爲大轉變，自此以降，放者皆託於莊生之自然，
而老學衰矣。」〔註13〕由是觀之，嗣宗之莊論洵魏晉莊學之關鍵，豈可等閒
視邪？

　　阮籍於〈達莊論〉中，掃本體「有」「無」莫衷一是之論辯，卓然標立「自
然」爲眾甫之大本。〈達莊論〉曰：

〔註8〕見《道藏》第一百十四函正乙部鼓上。
〔註9〕《論語・述而篇》邢昺正義引。
〔註10〕見《魏晉莊學》，（三）魏晉之莊學，（二）開創期，載於《漢學論文集》。
〔註11〕見〈阮籍的時代和他的思想〉，載於《出版月刊》第十九期。
〔註12〕見〈清談與魏晉政治〉，載於中山文化研究彙刊第八卷。
〔註13〕見〈魏兩晉之論師及其名論〉，載於《文史雜誌》第二卷第一期。

天地生於自然，萬物生於天地。自然者無外，故天地名焉；天地者
有內，故萬物生焉。當其無外，誰謂異乎？當其有內，誰謂殊乎？
案《莊子‧天下篇》惠施歷物十事，其一曰：「至大旡外，謂之大一；至小旡
內，謂之小一。」陸德明《經典釋文》引司馬彪云：「無外不可一，無內不可
分，故謂之一。」成玄英疏云：「囊括無外，謂之大也；入於無間，謂之小也。」
則無外者，言其至大，莫知止限，不可析判，而旡所不苞也；有內者，言其
有一定止限，可以形相分別之也。自然者無外，顯然「自然」爲一無止限，
不可見之大空間，爲萬物生生之母也。唯嗣宗〈達莊〉取莊意來，而「自然」
之說，竟另闢新徑矣。蓋莊生之論本體，視老子更上究于「旡旡」，超越乎物
質性有無之圍，曰：「有始也者，有未始有始也者，有未始有夫未始有始也者，
有有也者，有旡也者，有未始有旡也者，有未始有夫未始有旡也者。」〔註14〕
曰：「至矣，其孰能至此乎？予能有旡矣，而未能旡旡也。」〔註15〕但大較仍
以「道」爲名號也。〈大宗師〉曰：

> 夫道，有情有信，旡爲旡形，可傳而不可受，可得而不可見，自本
> 自根，未有天地，自古以固存，神鬼神帝，生天生地，在太極之先
> 而不爲高，在六極之下而不爲深，先天地而不爲久，長於上古而不
> 爲老。

〈知北遊〉曰：

> 東郭子問於莊子曰：「所謂道，惡乎在？」莊子曰：「旡所不在。」
> 東郭子曰：「期而後可。」莊子曰：「在螻蟻。」曰：「何其下邪！」
> 曰：「在稊稗。」曰：「何其愈下邪？」曰：「在瓦甓。」曰：「何其
> 愈甚邪！」曰：「在屎溺。」一東郭子不應。莊子曰：「夫子之問也，
> 固不及質，正獲之問於監市履狶也，每下愈況。汝唯莫必，旡乎逃
> 物。」

若夫「自然」二字，連見於莊書者凡六：

（1）〈德充符〉：

> 惠子謂莊子曰：「人故旡情乎？」莊子曰：「然。」惠子曰：「人而
> 旡情，何以謂之人？」莊子曰：「道與之貌，天與之形，惡得不謂
> 之人？」惠子曰：「旣謂之人，惡得旡情？」莊子曰：「是非吾所

〔註14〕見《莊子‧齊物論》。
〔註15〕見《莊子‧知北遊》。

謂情也。吾所謂无情者，言人之不以好惡內傷其身，常因自然而不益生也。」

（2）〈應帝王〉：

无名人曰：「汝遊心於淡，合氣於漠，順物自然而無容私焉，而天下治矣。」

（3）〈天運〉：

夫至樂者，先應之以人事，順之以天理，行之以五德，應之以自然，然後調理四時，太和萬物。

（4）〈天運〉：

吾又奏之以无怠之聲，調之以自然之命，故若混逐叢生，林樂而无形，布揮而不曳，幽昏而无聲。

（5）〈秋水〉：

以趣觀之，因其所然而然之，則萬物莫不然；因其所非而非之，則萬物莫不非；知堯桀之自然而相非，則趣操覩矣。

（6）〈田子方〉：

孔子曰：「夫子德配天地，而猶假至言以修心，古之君子，孰能脫焉？」老聃曰：「不然，夫水之於汋也，无爲而才自然矣。至人之於德也，不修而物不離焉，若天之自高，地之自厚，日月之自明，夫何修焉？」

其間〈秋水篇〉之「自然」，「然」釋「是」，乃動詞也。成玄英疏云：「然，猶是也。夫物皆自是，故無不是；物皆相非，故無不非。無不非，則天下無是矣；無不是，則天下無非矣。故以物情趣而觀之，因其自是，則萬物莫不是；因其相非，則萬物莫不非矣。夫天下之極相反者，堯桀也，故舉堯桀之二君以明是非之兩義。故堯以無爲爲是，有欲爲非；桀以無爲爲非，有欲爲是，故知堯桀之自然相非。因此而言，則天下萬物情趣志操，可以見之矣。」摒此，餘五見者，義殆相若，率以「自然」爲「用」，而以「道」爲「體」也，如此，〈達莊〉適與莊子悖矣。故　黃師錦鋐先生曰：

阮籍之本體曰：「天地生于自然，萬物生于天地。」與莊子之意不同，莊子罕言自然，內篇意涉自然者，乃以自然爲用，阮籍言自然，則以自然爲體。〔註16〕

〔註16〕同註10。

雖然，阮籍自然爲體說，却予向（秀）、郭（象）《莊子》注極大啓示，向、郭以「獨化」、「自生」倡論，顯然是由自然爲體之觀念，截取「自然」一詞脫化而出。郭象注〈齊物論〉曰：

> 無旣無矣，則不能生有，有之未生，又不能無生，然則生生者誰哉？
> 塊然而自生耳。自生耳，非我生也，我旣不能生物，物亦不能生我，
> 則我自然矣。自己而然，則謂之天然。

> 萬物萬情，趣舍不同，若有眞宰使之然也。起索眞宰之朕迹，而亦
> 終不得，則明物皆自然，無使物然也。

> 世或謂罔兩待景，景待形，形待造物者。請問：夫造物者，有耶無
> 耶？無也，則胡能造物哉？有也，則不足以物眾形。故明眾形之自
> 物而後始可與言造物耳。是以涉有物之域，雖復罔兩，未有不獨化
> 於玄冥者也。故造物者無主，而物各自造，物各自造而無所待焉，
> 此天地之正也。

〈知北遊〉注曰：

> 誰得先物者乎哉？吾以陰陽爲先物，而陰陽者卽所謂物耳。誰又先
> 陰陽者乎？吾以自然爲先之，而自然卽物之自爾耳。吾以至道爲先
> 之矣，而至道者乃至無也。旣以無矣，又奚爲先？然則先物者誰乎
> 哉？而猶有物，無已，明物之自然，非有使然也。

向、郭肯定「造物無主，物各自造」，細敲其義，與阮籍「自然」爲體，洵有大別，蓋嗣宗以天地萬物由自然生，自然雖不可見，仍是一抽象之存在，此與莊子「若有眞宰」，實相脗合，向、郭則完全否認眞宰，以萬物之生乃自有自生而已，別無神明或任何想像之主體，爲之主宰，如　林師耀曾先生所謂：

> 郭象雖強調天地萬物並不是生於無，而是生於有，但他所說的有，
> 乃是自有自生，蓋萬物的生死成毀，都是自生自化，自死自滅，絕
> 沒有一個有能力加以支配的主宰，一切都是自然而然的，天地萬物
> 也就在這自然而然的引力和洪流中，不斷的變化，生存死滅，循環
> 不已。〔註17〕

然萬物自有自生說之建立，務須先通過自然爲體之階段，自然旣爲生生之本源，而后始能邁一里程，由自然生之，轉爲自生自有，此阮籍〈達莊論〉宇

〔註17〕見〈道家中心思想之分析及其對後世之影響〉，載於《師大國文學報》第二期。

宙本體，承先啓後之所在也。

第二節　政治論

壹、無政府論

　　夫政府之設立，非一朝一夕之故，其所由來者久矣。唯世變移易，百王制作，或與時代需求，未必符契。矧君主興立，原在安民，然考諸史策，其能安民者寡，擾民者多，字育不任誠實，殫天下膏脂，奉一人身慾，薄僞凋污，敲剝離散，則有政府不若無政府，立君不若無君也，爲天下之大害者，乃君與政府而已矣。故老聃、莊周非之於先秦，嗣宗破之於魏世也。

　　考阮籍無政府論，大旨取則莊老，而觀其所以力主無君無臣，務銷毀政治體制者，於〈大人先生傳〉一文，乃分由君主、人臣、庶民三方面，條析纏縷，使確見政府之無所裨益也。茲分論如后：

（一）就君主與政府論

　　有夏以來，君主之興起，莫不視天下爲私產，方其創業，以爲傳諸子孫億兆，詵詵兮，振振兮，若螽斯之眾廣，瓜瓞之連屬，可長相共保，人各自私也，人各自利也，於是天下之治亂，不在萬民之憂樂，而在一姓之興亡。然天下者，天下人之天下，非君主一家之天下也，詳觀歷史之變遷，自古迄今，固無一永久存在之政府，與不易之朝代，三王、五帝、虞、夏、商、周、秦、漢、三國，更迭代興，此仆彼繼，曾不若乎江流河海後浪之逐前浪爾，短則數十，長則亦不過數百，數十者亡，數百者亦亡，其後或百代年載，難逃乎此術也。夫宗周顚覆，王城丘墟，黍稷離離，宮室傾頹，大夫之所憂，而牧兒之所喜也。故〈大人先生傳〉曰：

> 近者，夏喪於商，周播之劉，耿、薄爲墟，豐、鎬成丘。至人來一顧，而世代相酬，厥居未定，他人已有，汝之茅土，誰將與久？是以至〔註18〕人不處而居，不脩而治，日月爲正，陰陽爲期，豈宏〔註19〕情乎世，繫累於一時？

〔註18〕張本、嚴本作「主人」，范、陳本作「至人」，華正書局出版之《阮嗣宗集》（以下簡稱華正版）據文意取范、陳說。
〔註19〕張本作「宏情」，嚴本「宏」作「希」，范、陳本同。

> 秦破六國，并兼其地，夷滅諸侯，南面稱帝。姱盛色，崇靡麗，
> 鑿南山以為闕，表東海以為門，門萬室而不絕，圖無窮而永存。
> 美宮室而盛帷幬，擊鐘皷而揚其章，廣苑囿而深池沼，興渭北而
> 建咸陽。麗〔註 20〕木曾未及成林，而荊棘已聚乎阿房，時代存而
> 迭處，故先得而後亡。

職是以觀，有國有家者，未嘗有也。立君興府，誠不明乎歷史流行、變動不居之大理也。妄加造作，徒勞而無功，何所得哉？然則就君主及政府自身論，君與政府誠未嘗具根本存在之可能性與價值也。

（二）就人臣論

夫君立則臣興，蓋君之智未必最賢於眾，力不能盡瞻於全也，故人主務擇賢臣，任之職事，委之權柄，使輔上行政，假眾以成治也。第賢臣日擇，則無與乎擇者不賢，然則賢不肖別矣。彼賢者既功施于國，人主宜因功之小大，賚爵祿等差，所以獎善勸下也，功大者爵高而祿厚，功小者位低而俸少，然則貴與賤又區矣。是以為政者重賞罰，以為治之柄也。《商子·君臣篇》曰：「古者未有君臣上下之時，民亂而不治，是以聖人列貴賤，制節爵位，立名號，以別君臣上下之義。」又〈農戰篇〉曰：「凡人主之所以勸民者，官爵也。」《管子·君臣篇》亦曰：「君子之所以為君者，賞罰以為君。」其若孔孟之崇尚德教，亦不廢刑罰也，子曰：「名不正則言不順，言不順則事不成，事不成成則禮樂不興，禮樂不興則刑罰不中。」〔註21〕曰：「舉直錯諸枉，則民服；舉枉錯諸直，則民不服。」〔註 22〕夫富與貴，是人之所欲也；貧與賤，是人之所惡也；富貴懸乎上，則群臣爭於下，真偽闇亂，諂媚交通，是欲治反致不治也。桓範所謂君有九慮，所以防惡，直書其事也，曰：「臣有立小忠，以售大不忠；效小信以成大不信，可不慮之以詐乎？臣有貌厲而內荏，色取仁而行違，可不慮之以虛乎？臣有害同儕以專朝，塞下情以壅上，可不慮之以嫉乎？臣有進邪說以亂是，因似然以傷賢，可不慮之以讒乎？臣有因賞以償恩，因罰以作威，可不慮之以姦乎？臣有外顧相薦，內陰相除，謀事託公而實俠私，可不慮之以欺乎？臣有事左右以求進，託重臣以自結，可不慮之以偽乎？臣有和同以取諧，苟合以求進，可不慮之以禍乎？臣有悅主意以求親，

〔註20〕 各本同，華正版則曰：「此謂驪山之木，巆當作驪，或鄘。」
〔註21〕 見《論語·子路篇》。
〔註22〕 見《論語·為政篇》。

悅主言以取容，可不慮之以佞乎？」〔註23〕故嗣宗曰：

> 造音以亂聲，作色以詭形，外易其貌，內隱其情，懷欲以求多，詐偽以要名。

> 強者睽〔註24〕而凌暴，弱者憔悴而事人，假廉以成貪，內險而外仁，罪至不悔過，幸遇則自矜。馳此以奏除，故循滯而不振。

> 尊賢以相高，競能以相尚，爭勢〔註25〕以相君，寵貴以相加，驅天下以趣之，此所以上下相殘也。

> 重賞以喜之，嚴刑以威之，財匱而賞不供，刑盡而罰不行，乃始有亡國戮君潰敗之禍。

> 惡彼而好我，自是而非人，忿激以爭求，貴志而殘身，……薄安利以忘生，要求名以喪體。

此皆人臣之醜也。矧臣下之汲汲倖進者，榮辱導乎前，賞罰為憑藉也，顧人主有徇私之心，雖善不賞，雖惡不罰，善惡倒置，白黑莫辨。《慎子》所謂：「君人者舍法而以身治，則誅賞予奪從君心出。」〔註26〕《管子》所謂：「有道之君，善明設法而不以私防者也。而無道之君，既已設法，則舍法而行私者也。為人上者，釋法而行私，則為人臣者援私以為公。」〔註27〕然則其從君心出，賞罰焉恃邪？故嗣宗又曰：

> 李牧功而身死，伯宗忠而世絕，進求利以喪身，營爵賞而家滅。汝又焉得挾金玉萬億，祇奉君上而全妻子乎？

職是以觀，君與臣立無裨於國治，而貴賤賞罰匪益乎榮辱也，適斳於亂，喪身滅家而已矣。

（三）就百姓論

哀哀群黎，治之最下層也。雖政之鵠的在養民，曰：「民為貴，社稷次之，君為輕。」〔註28〕然政之體制，固臣馭於君，民統於臣也。且蚩蚩眾氓，資

〔註23〕見《全三國文》卷三七桓範《世要論·為君難》。

〔註24〕各本睽下有「眠」字，華正版則曰：「睽，違也，見玉篇。睽眠不可通。」據刪「眠」字。

〔註25〕張本、嚴本同，范、陳本勢上無「爭」字。

〔註26〕見《慎子》軼文《君臣篇》。

〔註27〕見《管子·君臣篇》。

〔註28〕見《孟子·盡心篇》。

質中下，不可以語上，其於政也，能使由之，不能使知之，故世安則得養，世亂則罹厄，上之所好，若風之加草，從而披靡，豈不哀哉？夫政府興立，其弊蜂起，已如前述，百姓於此則：

（1）染化惡習，斲喪純樸。

嗣宗曰：

> 上古質朴淳厚之道已廢，而末枝遺萼〔註29〕竝興，豺虎貪虐，群物無辜，以害爲利，殞性亡軀，吾不忍見也。

（2）慘遭荼毒，民不聊生。

嗣宗曰：

> 君立而虐興，臣設而賊生，束縛下民，欺愚誑狂。

又曰：

> 竭天地萬物之至，以奉聲色無窮之欲，此非所以養百姓也。於是懼民之知其然，故重賞以喜之，嚴刑以威之。

綜上三論，政治不啻罪藪，其欲天下之至乎郅治，則嗣宗以爲唯反乎太古「無君無臣」之世爾。〈大人先生傳〉曰：

> 昔者天地開闢，萬物竝生，大者恬其性，細者靜其形，陰藏其氣，陽發其精。害無所避，利無所爭，放之不失，收之不盈，亡不爲夭，存不爲壽，福無所得，禍無所咎，各從其命，以度相守。明者不以智勝，闇者不以愚敗，弱者不以迫畏，強者不以力盡。蓋無君而庶物定，無臣而萬事理，保身脩性，不違其紀，惟茲若然，故能長久。

夫太始渾沌，太古素朴，百姓無知無欲，日出而作，日入而息，結繩爲用，取足自然，甘其食，美其服，樂其俗，安其居，機心不存，帝力何所用其治邪？故不尚賢，不使能，標校其上，野鹿其下，匪知義之所適，禮之所將也，履仁義不以爲仁義，行忠信不以爲忠信，爲所無事而四海寧乂，此至眞至善至美也。洎乎君人者出，屈折禮樂，縣跂仁義，自謂足以匡天下之形，慰四海之心，於是大道攜離，民知所好惡，乃踶跂趨智，爭歸於利而不可復止也。此莊周嘗論之矣。曰：

> 古之人在混芒之中，與一世而得澹漠焉。當是時也，陰陽和靜，鬼神不擾，四時得節，萬物不傷，群生不夭，人雖有知，無所用之，此之謂至一；當是時也，莫之爲而常自然。逮德下衰，及燧人、伏

〔註29〕張本、嚴本同，范、陳本「萼」作「葉」。

義始爲天下，是故順而不一。德又下衰，及神農、黃帝始爲天下，是故安而不順。德又下衰，及唐、虞始爲天下，興治化之流。澆淳散朴，離道以善，險德以行，然後去性以從於心。心與心識，知而不足以定天下，然後附之以文，益之以博；文滅質，博溺心，然後民始惑亂，无以反其性情而復其初。由是觀之，世喪道矣，道喪世矣，世與道交相喪也。〔註30〕

然則世愈古道愈近，世愈後道愈遠矣。太古之治曰「至一」，燧人、伏羲降太古，則「順而不一」；神農、黃帝降燧人、伏羲，則「安而不順」；唐堯、虞舜降神農、黃帝，至於「文滅質，博溺心，無以復其初」也，循是以推，雖愚者亦知其不若也。《莊子》曰：

黃帝之治天下，使民心一，民有其親死不哭，而民不非也。堯之治天下，使民心親，民有爲親殺其殺，而民不非也。舜之治天下，使民心競，民孕婦十月生子，子生五月而能言，不至乎孩而始誰，則人始有夭矣。禹之治天下，使民心變，人有心而兵有順，殺盜非殺人，自爲種而天下耳，是以天下大駭，儒墨皆起。其作始有倫，而今乎婦女，何言哉！余語女，三皇五帝之治天下，名曰治之，而亂莫甚焉。〔註31〕

堯舜作，立群臣，湯放其主，武王伐紂。自是之後，以強陵弱，以眾暴寡。湯武以來，皆亂人之徒也。〔註32〕

莊子以爲民性固有常，不待政府之治而自然中治，欲歸「至一」，務順此性之自然，清靜自正，無爲自化爾。〈馬蹄篇〉曰：

彼民有常性，織而衣，耕而食，是爲同德，一而不黨，命曰天放，故至德之世，其行塡塡，其視顚顚。當是時也，山无蹊隧，澤无舟梁，萬物群生，連屬其鄉，禽獸成群，草木遂長，是故禽獸可係羈而遊，鳥鵲之巢可攀援而闚。夫至德之世，同與禽獸居，族與萬物並，惡乎知君子小人哉？同乎无知，其德不離，同乎无欲，是謂素樸，素樸而民性得矣。

〈在宥篇〉曰：

〔註30〕見《莊子・繕性篇》。
〔註31〕見《莊子・天運篇》。
〔註32〕見《莊子・盜跖篇》。

聞在宥天下，不聞治天下也。在之也者，恐天下之淫其性也。宥之也
者，恐天下之遷其德也。天下不淫其性，不遷其德，有治天下者哉！
〈天道篇〉曰：

夫帝王之德，以天地爲宗，以道德爲主，以无爲爲常。无爲也，則
用天下而有餘；有爲也，則爲天下用而不足；故古之人貴夫无爲也。
無爲者，非拱默之稱也。蓋民固有常德、常性，順性達情，則性自見也，若
必造作而後見，則所見者迹耳。仁、義、禮、信諸德之發乎自然，此常德也；
本有其德而不知其有，此常性也。如向、郭《莊子》注所謂：「仁義自是人情
也，而三代以下，橫共囂囂，棄情逐末，如將不及，不亦多憂乎？」〔註33〕
「夫仁義者，人之性也，有爲則非仁義也。」〔註34〕「夫聖迹既彰，則仁義
不眞，而禮樂離性，徒得形表而已。有聖人卽有斯弊，吾若是何哉？」〔註35〕
故〈大人先生傳〉曰：

各從其命，以度相守。

聖人以道德爲心，不以富貴爲志；以無爲用，不以人物爲事。
由是觀之，天地賅常仁、常禮、常義、常信而備焉，無爲得全，有爲失全，
夫唯如是，則何所用乎君臣政府邪？是以唯「無君而庶物定，無臣而萬事理」，
人人但「保身脩性，不違其紀」，然後天下理，治之至也。

　　嗣宗此論影響鉅甚，晉世有鮑敬言者，與葛洪同時，揚波承喙，務推翻
君權，見載於《抱朴子·詰鮑篇》；又陶淵明著〈桃花源記〉，爲其理想社會
之假設，乃「雖有父子無君臣」〔註36〕也。此二人雖激辯疏淡，情趣懸遠，
要皆阮公之遺緒也。

貳、以樂治國論

　　阮籍之無政府論，雖有老莊之思想體系爲基礎，欲反尚古純朴無爲之治，
然究以時代所激爲發論之大因。蓋魏晉之交禮法混淆，虛詐幷起，天下莫覩
眞禮，拘拘然競以僞禮相勝，其詳已說於第二章第一節。故嗣宗所謂：「汝君
子之禮法，誠天下殘賊亂危死亡之術耳。」（〈大人先生傳〉）激忿之言也。夫

〔註33〕見《莊子·駢拇篇》郭象注。
〔註34〕見《莊子·天運篇》郭象注。
〔註35〕見《莊子·馬蹄篇》郭象注。
〔註36〕見《王安石詩集》卷四，古詩·桃源行。

老莊無爲，大抵消極，其理境高，其收效緩，故欲速宇內之治者，乃不得不另圖他術，故嗣宗撰〈樂論〉，倡以樂治國也。

〈樂論〉曰：「移風易俗，莫善於樂。」蓋樂者，天地之體，萬物之性，以自然爲本體也。故大樂得天地萬物之體性而順成之，此自然之道也。夫樂以自然爲本體，故天在上，爲乾爲陽，地在下，爲坤爲陰，陰陽交感，八方之音應乎八風之聲，而黃鐘律呂生乎其間也。是以樂者，雖動乎心發乎口，實天地陰陽之調暢也，亦自然所用以啓群生萬物之情氣也。然則大樂既奏，陰陽、萬物、男女、君臣、四海、九州、天神、地祇，莫不自然合德，自然合生也。嗣宗〈樂論〉曰：

> 夫樂者，天地之體，萬物之性也。合其體，得其性，則合；離其體，失其性，則乖。昔者聖人之作樂也。將以順天地之體，成萬物之性也。故定天地八方之音，以迎陰陽八風之聲，均黃鐘中和之律，開群生萬物之情氣。故律呂協則陰陽和，音聲適而萬物類，男女不易其所，君臣不犯其位，四海同其觀，〔註37〕九州一其節，奏之圜丘〔註38〕而天神下〔註39〕，奏之方丘〔註40〕而地祇上。〔註41〕天地合其德，則萬物合其生，刑賞不用而民自安矣。

八風者；東方曰明庶，東南曰清明，南方曰景，西南曰涼，西方曰閶闔，西北曰不周，北方曰廣莫，東北曰融；〔註42〕此行平上者也。八音者：金，鐘鎛也；石，磬也；土，塤也；革，鼓鼗也，絲，琴瑟也；木，柷敔也；匏，笙也；竹，管也；〔註43〕此皆取諸地產者也。律呂者：黃鐘、太簇、姑洗、蕤賓、夷則、無射爲六律；大呂、夾鐘、仲呂、林鐘、南呂、應鐘爲六呂；此應乎天地陰陽者也，故六律爲陽，而六呂爲陰，總謂之十二律也。〔註44〕

〔註37〕張本、嚴本同，范、陳本「觀」作「歡」。
〔註38〕張本作「圜山」，嚴本作「圜丘」，范、陳本同。
〔註39〕張本作「天神下」，范、陳本同，嚴本「下」下有「降」字。
〔註40〕張本、嚴本作「方岳」，范、陳本作「方丘」，華正版曰：「方岳與地祇無涉，方丘則爲祭地祇之所。」
〔註41〕張本作「地祇上」，范、陳本同，嚴本「上」下有「應」字。
〔註42〕見《說文》第十三篇下風部。
〔註43〕《周禮·春官·大師》：「播之以八音：金、石、土、革、絲、木、匏、竹。」注：「金，鐘鎛也；石，磬也；土，塤也；革，鼓鼗也，絲，琴瑟也；木，柷敔也；匏，笙也；竹，管也。」
〔註44〕《樂緯》：「六律：黃鐘、太簇、姑洗、蕤賓、夷則、無射。六呂：大呂、夾鐘、仲呂、林鐘、南呂、應鐘。陽爲律，陰爲呂，總謂之十二律。」

八風動乎上，八音應乎下，律呂生於中，此樂之所由來者也。

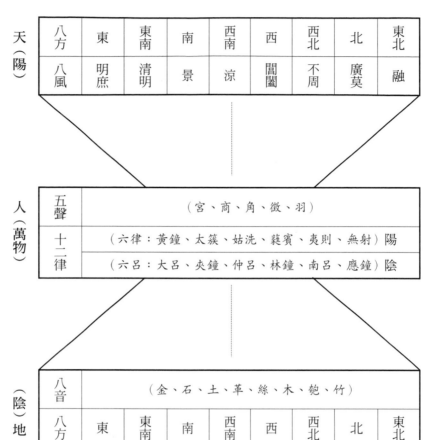

大樂既由自然生，則自然之性，乃大樂之性也。其性有二：

一曰質：質者朴實之謂。自然之性易簡而平淡，故大樂之性不煩不文也。嗣宗〈樂論〉曰：

> 乾坤易簡，故雅樂不煩；道德平淡，故五聲〔註45〕無味。不煩則陰陽自通，無味則百物自樂，日遷善成化而不自知。

故質者樂之第一性也。唯順此易簡，成其不煩，取彼平淡，成此無味，上下齊德，保其質靜，而后陰陽乃得自通，百物乃得自樂，此樂之始也。樂之始者，樂之全也；樂之全者，得其本體之全且質也。故地雖有九州之別，時雖有古今之殊，亙百世其樂不易也。

〔註45〕張本作「五聲」，嚴本作「無聲」，范、陳本同。

　　二曰順，順者次序之謂也。夫陰陽流行，交通成和，四季有常軌，生殺有常時，萬物煦煦然各安其位而處，各依其次而行，此自然之道也。大樂出自然，其理亦同。嗣宗〈樂論〉曰：

> 八音有本體，五聲有自然，其同物者以大小相君。有自然故不亂，
> 大小相君故可得而平。若夫空桑之琴，雲和之瑟，孤竹之管，泗濱
> 之磬，其物皆調和淳均者，聲相宜也，故必有常處。以大小相君，
> 應黃鐘之氣，故必有常數。有常處，故其器貴重，有常數，故其制
> 不妄。

夫樂之次，孔穎達以為初曰聲，中曰音，末曰樂；聲者單出也，初發口，唯有一聲，無餘聲相襯也；聲相應而生變，變成章而為之音；比音而成樂；其勢展轉相因也，故三者之中，聲之量小，音次之，樂最大也。聲有五，宮、商、角、徵、羽是也，宮最濁，商次宮，角居中，羽最輕，徵次羽，故以清濁論，其次曰：最濁，次濁，半清半濁（或謂清濁中），次清，最清。〔註46〕若夫十二律呂，各有量度，先立黃鐘之管，以九寸為法，其律數據《宋史‧樂志》所載，約如下：

　　（一）黃鐘，九寸。（三分損一，是為林鐘。）

　　（二）大呂，八寸四分二厘半。（三分益一，倍之，是為夷則。）

　　（三）太簇，八寸。（三分損一，是為南呂。）

　　（四）夾鐘，七寸四分九厘強。（三分益一，是為無射。）

　　（五）姑洗，七寸一分一厘強。（三分損一，是為應鐘。）

　　（六）仲呂，六寸六分六厘強。（三分益一，是為黃鐘清音，即高音黃鐘。）

　　（七）蕤賓，六寸三分二厘強。（三分損一，是為大呂。）

　　（八）林鐘，六寸。（三分益一，是為太簇。）

　　（九）夷則，五寸六分二厘強。（三分損一，倍之，是為夾鐘。）

　　（十）南呂，五寸三分三厘強。（三分損一，倍之，是為姑洗。）

　　（十一）無射，四寸九分九厘強。（三分損一，倍之，是為仲呂。）

　　（十二）應鐘，四寸七分四厘。（三分損一，是為蕤賓。）

　　故知樂具順次，合常數，守常處，小大不易，乃得平宜，斯樂之第二性也。

　　聖人知其然，故作樂以導民也，黃帝曰雲門，唐堯曰咸池，虞舜曰大韶，

〔註46〕參見《禮記‧樂記》孔疏。

禹大夏，湯大濩，武大武，此六代之雅樂。名雖與時化，其作用一也，〈樂論〉
所謂：

> 夫雅樂周通則萬物和，質靜則聽不淫，易簡則節制全神，靜重則服
> 人心，此先王造樂之意也。

聖人制樂以導民，民之所以能樂導者，何歟？蓋民有應天地陰陽、外物環境
而感之性也，其器曰心。陰陽和其氣，應乎人者，應乎人心也，心應其感而
動，動而發聲，此自然之樂用以歷天地以宜乎人口之關鍵也。《禮記·樂記》
曰：

> 凡音之起，由人心生也；人心之動，物使之然也；感於物而動，故
> 形於聲。

孔疏釋之曰：

> 凡音之起，由人心生也者，言凡樂之音曲所起，本由人心生也。……
> 音起人心，所以動者，外物使之然。……人心既感外物而動，口以
> 宣心，其心形見於聲。心若感死喪之物而興動於口，則形見於悲戚
> 之聲；心若感福慶而興動於口，則形見於歡樂之聲。

〈樂記〉又明其感應之關係詳矣。曰：

> 樂者，音之所由生也，其本在人心感於物也。是故其哀心感者，其
> 聲噍以殺；其樂心感者，其聲嘽以緩；其喜心感者，其聲發以散；
> 其怒心感者，其聲粗以厲；其敬心感者，其聲直以廉；其愛心感者，
> 其聲和以柔。此六者非性也，感於物而後動。

樂聲既成，眾人習之，則樂聲復感人心矣。心受其感，以類應之，或復發為
聲以相和唱，或行於事而易其情，此不可不慎也。〈樂記〉曰：

> 凡姦聲感人，而逆氣應之，逆氣成象，而淫樂興焉。正聲感人，而
> 順氣應之，順氣成象，而和樂興焉。倡和有應，回邪曲直，各歸其
> 分，而萬物之理，各以其類相動也。

又曰：

> 宮為君，商為臣，角為民，徵為事，羽為物。五者不亂，則無怗懘
> 之音矣。宮亂則荒，其君驕；商亂則陂，其官壞；角亂則憂，其民
> 怨；徵亂則哀，其事勤；羽亂則危，其財匱。五者皆亂，迭相陵，
> 謂之慢。如此，則國之滅亡無日矣。

故知物、心、樂交感之過程三，第一階段：物動心，物為感者，心為應者；

第二階段：心生樂，心爲感者，樂爲應者；第三階段：樂感心，樂爲感者，心爲應者。

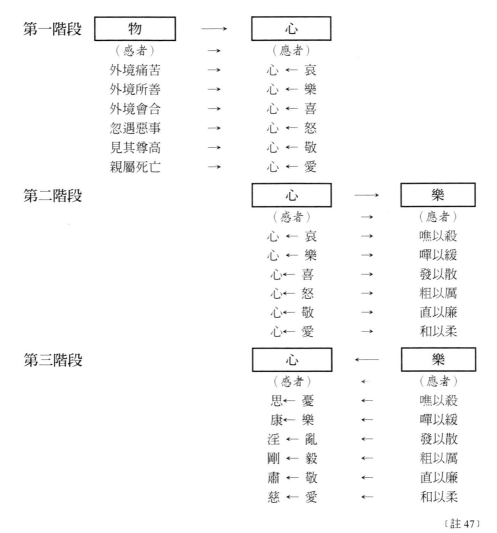

〔註47〕

嗣宗〈樂論〉有鑒乎此者，曰：

〔註47〕按此表所用名詞，俱采〈樂記〉及孔疏。〈樂記〉曰：「志微噍殺之音作而民思憂，嘽諧慢易、繁文簡節之音作而民康樂，粗厲猛起、奮末廣賁之音作而民剛毅，廉直勁正莊誠之音作而民肅敬，寬裕肉好、順成和動之音作而民慈愛，流僻邪散、狄成滌濫之音作而民淫亂。」又孔疏：「若外境痛苦，則其心哀。……若外境所善，心必歡樂。……若外境會合其心，心必喜悅。……怒謂忽遇惡事，而心志怒恚。……若外境見其尊高，心中嚴敬。……若外境親屬死亡，心起情愛。」餘見本章本節所引〈樂記〉。

楚越之風好勇，故其俗輕死；鄭衛之風好淫，故其俗輕蕩；輕死故有蹈水赴火之歌，〔註48〕輕蕩故有桑間濮上之曲。〔註49〕各歌其所好，各詠其所爲；歌〔註50〕之者流涕，聞之者歎息，背而去之，無不慷慨。懷永日之娛，抱長夜之歎，〔註51〕相聚而合之，群而習之，靡靡無已。棄父子之親，弛君臣之制，匱室家之禮，廢耕農之業，忘終身之樂，崇淫縱之俗。故江淮之南，其民好殘；漳汝之間，其民好奔；吳有雙劍之節，趙有扶〔註52〕琴之客。氣發於中，聲入於耳，手足飛揚，不覺其駭。好勇則犯上，淫放則棄親；犯上則君臣逆，棄親則父子乖；乖逆交爭，則患生禍起。禍起而意愈異，〔註53〕患生而慮不同。故八方殊風，九州異俗，乖離分背，莫能相通，音異氣別，曲節不齊。

楚越勇而輕死，鄭衛淫而輕蕩，民心感其風俗，發乎吟詠，則蹈水赴火之歌粗厲剛猛，桑間濮上之音淫亂發散，此樂既起，合之聚之，習之靡靡，感於民心，則莫不輕蕩易死，乃至於棄親弛政，匱禮廢業，乖逆交爭，患禍幷起，豈不哀哉？

夫心，始承物感，終受樂應，故欲治民心者，先治物樂，物樂正則心正，物樂亂則心亂。何謂正？樂歸其性，物則順樂性以取效之也，此殆禮之造作也。何則？大樂必易，則大禮貴簡；宮商律呂以數相君，君臣父子以輩相序；樂安其數不妄，人安其序不悖；故禮樂一體也，禮節物感，樂節心應，外內之別爾。若夫鐘鼓管磬、羽簫干戚，以爲樂器；屈伸俯仰、綴兆舒疾，以爲樂文；簠簋俎豆、制度文章，禮之器也；升降上下、周還裼襲，禮之文也；形式各殊，性質無別。故《禮記·樂論》曰：「大樂與天地同和，大禮與天地同節。」「禮者殊事合敬者也，樂者異文合愛者也，禮樂之情同。」禮樂之道，通乎治亂也。嗣宗〈樂論〉曰：

> 先王之爲樂也，將以定萬物之情，一天下之意也。故使其聲平，其容和，下不思上之聲，君不欲臣之色，上下不爭而忠義成。

〔註48〕各本誤作「火焰赴水」，華正版曰：「據《太平御覽》五六五所引改。」
〔註49〕嚴本作「曲」，范、陳本同，張本作「典」。
〔註50〕嚴本作「欲」，范、陳本同，張本作「歌」。
〔註51〕張本、嚴本作「歎」，范、陳本作「忻」。
〔註52〕各本同，華正版：「《太平御覽》五六五引作挾琴。」
〔註53〕張本、嚴本同，范、陳本作「異愈異」。

> 昔先王制樂，非以縱耳目之觀，崇曲房之嬿也。必〔註54〕通天地之
> 氣，靜萬物之神也。固上下之位，定性命之眞也。故清廟之歌，詠
> 成功之績；賓饗之詩，稱禮讓之則；百姓化其善，異俗服其德。

又曰：

> 尊卑有分，上下有等，謂之禮；人安其生，情意無哀，謂之樂。車
> 服旌旗、宮室飲食，禮之具也；鐘磬鞞鼓、琴瑟歌舞，樂之器也。
> 禮踰其制則尊卑乖，樂失其序則親疏亂。禮定其象，樂平其心，禮
> 治其外，樂化其內，禮樂正而天下平。

故聖王之治樂也，化民使歸其平正，定其姓命，此樂之所以見重者也。

　　然世有不好樂之君，又有好樂而未臻於化者，其故安在哉？嗣宗以爲彼
皆直不覩乎正，誤以俗樂爲正樂也。夫正樂者，大樂也，應乎本體之全也，
故古今上下其爲樂也同。爾後自然之體既掩，道德荒壞，人人溺乎風俗，各
得一偏以自好，應其剛強者輕死，應其舒慢者輕蕩，鄭衛之風，齊楚之謳，
各謌其應也，是以八方殊風，九州異俗，樂音別矣，故俗樂之始者，大樂之
斁敗也。俗樂既不得大樂之全，則質與順具亡，亂其度數，易其大小，八音
失制，律呂失調，煩手淫聲，曲調華麗，聞之者悽愴流涕，手足飛揚，心氣
浮動，內外交侵，此亡國敗家不祥之音也，何與乎治亂歟？〈樂論〉曰：

> 衰末之爲樂也，其物不眞，其器不固，其制不信，取於近物，同於人
> 間，各求其好，恣意所存。閭里之聲競高，永巷之音爭先，童兒相聚
> 以詠富貴，芻牧負載以歌貧賤，君臣之職未廢，而一人懷萬心也。當
> 夏后之末，興女萬人，衣以文繡，食以梁肉，〔註55〕端噪晨歌，聞之
> 者憂戚，天下苦其殃，百姓傷其毒。殷之季君，亦奏斯樂，酒池肉林，
> 夜以繼日，然咨嗟之音未絕，而敵國已收其琴瑟矣。滿堂而飲酒，樂
> 奏而流涕，此非皆有憂者也，則此樂非樂也。當王居臣之時，〔註56〕
> 奏新樂〔註57〕於廟中，聞之者皆爲之悲咽。桓帝〔註58〕聞楚琴，悽愴
> 傷心，倚房〔註59〕而悲，慷慨長息，曰：「善哉乎！爲琴若此，一而

〔註54〕張本、嚴本同，范、陳本作「心」
〔註55〕張本作「梁肉」，嚴本「梁」作「糧」，范、陳本同。
〔註56〕張本、嚴本同，范、陳本作「當君臣之時」。
〔註57〕張本、嚴本同，范、陳本作「斯樂」。
〔註58〕張本、嚴本同，范、陳本「桓帝」上有「漢」字。
〔註59〕張本作「倚房」，范、陳本同，嚴本作「倚宸」。

已足矣。」順帝上恭陵，過樊衢，聞鳥鳴〔註60〕而悲，泣下橫流，曰：
「善哉鳥聲！」使左右吟之，曰：「使絲聲若是，〔註61〕豈不樂哉！」
夫是謂以悲為樂者也，誠以悲為樂，則天下何樂之有？天下無樂，而
有陰陽調和，災害不生，亦已難矣。樂使人精神平和，衰氣不入，天
地交泰，遠物來集，故謂之樂也。今則流涕感動，噓唏傷氣，寒暑不
適，庶物不遂。雖出絲竹，宜謂之哀，奈何俛仰歎息，以此稱樂乎？

夫樂以導樂，以中和為本，使不哀也。彼風謠之興，既各詠所好，則怨婦流
臣有哀聲，窮巷破戶有悲歌，哀悲宣乎口，何樂之有哉？見其哀者曰惡之，
感其悲者曰喜之，喜惡異懷，未覩樂之正則一。吁！樂之不樂乃至乎此，何
以天下國家為？故漢哀帝罷樂府，而不知制正禮樂，樂法不脩，淫聲遂起，
其不治與立樂府無別也。夫如是，故雖有絲竹歌詠，不必為樂為善，墨子之
非樂，非其絲竹歌詠耳，非非樂之樂也，樂出自然，豈可非而去之耶？

　　唯嗣宗雖主禮樂治國，以德化教民，然於刑法亦未嘗易之。〈樂論〉曰：
「刑教一體，禮樂外內也。刑弛則教不獨行，禮廢則樂無所立。」蓋禮樂者
制治之術，刑法者防亂之具，禮樂行於未然之先，刑法施於已然之後，四者
靡廢，其於治國可謂備矣。

第三節　人生觀

壹、齊　物

　　嗣宗以「自然」為宇宙生生之本源，自然生天地，天地生萬物，天地似乎
高出萬物之上，實則不然也。何耶？蓋天地萬物皆在自然之中，依有方之常理
秩序而和諧幷存，就本質言，固皆自然之一體，唯合散之別耳。〈達莊論〉曰：

天地生於自然，萬物生於天地。自然者無外，故天地名焉，天地者
有內，故萬物生焉。當其無外，誰謂異乎？當其有內，誰謂殊乎？
地流其燥，天抗其濕，月東出，日西入，隨以相從，解而後合。升
謂之陽，降謂之陰；在地謂之理，在天謂之文；蒸謂之雨，散謂之
風；炎謂之火，凝謂之冰；形謂之石，象謂之星；朔謂之朝，晦謂

〔註60〕各本同，華正版據《太平御覽》三九二及《晉書·樂志》改作「鳴鳥」。
〔註61〕各本同，華正版據《太平御覽》三九二改作「使聲若是」。

之冥；通謂之川，回謂之淵；平謂之土，積謂之山。男女同位，山
澤通氣，雷風不相射，水火不相薄，天地合其德，日月順其光，自
然一體，則萬物經其常。入謂之幽，出謂之章，一氣盛衰，變化而
不傷。是以重陰雷電非異出也，天地日月非殊物也。故曰：自其異
者視之，則肝膽楚越也，自其同者視之，則萬物一體也。

物生萬象，趣舍不同，或高或卑，或出或入，流其燥者不抗其濕，出於東者
不生於西，水火不相迫，雷風不相射，隨以相從，各安其分而無易軌之虞，
此自然之道也。順自然而行，不造不始，雖無轍迹而物得至矣。陰陽、文理、
風雨、水火、星石、川淵、土山，體有巨細，成有先後，狀貌紛縕，各具形
態，出乎自然則一，就其所出者言，不可別，不可析，俱具自然之一體，得
一氣之盛衰而已。氣之升者，以其升名之曰陽；氣之降者，以其降名之曰陰；
氣之蒸而上者，以其蒸而上名之曰雨；氣之分而散者，以其分而散名之曰風；
升降蒸散不同，氣之變化則無殊。故積氣之成乎天者，狀虹霓者曰虹霓，狀
雲霧者曰雲霧，狀四時者曰四時；積氣之成乎地者，狀山岳者曰山岳，狀河
海者曰河海，狀火木者曰火木；人見狀異，各爲之名，名號不同，人使之然，
非物然也；狀貌不同，變化使之然，非物然也；名號狀貌不同，氣之變化爾，
與氣之存亡無涉也；果能銷此名號，撤此狀貌，使物各歸其主，則渾渾茫茫
「氣」而已矣《莊子·知北遊》曰：「萬物一也，是其所美者爲神奇，所惡者
爲臭腐，臭腐復化爲神奇，神奇復化爲臭腐，故曰：通天下一氣耳。」此之
謂也。故〈德充符篇〉莊子言：「自其異者視之，肝膽楚越也；自其同者視之，
萬物皆一也。」自其異者，謂自其狀貌名號也；自其同者，謂自其出乎自然，
得氣之盛衰也。夫如是觀，是以「重陰雷電非異出，天地日月非殊物」也。
物態森羅，可齊而一之也。

　　物皆如是，人雖自稱有生之最靈者，無異於此也。〈達莊論〉曰：

人生天地之中，體自然之形，身者陰陽之積氣〔註62〕也，性者五行
之正性也，情者遊魂之變欲也，神者天地之所以馭者也。以生言之，
則物無不壽，推之以死，則物無不夭。自小視之，則萬物莫不小；
由大觀之，則萬物莫不大。殤子爲壽，彭祖爲夭，秋毫爲大，泰山
爲小。故以死生爲一貫，是非爲一條。別而言之，則鬚眉異名，合
而說之，則體之一毛也。

〔註62〕張本作「積氣」，嚴本作「精氣」，范、陳本同。

人生天地間，稟自然而有形神，得陰陽二氣之積爲身，受五行之正爲性，取遊魂之變欲爲情，統精神以馭於天地。身也，性也，情也，神也，無一非自然所給予。甲之生如是，乙之生不異甲，丙之生不異乙，推諸萬千人，不異甲乙丙。然則人類之有身性神情，乃至於人人各殊其體面，各異其情性者，亦譬如物之有陰陽、風雨、虹霓，別狀貌名號也。齊地之人與魯地之人無別，魯地之人又與楚地之人無別，生乎周時與生乎漢魏同，生乎民國又與生乎漢魏同也。何哉？一氣之變化，復歸其臭腐，復歸其神奇，聚爲生，散爲死而已矣，原頭性分無等差也。推而廣之，西施之美，何若嫫母之醜？彭祖之壽，何若殤子之夭？倘能就道以觀物，則壽夭美醜匹也，物無貧無賤，無小無大，無高無低，無是無非。何以知其然耶？蓋天下無正也，彼之所好未必非此之所惡，彼之所惡未必非此之所好，若彼之所好爲好，則天下無惡，若此之所惡爲惡，則天下無好。《莊子・齊物論》嘗言之矣，曰：

> 民濕寢則腰疾偏死，鰌然乎哉？木處則惴慄恂懼，猨猴然乎哉？三者孰知正處？民食芻豢，麋鹿食薦，蝍且甘帶，鴟鴉耆鼠，四者孰知正味？猨猵狙以爲雌，麋與鹿交，鰌與魚游。毛牆麗姬，人之所美，魚見之深入，鳥見之高飛，麋鹿見之決驟，四者孰知天下之正色哉？

物各持其偏以爲「正」，誰能無正？則一物有一正，二物有二正，三物有三正，巧歷不能計也。以我之正觀天下，不同乎我者皆非正，然則其不同我者，復以其正正我正，紛紛然孰知正之爲非正，非正之爲正邪？若此者，皆有所蔽也，蔽於自見而不見道，莫能以道明故也。莊子嘗論自見者，〈齊物論〉曰：

> 物無非彼，物無非是，自彼則不見，自是則知之，彼出於是，是亦因彼。
>
> 既使我與若辯矣，若勝我，我不若勝，若果是也，我果非也邪？我勝若，若不我勝，我果是也，而果非邪？其或是也，其或非也邪？其俱是也，其俱非也邪？我與若不能相知也，則人固受其黮闇。吾誰使正之？使同乎若者正之，既與若同矣，惡能正之？使同乎我者正之，既同乎我矣，惡能正之？使異乎我與若者正之，既異乎我與若矣，惡能正之？使同乎我與若者正之，既同乎我與若矣，惡能正之？然則我與若與人，俱不能相知也，而待彼也邪？

又論不能以道觀物者，〈秋水篇〉曰：

以道觀之，物无貴賤；以物觀之，自貴而相賤；以俗觀之，貴賤不
在己；以差觀之，因其所大而大之，則萬物莫不大，因其所小而小
之，則萬物莫不小。知天地之爲稊米也，知毫末之爲丘山也，則差
數覩矣。以功觀之，因其所有而有之，則萬物莫不有，因其所无而
无之，則萬物莫不无。知東西之相反，而不可以相无，則功分定矣。
以趣觀之，因其所然而然之，則萬物莫不然，因其所非而非之，則
萬物莫不非。知堯桀之自然而相非，則趣操覩矣。

由是言之，以物，以俗，以差，以功，以趣，則貴賤、大小、有無、是非云
云，兩兩相反而生焉，此觀持之未明也。果能明物以道，則秋毫之末未爲小，
泰山之巔未爲高，殤子之年不爲短，彭祖之壽不爲長也。阮籍深味莊恉，於
〈達莊論〉中明物之不齊者，其因乃在：

大而臨之則至極無外，小而理之則物有其制。夫守什五之數，審左
右之名，一曲之說也。循自然，性天地者，寥廓之談也。凡耳目之
者，[註63] 名分之施，處官不易司，舉奉其身，非以絕手足，裂肢
體也。然後世之好異者，不顧其本，各言我而已矣。

〈答伏義書〉亦曰：

人力勢不能齊，好尚舛異。鸞鳳凌雲漢以舞翼，鳩鶤悅蓬林以翺翔，
螭浮八濱以濯鱗，鱉娛行潦而群逝。斯用情各從其好，以取樂焉，
據此非彼，胡可齊乎？

〈大人先生傳〉亦曰：

彼勾勾者自以爲貴夫世矣，而惡知夫世之賤乎茲哉？故與世爭貴，
貴不足尊；與世爭富，富不足先。

各言我者，自見之蔽也；守什五之數，審左右之名，以物觀也。夫人力不齊，
好尚舛異，各用其情，勢當參差，其自以爲者，正理之反也，此皆原乎「不
顧其本」。故唯能「循自然，性天地」，知萬物之大體，然後其本乃見，而可
免乎一曲之累，此齊物之奧義也。

貳、守　本

夫世道險巇，世禍迭至，此嗣宗所處時代也，故〈詠懷詩〉八十餘首，

[註63] 張本作「耳目之官」，嚴本「官」作「名」，范、陳本作「耆」，華正版曰：「案
耆字不誤，通作嗜，《莊子》中嗜欲多作耆欲。」

每多憂生之嗟，或慕王喬，或望首陽，庶幾遠害也。然人之生也，旡所逃於天地之間，君臣上下，理固必然，生老病死，事有必至，與人群者，不得離人，唯當通達世變，守之以本而已。此阮籍於〈達莊論〉有郅言，曰：

> 至人者，恬於生而靜於死。生恬則情不惑，死靜則神不離。故能與陰陽化而不易，從天地變而不移，生究其壽，死循其宜，心氣平治，不消不虧。〔註64〕是以廣成子處崆峒之山，以入無窮之門；軒轅登崑崙之阜，而遺其玄珠之根。此則潛身者易以爲活，而離本者難以永存也。

茲將上言表解如后：

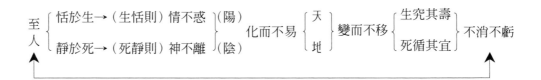

道不消不虧，至人亦不消不虧。彼至人者，不免其爲人，第以能恬靜於生死，使情神無離惑，天予之生則生，天予之死則死，故歷陰陽萬化、天地萬變，而終始如一也。然則取其不消不虧之道本，以因順爲務，則自生至死，自死至生，乃得循萬變而不變，隨萬化而不化，此之謂守本。蓋天地未有不變，陰陽未有不化者，物之生也，若驟若馳，無動而不變，無時而不移，所謂：「萬物而未始有極」〔註65〕者，此之謂也。雖然，此固物象之變化耳，物象之變化，烏能奪道之貞且靜邪？夫道者，統馭萬變，使通而爲一，故道曰一。吾人守一，雖煩必簡，雖動必靜，此至理也。唯常人每不能達乎此境，耳之所聞止於有聲，目之所見止於有色，心之所納，哄哄然聲色而已矣，聲色入乎心，情惑神離，不能虛己以應萬變，乃以形骸有存虧，人生亦有生死，此以實應實，不能以虛，蔽於見有，不能見無故也。於是趨生避死，唯恐未及，造作智慧，以爲人力固可於物變中理物常，乃審制禮法，區別貴賤，旡所不用其用，往而莫知道固有常，此舍本逐末者之所好也。譆！可不哀哉？嗣宗〈大人先生傳〉曰：

> 往者天嘗在下，地嘗在上，反覆顛倒，未之安固，焉得不失度式而常之？天因地動，山陷川起，雲散震壞，六合失理，汝焉得擇地而

〔註64〕張本作「消息不虧」，嚴本作「不消不虧」，范、陳本同。
〔註65〕見《莊子·齊物論》。

行，趨步商羽？往者群氣爭存，萬物死慮，支體不從，身爲泥土，
根拔枝殊，咸失所在，汝又焉得束身修行，磬折抱鼓？

天地反覆，上下顛倒，山川陷起，雲震散壞，萬物死慮，支體不從，此皆用
明變化無常也。如是大化，非道不足守之，又豈能以人爲守之乎？

若夫守本之道何如？日虛與因而已矣。何謂虛？無見乎有，無見乎用，
無見乎己也。夫情神之亂，心之納實故也，以有形有色有聲爲常有而貴之，
不知至微妙者無形，至寂寞者無聲也。〈清思賦〉曰：

余以爲形之可見，非色之美；音之可聞，非聲之善。昔黃帝登僊於
荊山之上，振咸池於南□之岡，鬼神其幽，而夔牙不聞其章；女娃
耀榮於東海之濱，而翩翻於洪西〔註66〕之旁，林石之隩從，而瑤臺
不照其光。是以微妙無形，寂寞無聽，然後乃可以覩窈窕而淑清。
故白日麗光則季后不步其容，鐘鼓閤鉿則延子不揚其聲。夫清虛寥
廓則神物來集，飄颻恍忽則洞幽貫冥，冰心玉質則皦〔註67〕潔思存，
恬澹無慾則泰志適情。

神之所集，虛而後止止，真美不在色，大音不在聞，舍萬有之形色，乃得味
萬有之微妙也。以有爲有，則萬物累心而欲生，欲生則雜，雜則亂，作造智
巧以害物，明著是非以危身，名出而相軋，智興而相爭，求有用之用，不覩
無用之爲大用，用生而虛亡，虛亡而用見，人見其用而用之，則在我者戕不
復存矣，是以爲功者死，求用者亡，唯知乎無己無用，乃得自全自生，此虛
不見己不用見故也。故山木自寇，膏火自煎，桂可食而伐，漆可用而割，其
爲患也無窮已。〈獼猴賦〉曰：

豐孤文豹釋其表，間尾騶虞獻其珍，夸父獨鹿被其豪，青馬三雛棄
其群，此以其壯而殘其生者也。

〈達莊論〉曰：

矯屬才智，競逐縱橫，家以慧子殘，國以才臣亡，故不終其天年，
而大自割，繫〔註68〕其於世俗也。是以山中之木，本大而莫傷，吹
萬數竅相和，忽焉自己。夫鴈之不存，無其質而濁其文，死生無變，

〔註66〕各本同，華正版改作「西山」，曰：「義不可通，據《文選》三十一江淹〈擬
　　　　阮步兵詠懷〉李注所引改。」
〔註67〕張本作「皦潔」，嚴本「皦」作「激」，范、陳本同。
〔註68〕張本作「繫」，嚴本作「繁」，范、陳本同。

而龜之見寶，〔註69〕知吉凶也

用之弊乃至於此，矧爭名爭利，求富求貴者歟？〈獮猴賦〉又曰：

若夫熊狚之遊臨江兮，見厥功以乘危；夔負淵以肆志兮，楊震聲而□皮；處閑曠而或昭兮，何幽隱之罔隨？鼷畏逼以潛身兮，穴神丘之重深，終或餌以求食兮，焉鑿之而能禁？誠有利而可欲兮，雖希覿而爲禽。故近者不稱歲，遠者不歷年，大則有稱于萬年，細者則〔註70〕爲笑于目前。

〈達莊論〉又曰：

作智造巧者害於物，明著是非〔註71〕者危其身，脩飾以顯潔者惑於生，畏死而榮生者失其眞，〔註72〕故自然之理不得作，天地不泰而日月爭隨，朝夕失期而晝夜無分，競逐趨利，舛倚橫馳，父子不合，君臣乖離。故復言以求信者，梁下之誠也；克己以爲人者，郭〔註73〕外之仁也；竊其雉經者，亡家之子也；刳腹割肌者，亂國之臣也；曜菁華，被沆瀣者，昏世之士也；履霜露，蒙塵埃者，貪冒之民也；潔己以尤世，脩身以明洿者，誹謗之屬也；繁稱是非，背質追文者，迷罔之倫也；成非媚悅，以容求孚，故被珠玉以赴水火者，桀紂之終也；含菽采薇，交餓而死，顏夷之窮也。是以名利之塗開，則忠信之誠薄；是非之辭著，則醇厚之情爍也。

凡以上諸事，皆爲人累，未足賴以究生循死，故守本之人當棄此世務之眾，「以道德爲心，不以富貴爲志；以無爲用，不以人物爲事。」（〈大人先生傳〉）「靜寂寞而獨立」「清虛以守神」（〈首陽山賦〉），使「心不蕩」，「秉一而內脩」（〈清思賦〉），「誦純一之遺誓」，「泰恬淡而永世」（〈東平賦〉）。夫唯如是，排擿繫累，獨著純白，心虛而道虛，庶幾可矣。

虛可致本，其從變化者又若何？因也。因者順之謂也，守無心而不自用，因變而變之，順化而化之，毋特立，毋獨行，唯變所適，則不荷其累矣。何哉？夫高尚節操者，是暴人之惡，暴人之惡，人鮮有不惡之，若彼投人夜光，人鮮不按劒也。故與天爲徒者，依乎天理，不師成心，集虛以待物，付天下

〔註69〕張本、嚴本作「見寶」，范、陳本「見」作「是」。

〔註70〕張本、嚴本同，范、陳本無「則」字。

〔註71〕張本作「明著是非」，范、陳本同，嚴本作「明是攷非」。

〔註72〕張本、嚴本同，范、陳本「眞」作「貞」。

〔註73〕張本、嚴本同，范、陳本「郭」作「廓」。

之自安，使無毒無門，物自若，理自治，一宅而寓於不得已也。若遽伯玉嘗
語顏闔，曰：「形莫若就，心莫若和。雖然，之二者有患。就不欲入，和不欲
出。形就而入，且爲顚爲滅，爲崩爲蹶。心和而出，且爲聲爲名，爲妖爲孽。
彼且爲嬰兒，亦與之爲嬰兒；彼且爲无町畦，亦與之爲无町畦；彼且爲无崖，
亦與之爲无崖。達之，入於无疵。」〔註74〕變化者，自然之性也，至人欲守
自然，非隨變化而變化，其若何？生死者无所逃，至人欲守不消不虧，非隨
生死而生死，其若何？故人臣有擎跽曲拳，吾亦擎跽曲拳；人子有孝敬奉養，
吾亦孝敬奉養；喜怒則喜怒，哀樂而哀樂，和同塵垢，污隆任物，人皆行此，
我獨不然邪？夫避世易，處世而順自然難，譬猶絕迹易，無行地難，其妙道
乃在處世而不爲世所攖也，如是者，可謂守本者矣。〈達莊論〉曰：

> 夫善接人者，導焉而已，無所逆之。故公孟季子衣繡而見，墨子弗
> 攻；中山子牟心在魏闕，而詹子不距。因其所以來，用其所以至；
> 循而泰之，使自居之，發而開之，使自舒之。

〈大人先生傳〉曰：

> 夫大人者，乃與造物同體，天地並生，逍遙浮世，與道俱成，變化
> 散聚，不常其形。天地制域於內，而浮明開達於外，天地之永固，
> 非世俗所能及〔註75〕也。

又曰：

> 變化移易，與神明扶，廓無外以爲宅，周宇宙以爲廬，強八維而處
> 安，據制物以永居。

夫與變俱者不變，與化俱者不化。死生者，變化之大也，然心冥造物，以化爲
命，生死俱往，如此，則變所不能變也。所謂「命物之化而守其宗」，〔註76〕
嗣宗契其微妙矣。

參、逍 遙

昔莊周重逍遙，以爲至乎此，乃臻於至境，可與造化同體，天地同運，
徜徉自得，高遠無所拘束。阮籍本之，詩文中固多言及此二字。如：

> 二妃遊江濱，逍遙順風翔。(〈詠懷詩〉第二首)

〔註74〕見《莊子·人間世》。
〔註75〕張本、嚴本作「所及」，范、陳本作「能及」。
〔註76〕見《莊子·德充符》。

化者四五人，逍遙宴蘭房。(〈詠懷詩〉第二十三首)

逍遙未終晏，朱陽忽西傾。(〈詠懷詩〉第二十四首)

誰言萬世難，逍遙可終生。(〈詠懷詩〉第三十六首)

非子爲我御，逍遙遊荒裔。(〈詠懷詩〉第五十八首)

逍遙九曲間，徘徊欲何之。(〈詠懷詩〉第六十四首)

伯高登降乎尚季之上，羨門逍遙於三山之岑。(〈東平賦〉)

測虛舟以遑思兮，聊逍遙於清溟。(〈東平賦〉)

聊偃仰以逍遙，求愛媚於今日。(〈鳩賦〉)

從容與道化同逌，逍遙與日月並流。(〈答伏義書〉)

聊以娛無爲之心，而逍遙於一世。(〈達莊論〉)

逍遙浮世，與道俱成。(〈大人先生傳〉)

有逍遙以永年，無存忽合散而上臻。(〈大人先生傳〉)

測逍遙以遠逌，遵大路之無窮。(〈大人先生傳〉)

其〈達莊論〉、〈大人先生傳〉，即專以闡發逍遙爲悃趣；他若〈首陽山〉、〈清思〉、〈獼猴〉、〈鳩〉諸賦，亦多爲破逍遙止限而設論也。

夫逍遙者，必空所依傍，冥合天地萬物，與宇宙合爲一體，感乎五方，寂以應物，復不必空萬物，以達於「天地與我並生，萬物與我爲一」〔註77〕夫唯如是，天地不滅，吾亦不滅，萬物無所不在，吾亦無所不在矣。故欲致逍遙之樂者，必當齊萬物以破諸執，守道本以應萬變，而已得此樂者，嗣宗曰大人，曰至人，曰眞人，曰聖人。〈大人先生傳〉曰：

夫大人者，乃與造物同體，天地並生，逍遙浮世，與道俱成，變化散聚，不常其形，天地制域於內，而浮明開達於外，天地之永固，非世俗所能及〔註78〕也。

至人者，不知乃貴，不見乃神。神貴之道存乎內，而萬物運於外矣，故天下終而不知其用也。

至人無宅，天地爲客；至人無主，天地爲所；至人無事，天地爲故；

〔註77〕同註65。

〔註78〕同註75。

無是非之別，無善惡之異，故天下被其澤而萬物所以熾也。〔註79〕

泰初真人，唯大〔註80〕之根，專氣一志，萬物以存。退不見後，進不覩先，發西北而造制，啓東南以爲門。微道而以德久娛樂，〔註81〕跨天地而處尊。夫然成吾體也，是以不避物而處，所覩則寧；不以物爲累，所逎則成。彷徉足以舒其意，浮騰足以逞其情。

熙與真人懷太清，精神專一用意平；寒暑勿傷莫不驚，憂患靡由素氣寧；浮霧凌天恣所經，往來微玅路無傾；好樂非世又何爭，人且皆死我獨生。

聖人以道德爲心，不以富貴爲志；以無爲用，不以人物爲事。

聖人無懷，何其哀夫！

〈達莊論〉曰：

至人者，恬於生而靜於死，生恬則情不惑，死靜則神不離。故能與陰陽化而不易，從天地變而不移，生究其壽，死循其宜，心氣平治，不消不虧。〔註82〕

至人清其質而濁其文，死生無變而未始有云。〔註83〕

〈通老論〉曰：

聖人明於天人之理，達於自然之分，通於治化之體，審於大愼之訓。

至大、至聖、至真之人，旣已冥合造化，自可體神居靈，窮理極妙，會通萬物之性，陶鑄天下之化，玄同四海之表，坐忘行忘，神如處子之凝，形若龍變之無端已，故得逍遙之樂者，不常其形，豈眾人之可識耶？〈答伏義書〉云：

玄雲無定體，應龍不常儀。或朝濟夕卷，翕忽代興；或泥潛天飛，晨降宵升。舒體則八維不足暢迹，〔註84〕促節則無間足以從容。是

〔註79〕張本、嚴本同，范、陳本無「也」字。

〔註80〕張本作「大」，范、陳本同，嚴本作「天」。

〔註81〕各本同，華正版改作「微道德以久娛」，曰：「〈大人先生〉所說，大抵本于老莊，老莊皆置道於德之上，此泰初真人旣以道爲微，不當反珍視德而以之久娛，此句顯有譌誤。疑德字原在而字前，傳寫誤倒。……疑以、樂原皆爲小字旁注，作微道德而以久娛樂，蓋而字一本作以，娛字一本作樂，故傳寫者分別以此二字注于而、娛下，後遂闌入正文。今據文意改正。」

〔註82〕同註64。

〔註83〕張本、嚴本同，范、陳本作「未始有之」。

〔註84〕張本作「不足暢迹」，嚴本「足」下有「以」字，范、陳本同。

又瞽夫所不能瞻，瓛蟲所不能解也。然則弘脩淵邈者，非近力能究
矣；靈變神化者，非局器所能察矣。……從容與道化同逌，逍遙與
日月並流，交名虛以齊變，及英祇以等化，上乎無上，下乎無下，
居乎無室，出乎無門，齊萬物之去留，隨六氣之虛盈，總玄網於太
極，撫天一於寥廓，飄埃不能揚其波，飛塵不能垢其潔，徒寄形軀
於斯域，何精神之可察？

〈大人先生傳〉曰：

登乎太始之前，覽乎汋漠之初；慮周流於無外，志浩蕩而自舒；飄
颻於四運，翻翱翔乎八隅；欲從肆而彷彿，沅漾而靡拘；細行不足
以爲毀，聖賢不足以爲譽；變化移易，與神明扶。

此皆用明逍遙之道也，唯大人、至人、眞人、聖人，爲能明之，故涵泳騰翥，
無往而不逍遙矣，此嗣宗人生觀之至極之論也。

第五章　餘　論

昔《荀子》有言：「三尺之岸而虛車不能登也，百仞之山，任負車登焉。何則？陵遲故也。數仞之牆而民不踰也，百仞之山而豎子馮而游焉，陵遲故也。今夫世之陵遲亦久矣，而能使民勿踰乎？」〔註1〕夫陵遲者，陂阤也，言禮義廢壞也。嗚呼！漢末魏晉，世之陵遲亦可謂至矣。權奸與親貴交鬨，君子共小人一槽，察舉失實，用人棄德，孔學喪眞，邪說橫起，時亂民剽，禮教淪胥，奸雄竊國，有行見戮；凡所以致亂，無一不用其極，此亦馮百仞山冶游之豎子爲之也。阮籍者，特此時代之所陶鑄爾。尋撢其言行思想，固有激使然也。沈德潛《說詩晬語云》：「遭阮公之時，自應有阮公之詩也。」至平之論也。明乎此，始可與言阮嗣宗云。

自裴頠以時俗放蕩，學者祖述何晏、阮籍，悖違禮法，尸位素餐，著〈崇有論〉以釋其蔽。〔註2〕後之論者每因之鄙籍，凡言清談，則曰七賢，凡言七賢，則曰嗣宗，而晉人以清談亡國，幾成千古定論。《晉書》卷九一〈儒林傳〉曰：

> 有晉始自中朝，迄於江左，莫不崇飾華競，祖述虛玄，擯闕里之典經，習正始之餘論，指禮法爲流俗，目縱誕以清高，遂使憲章弛廢，名教頹毀，五胡乘間而競逐，二京繼踵以淪胥，運極道消，可爲長歎息者矣。

顧炎武《日知錄》卷一三〈正始條〉更曰：

> 魏文帝殂，少帝卽位，改元正始，凡九年，其十年，則太傅司馬懿

〔註1〕見《荀子·宥坐篇》。
〔註2〕詳見《晉書》卷三五〈裴頠傳〉。

殺大將軍曹爽，而魏之大權移矣。三國鼎立，至此垂三十年，一時
名士風流，盛於維下，乃其棄經典而尚老莊，蔑禮法而崇放達，視
其主之顛危，若路人然，卽此諸賢爲之倡也，自此以後，競相祖
述。……以至國亡於上，教淪於下，羌戎互僭，君臣屢易，非林下
諸賢之咎，而誰咎哉？

又曰：

有亡國，有亡天下，亡國與亡天下奚辨？曰易姓改號，謂之亡國；
仁義充塞，而至於率獸食人，人將相食，謂之亡天下。魏晉人之清
談，何以亡天下？是孟子所謂楊墨之言，至於使天下無父無君，而
入於禽獸者也。

夫天下興亡，匹夫有責，清談家崇尚虛無，不以世事爲務，通達流弊，乃至
於行同禽獸，如王孝伯所謂：「名士不須奇才，但使常得無事，痛飲酒，孰讀
〈離騷〉，便可稱名士。」〔註 3〕亡國之咎，何所辭焉？唯茲事體大，端釁非
一，若專以清談爲罪，亦難免鄉愿之譏也，更何況阮、嵇、王、何之責邪？

嗣宗出入儒圃，憂心反惻，撰〈詠懷詩〉八十餘首，志存諷刺，一生耿
耿於漢室之云亡，其致意漆園風尚，排闥禮法，逍遙浮生，與道俱成者，蓋
直欲免於禍囮耳。袁宏〈七賢序〉云：

阮公璉傑之量，不移于俗，然獲免者，豈不以虛中犖節，動無過則
乎？中散遺外之情，最爲高絕，不免世禍，將舉體秀異，直致自高，
故自傷之者也。〔註4〕

此直言莊老之於嗣宗也。《晉書·阮咸傳》曰：

群從昆弟莫不以放達爲行，籍弗之許。

《世說新語·任誕篇》亦云：

阮渾長成，風氣韻度似父，亦欲作達。步兵曰：「仲容已預之，卿不
得復爾。」

噫！父子相承，薪火遞傳，焉有子紹父風，爲父弗許之理耶？阮籍斯語，識
者堪玩其味矣。故《世說新語》注引《竹林七賢論》曰：「籍之抑渾，蓋以渾
未識己之所以爲達也。」不知「所以爲達」者，乃不知不得已爲達之委曲也。
籍弗許他人，正亦弗之自許也。吁！籍未死，人已未識所以爲達，則後世取

〔註 3〕 見《世說新語·任誕篇》。
〔註 4〕 見《全晉文》卷五七。

法竹林，當又末流也。《全齊文》卷八王僧虔誡子書云：

> 汝開《老子》卷頭五尺許，未知輔嗣何所道，平叔何所說，馬、鄭
> 何所異，指例何所明，而便盛於麈尾，自呼談士，此最險事。設令
> 袁令命汝言《易》，謝中書挑汝言《莊》，張吳興叩汝言《老》，端可
> 復言未嘗看邪？……汝曾未窺其題目，未辨其指歸，六十四卦未知
> 何名，《莊子》眾篇何者內外，八袠所載凡有幾家，四本之稱以何爲
> 長，而終日欺人，人亦不受汝欺也。

如此談士，眞乃「名士不須奇才」，空慕虛名，不周世用，至爲淺薄無聊，而
七賢以下，名士泛濫，率皆此輩中人耳，戴逵嘗評之曰：

> 夫紫之亂朱，以其似朱也，故鄉原似中和，所以亂德，放者似達，
> 所以亂道。然竹林之爲放，有疾而爲顰者也，元康之爲放，無德而
> 折巾者也。可無察乎？且儒家尚譽者，本以興賢也，既失其本，則
> 有色取之行，懷情喪眞，以容貌相欺，其獎必至於末僞。道家去名
> 者，欲以篤實也，苟失其本，又有越檢之行，情禮俱虧，則仰詠兼
> 忘，其獎必至於本薄。夫偏薄者非二本之失，而爲獎者必託二本以
> 自通。夫道有常經，而獎無常情，是以六經有失，二政有獎，苟乖
> 其本，固聖賢所無可奈何也。嗟夫！行道之人，自非性足體備，闇
> 蹈而當者，亦曷能不棲情古烈，擬規前修，苟迷擬之然後動，議之
> 然後言，固當先辯其趣舍之極，求其用心之本，識其枉尺直尋之旨，
> 採其被褐懷玉之由，若斯塗雖殊，而其歸可觀也，跡雖亂而其契不
> 乖也。不然，則流遯忘反，爲風波之行，自驅以物，自誑以僞，外
> 眩囂華，內喪道實，以矜尚奪其眞主，以塵垢翳其天正，貽笑千載，
> 可不愼歟！〔註5〕

阮籍以佯狂爲謹愼，而學步者以狂蕩爲率眞，取其形似，不識其眞，豈可幷
名士而同日語哉？故袁宏有正始、竹林、中朝之分，〔註6〕一名三實，究別涇
渭，至若戴逵所評，僧虔所誡，直其微者也。中古陵遲，斯道替矣。君臣如
何不離？名教如何不薄？一龍一蛇，優劣見矣。《晉書》本傳集阮籍、阮咸、
嵇康、向秀、劉伶於一篇，又附謝混、胡毋輔之、畢卓、羊曼、光逸諸人於
後，慨然有論焉，曰：

〔註5〕　見《晉書》卷九四〈隱逸傳〉。
〔註6〕　詳見《世說新語‧文學篇》注。

莊子放達其旨，而馳辯無窮，棄彼榮華則俯輕爵位，懷其道術則顧蔑王公，舐痔兼車，鳴鳶舌腐，以茲自口，於焉翫物，殊異虛舟，有同攘臂。嵇阮竹林之會，劉畢芳樽之友，馳騁莊門，排登李室。若夫儀天布憲，百官從軌，經禮之外，棄而不存，是以帝堯縱許由於埃壒之表，光武舍子陵於潺湲之瀨，松蘿低舉，用以優賢，巖水澄華，茲焉賜隱，臣行厥志，主有嘉名。至於嵇康遺巨源之書，阮氏創先生之傳，軍諮散髮，吏部盜樽，豈以世疾名流，茲焉自垢？臨鍛竈而不迴，登廣武而長歎，則嵇琴絕響，阮氣徒存，通其旁徑，必彫風俗。

夫必彫風俗者，通其傍徑耳。旨酒厥德，誰虧王政耶？負非干世，屈如尺蠖，蟄如龍虵，而能脫網罟以自潔，舍高人之行，孰克如是歟？夫聖人不凝滯於物，而嗣宗與濁世推移，其揆一也。悠悠千載，阮公之志意徒存，悲夫！故特書之，綴諸篇末云。

主要參考書目

壹、書籍部份

1. 《禮記》，藝文（十三經注疏本）。

2. 《論語》，藝文（十三經注疏本）。

3. 《史記》，（漢）司馬遷，藝文（二十五史集解本）。

4. 《漢書》，（漢）班固，藝文（二十五史校注本）。

5. 《後漢書》，（宋）劉范曄，藝文（二十五史補注本）。

6. 《三國志》，（晉）陳壽，藝文（二十五史集解本）。

7. 《晉書》，（唐）房玄齡等，藝文（二十五史斠注本）。

8. 《三國史話》，（民國）呂思勉，開明。

9. 《三國史話》，（民國）陳致平，三民。

10. 《魏晉南北朝史》，（民國）黎傑，九思。

11. 《魏晉南北朝史》，（民國）勞榦，華岡。

12. 《三國紀年表》，（清）周嘉猷，商務（叢書集成初編本）。

13. 《三國志人名錄》，（民國）王念倫，世界。

14. 《歷代名人年譜》，（清）吳榮光，商務。

15. 《歷代名人年里碑傳總表》，（民國）姜亮夫，商務。

16. 《文獻通考》，（元）馬端臨，新興。

17. 《東漢會要》，（宋）徐天麟，世界。

18. 《三國會要》，（清）楊晨，世界。

19. 《三國新志》，（民國）劉公任，世界。

20. 《魏晉南北朝政治制度》，（民國）沈任遠，商務。

21. 《中國法制史論叢》，（民國）徐道麟，正中。

22. 《中論》，（漢）徐幹，世界。

23. 《申鑒》，（漢）荀悅，世界。

24. 《潛夫論》，（漢）王符，世界。

25. 《老子》，（魏）王弼注，河洛。

26. 《列子》，（晉）張湛注，世界。

27. 《莊子集釋》，（清）郭慶藩輯，河洛。

28. 《世說新語校箋》，（民國）楊勇校箋，宏業。

29. 《顏氏家訓》，（北齊）顏之推，世界。

30. 《中國哲學史》資料選輯（兩漢之部），九思。

31. 《中國哲學史》資料選輯（魏晉隋唐之部），九思。

32. 《中國思想史》，（民國）馮友蘭，明倫。

33. 《中國哲學史》，（民國）勞思光，香港崇基學院。

34. 《中國哲學史綱要》，（民國）范壽康，開明。

35. 《中國中古哲學史要》，（民國）韓逋仙，正中。

36. 《中國歷代思想家》（一四），（民國）何啟民等，商務。

37. 《中國歷代思想家》（一五），（民國）何啟民等，商務。

38. 《中國政治哲學概論》，（民國）陳啟天，華國。

39. 《中國政治思想史》，（民國）楊幼炯，商務。

40. 《泰漢思想史》，（民國）黃錦鋐，學海。

41. 《兩晉清談》，（清）沈杲之輯，廣文。

42. 《魏晉的自然主義》，（民國）容肇祖，商務。

43. 《魏晉思想論》，（民國）劉大杰，中華。

44. 《魏晉思想及談風》，（民國）何啟民，學生。

45. 《魏晉清談思想初論》，（民國）賀昌群，九思。

46. 《魏晉清談論述》，（民國）周紹賢，商務。

47. 《魏晉玄學論稿》，（民國）湯用彤，盧山。

48. 《竹林七賢研究》，（民國）何啟民，學生。

49. 《才性與玄理》，（民國）牟宗三，學生。

50. 《中國音樂思想批判》，（民國）黃友棣，樂友。

51. 《全後漢文》，（清）嚴可均輯，世界。

52. 《全三國文》，（清）嚴可均輯，世界。

53. 《全晉文》，（清）嚴可均輯，世界。

54. 《全三國詩》，（清）丁福保輯，世界。

55. 《漢魏六朝百三家集》，（明）張溥輯，新興。

56. 《兩漢魏晉十一家文集》，（明）程榮校，世界。

57. 《文選》李善注，（唐）李善注，藝文。

58. 《文選》六臣注，（唐）呂向等注，廣文。

59. 《歷代詩話》，（清）河文煥輯，藝文。

60. 《續歷代詩話》，（清）丁福保輯，藝文。

61. 《清詩話》，（清）丁福保輯，藝文。

62. 《魏晉南北朝文學史參考資料》，（民國）林庚等，泰順。

63. 《漢魏六朝百三家集題辭注》，（民國）楊家駱編注，世界。

64. 《魏晉五家詩注》，（民國）黃節等，世界。

65. 《阮嗣宗集》，華正。

66. 《阮步兵〈詠懷詩〉注》，（民國）黃節注，藝文。

67. 《阮嗣宗詩箋》，（清）古直箋，廣文。

68. 《阮步兵〈詠懷詩〉箋》，（民國）黃季剛箋，學海。

69. 《阮步兵〈詠懷詩〉研究》，（民國）斯承振，東海大學碩士論文。

70. 《詩比興箋》，（清）陳沆，正生。

71. 《詩品注》，（民國）汪中注，正中。

72. 《中古文學史論》，（民國）王瑤，長安。

73. 《中國詩史》，（民國）陸侃如。

74. 《中國文學發達史》，（民國）劉大杰，中華。

75. 《魏晉六朝文學批評史》，（民國）羅根澤，商務。

76. 《漢魏六朝文學》，（民國）陳鍾凡，商務。

77. 《漢魏六朝詩論稿》，（民國）李直方，龍門。

78. 《魏晉南北朝文學思想史》，（民國）張仁青，文史哲。

貳、單篇論文部份

1. 阮籍和他的〈達莊論〉，黃錦鋐，《師大學報》第二二期。

2. 《阮步兵年譜》，董眾，東北叢刊第三期。

3. 阮籍〈詠懷詩〉之研究，朱偰，東方雜誌第四一卷第一一號。

4. 阮嗣宗〈詠懷詩〉初論，沈祖棻，國文月刊第六五號。

5. 讀阮嗣宗詩札記，蕭滌非，學衡第七〇期。

6. 阮籍研究，何蟠飛，文學年報第三期。

7. 阮籍爲鄭沖〈勸晉王牋〉考辨，阮廷焯，大陸雜誌第三四卷第九期。

8. 阮籍的時代和他的思想，韋政通，出版月刊第一九期。

9. 阮籍之風格，牟宗三，《民主評論》第一三卷第一四期。

10. 論阮籍的生命情調，齊益壽，幼獅雜誌第三七卷第一期第二四一號。

11. 阮籍研究，陳芳基，台南家專學報創刊號。

12. 阮籍〈詠懷詩〉析論，呂興昌，中外文學第六卷第七期。

13. 魏晉莊學，黃錦鋐，漢學論文集（驚聲）。

14. 漢代儒學家之特質，黃錦鋐，日本創文社。

15. 道家中心思想之分析及其對後世之影響，林耀曾，師大國文學報第二期。

16. 正始之音與魏晉學風，林耀曾，幼獅月刊第四七卷第二期。

17. 名家與西漢吏治，戴君仁，文史哲學報第十期。

18. 儒學法學分歧論，劉申叔，國粹學報第二九期。

19. 兩漢政治學發微論，劉光漢，國粹學報第一三期。

20. 中國禮俗史發凡，柳詒徵，學原第一卷第一期。

21. 中國古代的國家觀，吳錫澤，文史雜誌第一卷第一艸期。

22. 漢魏兩晉之論師及其名論，李源登，文史雜誌第二卷第一期。

23. 建安時代之政治思想，劉國鈞，中國文化研究彙刊第一卷。

24. 漢末大亂中原人民之流徙與文化之傳播，賀昌群，文史雜誌第一卷第五期。

25. 魏晉九品中正制度及其對政風之影響，楊樹藩，大陸雜誌第一九卷第八期。

26. 清談與魏晉政治，繆鉞，中山文化研究彙刊第八卷。

27. 試論魏晉士風不競之成因，鄺利安，幼獅學誌第八卷第二期。

28. 魏晉文學思想的述論，白簡，文學雜誌第一卷第四期。

29. 山濤論，徐高阮，中央研究院歷史語言研究所集刊第四一本第一分。